식인 사이코패스가 몰려온다

Eat Thy Neighbour
by Daniel Diehl & Mark P. Donnelly
Original copyright ⓒ 2006 Daniel Diehl & Mark P. Donnelly
This original edition was published in English by Sutton Publishing Ltd., UK
Korean translation copyright ⓒ 2010 Samin Books, Korea
This Korean edition was arranged with Sutton Publishing Ltd.
through Best Literary & Rights Agency, Korea
All right reserved.

이 책의 한국어판 저작권은 베스트 에이전시를 통한 원저작권자와의 독점계약으로 도서출판 삼인이 소유합니다. 신저작권법에 의하여 한국 내에서 보호를 받는 저작물이므로 무단전재와 무단복제를 금합니다.

식인 사이코패스가 몰려온다

2010년 1월 8일 초판 1쇄 발행

펴낸곳 (주)도서출판 **삼인**

지은이 대니얼 디엘, 마크 도널리
옮긴이 황근하
펴낸이 신길순
부사장 홍승권
책임편집 오주훈
편집 강주한 김종진 양경화
마케팅 이춘호 한광영
관리 심석택
총무 서장현

등록 1996.9.16. 제 10-1338호
주소 121-837 서울시 마포구 서교동 339-4 가나빌딩 4층
전화 (02) 322-1845
팩스 (02) 322-1846
전자우편 saminbooks@naver.com
홈페이지 www.saminbooks.com

표지디자인 (주)끄레어소시에이츠
제판 문형사
인쇄 대정인쇄
제책 성문제책

ISBN 978-89-6436-004-1   03380

값 16,000원

PSYCHOPATH

식인 사이코패스가 몰려온다

식인 연쇄살인마들의 탄생과 진화

대니얼 디엘, 마크 도널리 지음 | 황근하 옮김

삼인

사악한 것들을 섬기는 영혼은 모두 노예가 된다.*
P. B. 셸리

* (셸리의 시집 『사슬에서 풀려난 프로메테우스(Prometheus Unbound)』의 한 구절―옮긴이)

감사의 말 | 9

1부 - 문화적 식인 | 11

1장 경고의 말: 신화, 전설, 민담, 소설에 나타난 식인 | 13

2장 고대의 기원: 식인에 대한 고고학적 증거 | 25

3장 제도적 식인: 의식, 종교 및 신비적 의례 | 35

4장 극단적 상황에서 나타나는 식인: 기근, 재난, 전쟁의 경우 | 63

2부 - 사례연구: 식인이라는 금기를 깨뜨린 사건들 | 79

5장 동굴 속 식인 가족: 소니 빈 이야기(1400~1435년경) | 81

6장 목 베는 이발사와 인육 파이를 파는 여자: 마저리 로빗과 스위니 토드(1789~1801년) | 97

7장 모험에 굶주린 남자: 앨프리드 패커(1874년) | 113

8장 사람고기 장수: 카를 덴케와 게오르크 그로스만(1921~1924년) | 129

9장　아이를 잡아먹는 회색 도깨비: 앨버트 피시(1924~1934년) | 141

10장　최악의 살인마 커플: 오티스 툴과 헨리 리 루카스(1951~1983년) | 163

11장　할리우드에서 가장 유명한 사이코 킬러: 에드 게인(1954~1957년) | 183

12장　러시아 최초의 연쇄살인마: 안드레이 치카틸로(1978~1990년) | 203

13장　살아 있는 시체를 갖고 싶었던 남자: 제프리 다머(1978~1991년) | 223

14장　식인을 꿈꾼 일본인: 잇세이 사가와(1981년) | 243

15장　식인마 형제: 해든 클라크와 브래드필드 클라크(1984~1992년) | 261

16장　지하 감옥을 다스린 폭군: 게리 하이드닉(1986~1987년) | 281

17장　파리의 흡혈귀: 니콜라 클라우스(1990~1994년) | 305

18장　인터넷 식인마: 아민 마이베스(2001년) | 325

19장　세계에서 가장 기상천외한 식인 사건: 마크 새핑턴(2001년) | 343

20장　새로운 식인 현상이 나타나는가?: 미래의 식인 | 359

사진과 그림 자료 | 372

참고한 자료 설명 | 380

감사의 말

집필하는 내내 우리를 도와주신 서튼 출판사 편집자 크리스토퍼 피니에게 감사드립니다. 『피의 강(River of Blood)』의 저자 마틴 스미스에게도 각별히 감사드립니다. 덕분에 확실치 않았던 자료의 장소와 시간대를 정확하게 확인할 수 있었습니다. 몬티 파이튼(Monty Python, 영국의 코미디 제작 팀―옮긴이) 코미디를 알게 해준 맷 러프란, 사진 자료를 조사해준 피터 게틴에게도 고마움을 전합니다.

문화적 식인 1부

1장

경고의 말:
신화, 전설, 민담, 소설에 나타난 식인

식인에 대한 인류의 병적인 관심은 선사시대까지 거슬러 올라간다. 인류학자와 고고학자들이 초기 인류가 인육을 먹었다는 확실한 증거를 찾아내기 전부터, 일찍이 인간의 집단 무의식에는 식인 행위에 대한 인식이 깊이 아로새겨져 있었다. 인류 초기의 구비문학에서도 볼 수 있는 이러한 인식은 여러 세대를 거쳐 후대로 전해 내려왔다. 그런 이야기들은 인간에게는 절대로 하지 말아야 할 행위가 있다고 경고하는 의미를 담았던 듯하다. 하지만 식인 행위가 인류에게 그토록 두렵고 이질적인 것이었다면, 법과 도덕 규범의 감시를 피해 그처럼 뿌리 깊은 금기를 깨뜨린 것은 도대체 어떤 이들이었을까? 잘 알려졌다시피 옛이야기에서 그런 짓을 한 것은 신들이었다. 잔인하고 속 좁고 파괴적이었던 고대의 신들은 두려움과 경외의 대상이었을뿐더러 수많은 신화를 통해 우리 유한한 인간이 어떤 일이 있어도 해서는 안 될 행동이 무엇인지를 가르쳐주는 존재이기도 했다.

그리스 신화에는 폭력적이고 전쟁을 좋아하는 거인족, 크로노스(사투르

누스로 더 잘 알려져 있다.)가 등장한다. 크로노스는 우라노스(하늘)와 가이아(땅)의 아들이었다. 그러나 크로노스는 이처럼 남부럽지 않은 혈통을 타고 났으면서도 거인족의 그 어느 누구보다도 잔인하고 광포했다. 크로노스는 잘 알려진 대로 아들이 장성해 자기 권력을 빼앗으리라는 예언을 듣고 자기 자식 다섯을 연달아 잡아먹었다. 하지만 이야기는 행복한 결말을 맞는다. 크로노스의 참을성 있는 아내(이자 누이) 레아가 빼돌린 여섯째 아들, 즉 제우스가 무사히 자라 아버지의 문제를 해결하기 때문이다. 제우스는 간단히 크로노스를 죽이는 대신 구토를 일으키는 물질을 먹게 해 이전에 삼킨 자식들 다섯을 토해내게 만든다. 그리하여 다른 자식들도 모두 무사히 목숨을 건진다.

한편 그리스 신화 가운데 펠롭스와 탄탈로스의 이야기는 이와 비슷하지만 경고적인 색채가 더 짙다. 탄탈로스는 신들에게 사람고기를 요리해 대접해도 알아채지 못할 줄로 믿고 아들 펠롭스를 죽여 신들의 식탁에 올린다. 하지만 탄탈로스는 제 생각만큼 영리하지 못했던지, 그의 얕은꾀를 알아챈 신들은 탄탈로스를 벌하고, 토막나 요리된 펠롭스를 다시 냄비에 모아 되살려낸다. 이 이야기는 그저 가벼운 옛이야기처럼 들리지만, 아무리 신화와 전설의 시대였다 해도 식인은 충격적인 주제였던 것 같다. 식인은 또한 신을 칭송하기보다는 인간 청중을 즐겁게 하는 것이 더 주된 목적이었던 고대 그리스 문학가들이 즐겨 사용한 소재이기도 했다. 기원전 7세기에 걸작 『일리아스』와 『오디세이』를 쓴 그리스의 장님 시인 호메로스 역시 자기 작품에 사람이 잡아먹히는 이야기를 적어도 하나쯤은 집어넣어야 한다는 압박을 느꼈던 모양이다. 『오디세이』에는 율리시스와 폴리페모스라는 키클롭스 거인족이 나오는데, 폴리페모스가 율리시스의 일행 몇 명을 잡아

먹자 율리시스가 꾀를 써서 외눈박이인 폴리페모스의 눈을 멀게 해 장님으로 만들어버린다.

유감스럽게도, 상당한 문명 수준에 도달했던 그리스에서도 식인은 드문드문 자행되었다. 술과 광기의 신 디오니소스를 숭배한 종교에서는 해마다 술에 만취한 여신도 무리가 디오니소스 복장을 한 소년들을 갈가리 찢어 산 채로 먹는 의식을 치렀다. 의식에 참여한 여자들은 제정신을 완전히 놓고 돌아다니며 근처에 보이는 남자들을 닥치는 대로 죽여서 잡아먹었다. 그리스 사람들은 높은 수준의 문명을 이룬 사회답게 이처럼 불미스러운 일에 상당히 당혹스러워했지만, 그렇다고 식인을 행하는 이들을 적극적으로 억압하지는 않았던 것 같다. 그래도 그리스 사람들은 대체로 식인을 끔찍한 짓으로 여겼고, 이방인을 야만인으로 비하할 때 주로 식인종이라는 표현을 쓰곤 했다. 이처럼 이방인의 야만성을 말할 때 식인종으로 매도하는 방법은 그 뒤로도 오랫동안 선진 사회에서 이용되었다.

그러나 그리스에도 외부 사회의 신념과 행위들을 더 폭넓게 이해하고자 했던 사람이 적어도 한 명은 있었으니, 그가 바로 역사가 헤로도토스다. 헤로도토스는 기원전 5세기에 저술한 『역사』에서 실제 세계와 상상 세계를 통틀어 접할 수 있는 다양한 문화들을 다루었다. 그는 우랄 산맥 남부에 살았다고 전해지는 '이세도네스(Issedones)' 족을 예로 들며 그들이 다음과 같은 식인 풍습을 갖고 있었다고 전했다. "한 집안의 아버지가 죽으면 그 일가족이 일종의 희생제물로 양을 집으로 가져온다. 그리고 양과 죽은 사람의 몸을 토막쳐서 두 가지 고기를 뒤섞어 나눠 먹는다."

헤로도토스는 '파댄스(Padaens)' 족이라는 인도유럽족의 한 부족에 대해서도 비슷한 이야기를 들려준다. 이들의 식인 풍습은 한층 더 직접적이어

서, 죽음이 임박한 사람이 숨을 거두기까지 굳이 기다리지 않았다. 헤로도토스는 이렇게 썼다. "만일 아픈 사람이 있으면 가장 친한 친구가 그를 죽인다. 그들 말에 따르면 병이 더 진행되게 놔두면 상한 살코기를 먹게 될지 모르기 때문이라고 한다. 병든 사람이 자기는 건강하다고 항변해도 아무 소용 없다." 병든 사람이 여자일 때 그 여자를 죽이고 먹는 것은 여자들만의 몫이고 마찬가지로 남자들 역시 오직 남자들만 먹는다고 한 것으로 보아, 파댄스족의 식인 풍습에는 성 구분도 있었던 모양이다. 지어낸 이야기 같지만, 이들은 실제로 비르호르(Birhor, 인도의 한 부족으로 토테미즘의 전통이 매우 강하다.—옮긴이)로 밝혀졌다. 그들이 죽어가는 사람을 죽여서 먹었다는 것은 사실이다. 그러나 그들 주장에 따르면 이는 오직 직계 가족만이 할 수 있는 특별한 의례였다고 한다. 가족이 아닌 사람들이 이러한 의식에 참여하는 것은 으뜸가는 불경죄로 여겨졌다. 이는 인류학에서 '족내 식인'이라 칭하는 풍습인데, 앞으로 3장에서 자세히 다룰 것이다.

『역사』에는 이와 비슷한 식인 풍습을 가진 다른 부족 및 민족들이 많이 나온다. 전체적으로 볼 때 죽은 자를 먹는 것은 꼭 인육을 먹을 목적이 아니라 의례적으로 행해지는 경우가 더 많았다. 그런데 그리스인이 이방인을 극도로 혐오했으며, 죽은 자에게 최고로 존경을 표하는 방법은 화장(火葬)이라고 생각했음을 감안하면 헤로도토스가 이 모든 식인 풍습을 언급하며 놀랄 만큼 무비판적인 태도를 취한다는 것은 매우 뜻밖이다. 헤로도토스는 이렇게 썼다. "모든 나라 사람들에게 세상 모든 관습을 시험해보고 그중 가장 좋은 것을 고를 기회를 준다면, 각자는 결국 자기네 관습이 제일이라 할 것이다." 그로부터 400년 뒤, 다른 그리스인 스트라본(Strabon, 고대 그리스 지리학자 겸 역사가—옮긴이)의 저작에서도 이와 같은 관대한 태도를 볼 수 있

다. 스트라본은 켈트족이 조상을 저녁밥으로 먹는 것은 조상에게 가장 깊은 존경과 숭배를 표하는 행위라고 했다.

그리스 사람들은 사체를 먹지는 않았어도 화장으로 없앴다. 먹어서 없애는 것과 태워서 없애는 건 전혀 다른 이야기처럼 들리겠지만, 사후세계를 위해 육체를 보존해야 한다고 굳게 믿는 사람들에게는 반드시 그렇지도 않다. 육체를 보존하는 전통을 고수한 고대 이집트인들도 바로 그렇게 믿었고, 죽은 자를 땅에 묻는 유대그리스도교의 풍습도 아마 틀림없이 그런 믿음에서 시작되었으리라. 유대인들은 수백 년간 이집트 문화, 특히 유일신 개념을 최초로 제도화한 아크나톤(Akhenaton) 왕 통치하의 이집트 문화를 접하면서, 메시아가 세상에 올 때 사람이 부활하려면 되살려낼 수 있는 육체가 있어야 한다는 믿음을 갖게 되었다. 따라서 현대의 그리스도교인이나 이슬람교인과 마찬가지로 당시 유대인은 죽은 자의 몸을 지극히 신성시했다. 죽은 자의 몸을 먹는 것은 물론이고 어쩌면 화장하는 것까지 극도의 신성모독으로 여겼을지 모른다. 유대인이 식인을 얼마나 심각한 문제로 여겼는지를 잘 보여주는 예가 있다. 『구약성경』 열왕기 하권, 6장 24절에서 30절까지를 발췌 요약한 내용이다.

> 24 그러나 나중에 아람 임금 벤 하닷이 전군을 소집하고 올라와서 사마리아를 포위하였다. 25 포위가 계속되자 사마리아는 큰 굶주림에 시달려 나귀 머리 하나가 은 여든 세켈에 팔리고…… 26 어느 날 이스라엘 임금이 성벽 위를 지나갈 때 한 여자가 울부짖었다. "주군이신 임금님, 저를 도와주십시오." 27 …… 28 임금은 그 여자에게 "도대체 무슨 일이냐?" 하고 물었다. 여자가 대답하였다. "이 여자가 저에게 '당신 아들을 내놓으시오. 오늘은 당

신 아들을 잡아서 같이 먹고, 내일은 내 아들을 잡아서 같이 먹읍시다.' 하고 말하였습니다. 29 그래서 제 아들을 삶아서 같이 먹었습니다. 이튿날 제가 '당신 아들을 내놓으시오. 잡아서 같이 먹읍시다.' 하였더니, 이 여자가 자기 아들을 감추어버렸습니다." 30 임금은 여자의 이야기를 듣더니 자기 옷을 찢었다.……

그런데 흥미로운 점은, 고대 유대인들에게 더할 나위 없이 끔찍한 행위로 비춰졌던 식인 행위가 어찌 보면 그리스도교에서 가장 핵심 교조인 성체성사의 형태로 나타난다는 것이다. 성체성사에 대해서는 다음 장에서 다시 다루겠지만, 가톨릭교인들은 성체성사 때 쓰는 술과 빵이 성체를 모신 사람의 입안에서 '성체의 신비'를 통해 그리스도의 몸과 피로 변한다고 믿는다. 그리스도교에서 더욱 분명한 식인의 예는 니콜라스 성인 전설에서 볼 수 있다. (아이들의 수호성인인 성 니콜라스는 지금 우리가 말하는 산타클로스다.) 그 이야기에는 한 이교도 푸줏간 주인이 아이 둘을 죽여서 토막쳐 시장에 고기로 내다팔았는데, 아이들을 좋아했던 니콜라스 성인이 그 아이들을 다시 살려 냈다는 내용이 나온다.

셰익스피어 역시 「티투스 안드로니쿠스(Titus Andronicus)」에서 식인 이야기로 독자의 호기심을 끌었으며, 대니엘 디포의 18세기 소설 『로빈슨 크루소』에도 주인공의 친구 프라이데이가 주인공의 도움으로 극악무도한 식인종 무리에게서 도망치는 내용이 있다. 1960년대 공상과학 소설가 로드 설링은 단편소설 「인간을 대접하는 법(To Serve Man)」(이는 '인간을 섬긴다'는 의미도 되고 '인간을 요리한다'는 뜻도 된다.—옮긴이)에서 식인이라는 주제를 현대적인 감각으로 재구성했는데, 이 이야기에는 겉으로는 상냥하지만 사

악한 목적을 갖고 지구에 온 외계인이 나온다. 이 단편소설의 제목이기도 한, 외계인이 가져온 『인간을 대접하는 법』이라는 책은 알고 보니 인간을 재료로 한 요리책이었다. 아동문학에도 사람, 특히 아이들을 잡아먹는 무시무시한 등장인물이 나온다. 「잭과 콩나무」에 나오는 거인은 "흠, 흠, 흠, 영국인 냄새가 나는데! 죽었나, 살았나? 뼈를 갈아서 빵으로 구워 먹자."라고 말한다. 「헨젤과 그레텔」에도 버려진 아이들을 잡아간 마녀가 그레텔에게는 청소를 시키지만 헨젤에게는 먹을 것을 주며 살을 찌워 나중에 구워 먹겠다고 말하는 내용이 있다. 끔찍한 식인의 흔적은 오늘날 베스트셀러 도서목록에서도 쉽게 찾아볼 수 있다. 토머스 해리스의 『양들의 침묵』에 나오는 인물인 한니발 렉터 박사는 다음과 같은 짧은 대사로 독자들에게 폭발적인 인기를 얻었다. "국세 조사원이 나를 시험하려고 하더군. 그래서 내가 그자의 간을 먹어줬지. 절인 콩하고 훌륭한 키안티 와인을 곁들여서 말이야."

고전문학에서 식인을 다룬 예로는 숱하게 일어나는 해양 참사 실화를 소재로 한 에드거 앨런 포의 소설을 들 수 있다. 포는 「아서 고든 핌 이야기」에서 난파선에서 살아남은 사람들에 대한 이야기(물론 지은이가 지어낸 완전한 허구다.)를 들려준다. 구조선에 남은 사람들은 물과 식량이 없어 죽음 직전에 이르자 제비뽑기를 한다. 그리고 뽑힌 사람을 죽여서 나머지 사람들의 식량으로 삼는다. 다음 장에서 살펴보겠지만 이와 같은 선상 비극은 실제로도 적잖이 일어났다.

식인이라는 소재는 허구적인 이야기에서 공포를 극대화하려고 쓰이기도 하지만, 때로는 통렬한 풍자를 위해 쓰이기도 한다.

『걸리버 여행기』로 잘 알려진 조너선 스위프트는 1728년, 아일랜드 농부들의 비참한 삶을 모른 체하는 영국 정부에 분노를 터뜨렸다. 늘어가는 과

세로 소작료가 오르고 작황마저 번번이 형편없어, 아일랜드에서는 농부 수천 명이 아사 직전에 이르렀고 실제로 굶어죽는 사람들도 속출했다. 그러나 주로 영국인인 지주들은 연간 수확량에 맞춰 소작료를 조정하기는커녕 오히려 세금을 올려서 작물 판매 소득의 손실을 메우려 했다. 그리하여 스위프트는 「겸손한 제안」이라는 제목으로 널리 알려진 단편에서, 현 상황에서 모두를 만족시키는 해결책이라며 냉소적인 제안을 내놓는다. 아일랜드 사람들은 자기 가족을 먹일 돈이 없고 지주들은 소작인의 궁핍 때문에 수입이 줄어 고민이라면, 아일랜드 사람들이 자기네 아이들을 지주에게 음식으로 파는 게 어떻겠냐는 것이었다. 그러면 아일랜드의 가난한 농부들은 먹일 입도 덜고 돈도 벌 수 있으니 일석이조가 아니겠는가. 아래 소개하는 「겸손한 제안」의 발췌 글은 영국 정부의 정책에 대한 스위프트의 신랄한 비판을 고스란히 보여준다. "이러한 요리의 값은 아마 상당히 높게 매겨질 것입니다(물론 일부 부유층 지주들에게는 그리 비싸게 느껴지지 않겠습니다만.). 그분들은 잡아먹힐 아이들의 부모에게서 이미 단물을 다 빤 다음이니, 이번에는 그 자식들을 먹어치운다 해서 그리 이상할 것도 없겠지요. 건강하고 통통한 아이 하나에 10실링 정도 값을 매긴다고 불평할 신사분은 없으리라 믿습니다. 최상급 고기 요리 4인분은 족히 만들 수 있는 양이 아닙니까." 예상할 수 있듯 스위프트는 영국 정부로부터 맹비난을 받았다. 아일랜드 사람들이 굶어죽는 것은 상관없어도 자기들이 사람을 먹는다는 발상은 용납할 수 없었던 모양이다.

식인이라는 소재를 활용한 현대의 영상물로는 존경할 만한 코미디 제작단인 몬티 파이튼의 작품이 있다. 그들이 제작한 1960년대 텔레비전 시리즈 〈몬티 파이튼의 플라잉 서커스(Monty Python's Flying Circus)〉 중 '장의

'사'라는 제목의 촌극을 보자. 한 남자가 어머니의 시신(쓰레기 담는 부대에 담긴)을 장의사에게 가져와서 처리방법을 의논한다. 아래는 그 일부다.

장의사: 한번 볼까요? 꽤 젊어 보이시네요.

남자: 네, 젊어 보이셨죠.

장의사: 프레드!

프레드(목소리): 네?

장의사: 먹을 게 생겼어.

남자: 뭐라고요?

다른 장의사 한 명이 문을 열고 고개를 들이민다.

프레드: 알았어요. 오븐 켜놓을게요.(사라진다.)

남자: 저…, 죄송하지만 지금 저희 어머니를 먹겠다는 말씀이세요?

장의사: 아, 예. 날로는 아니고요. 익혀서요.

남자: 뭐요?

장의사: 요리한다고요. 감자튀김과 브로콜리, 고추냉이 소스를 곁들여서 구울 겁니다.

남자: 흠, 입맛이 좀 당기긴 하네.

방청석: 역겨워! 웩! (기타 등등.)

장의사: 좋습니다!

남자: 그런데 이래도 되는 건지 모르겠네요.

장의사: 아, 그럼 말이죠. 어머니를 먹고 나서 죄의식이 들면, 저희가 무덤

을 하나 따드릴 테니까 먹은 걸 거기다 도로 토해놓으시면 됩니다.

　방청객들은 혐오감을 표하며 무대로 뛰어올라와 배우들에게 항의하고 소품을 부수며 촌극을 망쳐놓는다.
　그러나 이 섬뜩한 코미디에서 주목할 점은 몬티 파이튼이 이러한 주제를 다루었다는 것 자체가 아니다. 그들이 희화화하지 못하는 주제란 거의 없었을 정도니까. 이 코미디에서 흥미로운 점은, 이처럼 재기 넘치는 불손한 코미디조차 분노한 방청객들이 무대를 뒤집어놓는다는 설정으로 수위를 조절할 수밖에 없었다는 점이다. 넘어서는 안 되는 경계선이 있다는 의식은 여기서도 엄수된다.

2장
고대의 기원:
식인에 대한 고고학적 증거

지금껏 발견된 가장 오래된 인류의 흔적은 아프리카에서 나왔는데, 약 350만 년 전 것으로 추정된다. 이는 인류의 기원을, 그리고 우리의 조상이 어떻게 생겼는지를 보여주지만, 그 양이 매우 적고 분포도 너무 분산되어 원인(原人)들이 어떤 사회구조를 이루었는지까지는 알려주지 않는다. 그러나 그로부터 300만 년 뒤 중국으로 옮겨오면 한층 자세한 것들을 알 수 있다. 베이징 남부 룽커우〔龍骨〕 언덕이라는 지역에서는 50만 년 된 베이징원인의 잔해가 대거 발견되었는데, 이는 초기 인류가 섭취한 다양한 식량 중에 사람도 포함됐음을 확실하게 입증해주었다. 이들은 다른 종족을 먹었던 것 같은데, 그렇다고 해서 인육이 흔한 식량이었다는 뜻은 아니고, 다만 먹을 수 있는 다른 동물이 없거나 너무 사나워 공격할 수 없을 경우, 싸움을 잘 못 하는 다른 종족을 더 쉬운 먹잇감으로 삼았으리라고 추측된다. 즉 인육을 좋아해서 일부러 먹은 것이 아니라 달리 먹을 고기가 없어서 불가피하게 먹었던 것 같다.

베이징 원인 거주지역에서 나타난 식인의 증거는 스페인 북중부의 그란 돌리나(Gran Dolina)에서 발견된 증거와 비슷하다. 스페인에는 150만 년에서 10만 년 된 인류 잔해가 발견되는 지역이 아주 많으며, 이러한 지역 가운데 적잖은 곳에서 식인의 증거가 발견된다. 유고슬라비아의 크라피나(Krapina)에서는 10만 년 정도 된 것으로 추정되는, 역시 식인 풍습을 입증하는 뼈들이 발견되었다. 마찬가지로 영국 서머싯 주 체다 협곡에서 발견된 1만 2000년 된 인류 잔해는 유고슬라비아, 스페인, 중국에서 발견된 잔해들과 거의 구별하기 어려울 정도로 비슷한 식인의 증거를 보여준다. 네안데르탈인의 수많은 거주지역에서도 이와 거의 똑같은 증거가 발견되었다. 그러나 네안데르탈인이 실제로 인류의 기원인가에 대해서는 큰 논란이 있기 때문에, 네안데르탈인의 식습관은 우리 논의에서는 제외하기로 한다. 하지만 식인에만 한정하는 한, 네안데르탈인에 대한 논의가 지금 우리 주제에서 크게 벗어나는 것은 아니다. 그들이 서로서로 잡아먹었다는 증거가 충분하기 때문이다. 만일 이 증거가 확실하다면 인류는 전 세계 곳곳에서 그 정도는 좀 달랐을지언정 수천수만 년 동안 식인을 했다고 볼 수 있다. 물론 많은 인류학자들이 주장하듯, 인간 뼈 무덤 자체가 식인의 뚜렷한 증거가 될 수는 없다.(게다가 그 뼈들은 사냥한 동물의 뼈와 마구 뒤섞여 있다.) 그렇다면 고대 인류가 실제로 서로서로 잡아먹었으며 그들의 사체가 그저 동굴 한쪽 구석에서 가만히 썩어가지는 않았음을 알려주는 증거는 무엇일까?

인류학자들이 고대인의 식인 여부를 판단하는 첫 기준은 연장을 쓴 흔적이다. 돌칼은 사람이 죽은 직후 뼈에서 살을 발라내는 데 쓰였다. 그 흔적은 문외한이 보면 그냥 흔한 긁힌 자국 같지만, 숙련된 전문가의 눈에는 서명이나 지문 못지않게 결정적인 증거다. 그러나 여기서 또 다른 반론이 나올

수 있다. 뼈에서 살을 발라냈다는 것만으로는 식인의 증거가 될 수 없다는 주장이다. 먹으려고가 아니라 매장 풍습의 일종으로 시신의 뼈에서 살을 발라내 깨끗하게 손질한 뼈를 땅에 묻거나 단지에 모아놓았을 수도 있기 때문이다. 그것 역시 맞는 말이다. 이러한 풍습을 가진 사회가 있었다는 기록이 실제로 많이 있고, 이들은 식인종이 아니었다. 따라서 식인에 대한 결정적 증거를 찾으려면 더 깊이 들여다보아야 한다.

식인 수수께끼의 다음 단계는 이 뼈 무덤에서 발견된 뼈가 정확히 어떤 종류의 뼈인가다. 버려진 뼈는 사냥 원정 중간에 머물렀던 곳으로 짐작되는 평원 지역에서 나오는 경우가 많은데, 이런 곳에서는 오직 갈비, 척추, 손, 발 등 특정 부위의 뼈만 발견되었다. 이로 미루어볼 때 고기가 많은 부위는 잘라서 집으로 가져가고, 맛이 덜한 부위는 들판에 버리고 갔으리라고 가정할 수 있다. 팔이나 다리처럼 살이 많이 붙은 긴 뼈는 고대인이 정착해 살던 지역에서 발견되었으며, 동물 뼈와 같이 있는 경우가 많았다. 이 모든 경우 뼈에서는 도구를 이용해 살점을 발라낸 흔적이 발견되었다. 또 긴 뼈에서는 그것 말고도 식인에 대한 확실한 증거가 발견되었다. 바로 뼈의 관절 끝부분이 으깨진 것인데, 이는 단백질이 든 골수를 발라내려고 한 것이다.(동물의 뼈도 마찬가지로 이렇게 했다.) 이러한 사실을 종합해보면 초기 인류가 식인을 했다는 증거는 충분한 듯하다. 우리는 같은 인류로서 이웃을 먹는 것에 대해 가장 심한 죄의식을 느낀다. 그러나 만일 초기 인류가 무차별적으로 사람을 잡아먹었다면 가까운 사람들, 즉 자기 부족도 잡아먹었을 테고, 그중에서도 아마 자기방어능력이 가장 떨어지는 사람들, 즉 아이들과 여자들을 제일 먼저 공격 대상으로 삼았으리라고 가정할 수 있다. 그리고 이것이 사실이라면 그들의 사회는 오래지않아 붕괴했으리라. 실제로 네안데르탈인

이 상당히 무차별적인 식인을 했다는 증거가 없지 않고, 이 사실은 네안데르탈인 멸종의 주요 원인으로 추정된다. 인류가 번성하려면 먹는 대상과 안 먹는 대상을 가르는 규칙이 반드시 있어야 했다.

현대에 와서 식인에 관련해 매우 중요한 고고학적 증거들이 발견되었는데, 그중에는 비록 그 배후 원인은 확실히 밝혀지지 않았지만, 많은 학자들을 혼란에 빠뜨리고 사회운동가들을 격분하게 만든 증거도 있다. 영토 확장에 눈이 먼 미국 백인들이 미국 인디언을 희생양으로 삼은 것이 지금으로부터 겨우 150년 전 일인데, 몇십 년 전부터는 오히려 역사 속의 미국 인디언들을 다소 신성한 존재로 취급하는 경향이 나타났다. 그런데 이제는 이처럼 평화를 사랑하고 고도로 영적인 사람들이었다는 미국 인디언에 대한 인식에 의문이 제기되고 있다. 이러한 의문은 과거 아나사지(Anasazi)족의 터전이었던 뉴멕시코의 차코 캐년(Chaco Canyon)에서 발견된 유물로부터 비롯되었다. 서기 700년에서 1300년 사이 미국 중남부에서 번성했던 아나사지족은 600년에 걸쳐 복잡하고 선진적인 사회를 이루어냈다. 이들의 문명은 콜로라도·애리조나·뉴멕시코·유타 주까지 퍼졌으며, 이들의 문화적 자취는 메사 베르데(Mesa Verde)의 절벽 거주자들 및 모하비 사막의 여러 지역에서 아직도 찾아볼 수 있다. 이들 사회가 왜 붕괴했는가 하는 의문은 학자들과 역사가들을 오랫동안 괴롭힌 문제였는데, 최근에는 대규모 기근이 원인이라는 주장이 정설이 되었다. 분명 이들 사회에서 인구가 늘면서 영토 쟁탈전이 벌어지고 사냥감이 멸종 위기에 이르렀다는 증거들은 대단히 많다. 아나사지족이 땅을 사랑하는 자연보호주의자들이었다고 믿는 사람은 이러한 주장에 심기가 불편하겠지만, 사실 이는 빙산의 일각에 불과하다. 아나사지족에 대해 가장 최근에 발견된 증거는 다윈의 진화론 이후 가장 큰

사회적 논란을 불러일으킬 만한 것이 아닌가 싶다. 다시 말해 많은 고고학자들과 인류학자들은 수많은 물리적 증거를 바탕으로 아나사지족 역시 식인을 했음을 확신하게 되었다.

1994년, 팔다리가 절단된 시체 일곱 구의 잔해가 아나사지족 거주지역에서 발견되었다. 메사 베르데에서 동쪽으로 64킬로미터쯤 떨어진 카우보이 워시(Cowboy Wash)에서였다. 모든 잔해에서는 살점을 발라낸 흔적이 뚜렷했고, 앞서 언급했듯 식인의 확실한 증거인 관절 부위가 으깨진 뼈도 발견되었다. 게다가 요리 도구의 파편 내부에는 인간의 혈흔도 있었다. 더욱 끔찍한 것은 사람의 두개골이었다. 두개골이 불가에 놓여 있었는데, 두개골을 반으로 쪼개기 전에 안에 있던 내용물을 익히려고 그런 것으로 해석되었다. 이러한 해석이 정치적으로 올바르지 않고 인종차별주의적이라는 비난이 제기되었지만, 학자들은 계속 증거를 수집했다. 학자들이 연구를 완수할 즈음, 50곳이나 되는 아나사지족 거주지역에서 이와 비슷한 인체 잔해가 발견되었다.

이러한 발견 가운데 가장 놀라웠던 것은 호피족과 주니족(둘 다 매우 평화적인 부족으로 알려져 있다.―옮긴이)을 비롯한 여러 미국 인디언 부족들의 조상이 아나사지족이었다는 사실이다. 아나사지 발굴품에 대한 학술회의가 열렸을 때 '식인'이라는 말은 회의의 공식적인 명칭에서 제외되었다. 대신 정치적으로 올바른 용어를 쓰자고 해서 참석자들은 '선사시대 미국 중서부에서 일어난 사회 폭력에 대한 복합 학문적 접근'이라는 말을 썼다. 북부 애리조나 박물관 큐레이터 데이비드 윌콕스는 이 문제에 대해 다음과 같이 짧게 의견을 표명했다. "우리가 아나사지족에 대해 알게 된 사실은 수년 전 마야족에게서 발견한 점과 정확히 일치합니다. 아름다움의 가치를 알고 있었

던 마야라는 선진 사회가 우리가 생각했던 것처럼 평화롭지만은 않았다는 것을 지금 우리는 압니다." 윌콕스도 '식인'이라는 단어를 쓰기는 꺼렸던 듯하다. 그러나 애리조나 주립대학의 인류학 교수 크리스티 터너나 콜로라도 보건사회 대학 분자생물학 교수 리처드 말러처럼, 그와 다른 태도를 취한 참석자들도 물론 있었다.

터너 교수는 식인에 대한 기존 용어를 그대로 사용했을뿐더러 자기 견해를 덧붙이기까지 했다. 그는 '단지 광택(pot polish)'이라는 말을 만들기도 했는데, 이는 사람의 뼈를 흙으로 만든 단지에 넣고 조리하는 동안 내용물을 지속적으로 저어준 결과 뼛조각에서 빛이 나게 된 상태를 가리킨다. 실제로 아나사지 거주지에서 나온 인골에서는 뚜렷한 광택이 보인다. 말러 교수는 인체 유해가 발견된 지역의 불가에서 나온 잔해 중에서도 분석(糞石)을 분석하는 일을 맡았다.('분석'은 인간의 배설물로 만들어진 화석을 가리키는 전문 용어다.) 말러의 연구에 따르면 아나사지족의 분석에는 인간의 미오글로빈(근육조직에서만 발견되는 단백질)이 들어 있었다. 미오글로빈은 다른 동물의 체내에서도 볼 수 있지만 각 종의 미오글로빈은 고유한 특성을 갖고 있는데, 말러가 연구한 분석에서는 사람의 미오글로빈이 발견되었을뿐더러 다른 종의 미오글로빈은 전혀 발견되지 않았다. 말러의 말을 그대로 인용하면 다음과 같다. "카우보이 워시 유물에서 우리가 찾아낸 것은 인간의 미오글로빈뿐입니다. 다른 종은 없습니다. 인간을 먹지 않았다면 이러한 단백질은 나타날 수 없습니다. 이러한 사실은 그들이 인육을 먹었다는 사실을 증명합니다. 그들은 인육을 식량으로 일용했습니다."

그렇다면 가장 뜨거운 관심거리는 바로 아나사지족이 왜 인육을 먹었을까 하는 의문일 것이다. 터너는 아나사지족이 식인종이었던 톨텍 인디언에

게 침입을 받았다는 사실을 지적했다. 톨텍 인디언이 오랜 세월 동안 아나사지족을 침략하면서 그들을 위협하려고 고문하고 시체를 훼손하고 인육을 먹는 과정에서 아나사지족의 문명이 퇴락했으리라는 주장이다. 또 일각에서는 계속되는 가뭄과 작황 실패 때문에 기아가 발생하고 사냥감의 씨가 마르면서 아나사지족이 스스로 식인을 행하게 되었으리라는 주장을 제기하기도 한다.

어떤 이유로든 아나사지족의 식인 풍습에 대한 논란은 앞으로도 얼마간 지속될 것이 확실하다. 카우보이 워시 발굴작업을 지휘했던 유트(Ute)족 족장 테리 나이트는 이 문제에 대해 매우 상식적인 견해를 내놓았다. "다른 모든 문명과 마찬가지로 아나사지족에도 좋은 사람, 건설적인 사람이 있는가 하면 나쁜 사람들도 있었을 겁니다." 남부 감리대학의 고고학자 마이클 애들러는 그보다 훨씬 무뚝뚝하게 표현했다. "그리 자랑스러운 과거는 아니지요."

아나사지족에 대한 논란에서 한 가지 확실한 점은, 지질학적으로 어떤 위치에 있었든 초기사회는 대개 불안정한 경우가 많았다는 점이다. 그 어떤 이유로든 한 사회가 붕괴하기 시작할 때, 그리하여 일반적으로 받아들여지던 행동규범이 무너지기 시작할 때, 식인은 살아남기 위한 매우 현실적인 대안이었으리라. 그렇지 않으면 드넓은 황야를 정처없이 헤매고 다녀야 했을 테니 말이다. 가뭄 같은 자연재해로 인해 수확이 연거푸 실패했거나, 혹은 사냥감이 모두 죽어 없어졌거나 다른 곳으로 떠나버렸을 때, 이웃 부족들이나 주변 사람들이 훨씬 유혹적으로 보였으리라는 사실은 쉽게 짐작할 수 있다.

3장

제도적 식인:
의식, 종교 및 신비적 의례.

사실 식인 현상을 파악하고 분류하는 어려운 작업을 처음 시도한 사람들은 고대 그리스인이었다. 기원전 5세기경에 그리스 역사가 헤로도토스는 현재 인육을 먹는 행위를 가리키는 전문용어로 쓰이는 말을 만들어냈다. 영어 단어 '앤스로포퍼지(anthropophagy)'로 그대로 옮겨온 이 말은 그리스어로 '사람'을 뜻하는 '안트로포스(anthropos)'와 '먹다'를 뜻하는 '파게인(phagein)'의 합성어다. 앤스로포퍼지는 '카니발리즘(cannibalism, 역시 식인이라는 뜻—옮긴이)'만큼 널리 쓰이는 말은 아니지만 더 전문적인 용어라서, 역사가·과학자·인류학자 등이 즐겨 쓴다. 그런데, '앤스로포퍼지'가 사람을 먹는 행위를 가리키는 정확하고 전문적인 용어라면 '카니발리즘'이라는 말은 어디에서 나왔을까?

카니발(cannibal)이라는 말은 소(小)앤틸리스 제도(Lesser Antilles, 현재 카리브 섬을 가리킨다.)로 알려진 서인도 제도를 발견한 전설적인 탐험가 크리스토퍼 콜럼버스와 관련이 있다.

소앤틸리스 제도의 부족 가운데는 자신들을 가리켜 '카리바(cariba)'라고 말하는 부족이 있었다. 사실 이 말은 '대담함', 혹은 '용감함'이라는 뜻의 명사였는데, 스페인 탐험가들은 이것을 그 부족의 이름으로 오해했다. 그리고 스페인 사람들은 '카리바'라는 말을 제대로 발음하지 못했기에 '카니바'라고 발음했다. '카니바'는 다시 '카니발'이 되었고, 이곳 사람들이 인육을 먹는다는 궁극의 죄를 저지른다는 것이 알려지자, 이 말은 전과는 전혀 다르고 폭넓은 의미를 띠게 되었다. 콜럼버스가 신대륙을 향해 떠난 지 500년 뒤, 카니발이라는 말은 거의 모든 문화에서 상대를 열등한 존재로 비하할 때, 과거에 인육을 먹었거나 현대에 먹고 있는 사람들을 가리킬 때, 그리고 실화이건 지어낸 이야기건 지루한 이야기에 흥미를 더하고자 할 때 쓰이게 되었다.

그러나 역사가들과 과학자들, 인류학자들은 사람을 먹는 데는 다양한 이유가 있기 때문에 그러한 행위를 단일한 용어로 칭하는 것은 정확하지 않다고 주장한다. 앤스로포퍼지라는 항목에는 '족내 식인(죽은 친구나 친척을 존경의 표시로 먹는 경우)'과 '족외 식인(전쟁에서 적의 시체를 먹거나 진노한 신에게 바치는 희생제물로 사람을 먹는 경우)'이라는 하위 항목이 속한다. 학문의 영역에서조차 '카니발'이라는 일반적인 용어로 퇴행하는 경향이 있지만, 식인 행위의 유형을 구분하는 것은 필요한 일이다.

한 사회가 식인을 행하는 주된 이유로는 여러 가지가 있다. 망자를 기리는 의식으로 행하는 경우도 있고, 전쟁이 끝나고 승리를 자축하는 뜻으로 행하는 경우도 있다. 후자의 경우에는 적을 먹음으로써 적의 용맹함을 흡수할 수 있다는 믿음이 깔려 있다. 또한 패한 적을 마지막으로 모욕하는 의미로 행하기도 하고, 때로는 굶어죽지 않기 위한 최후의 방책으로, 혹은 섭취 식량에서 단백질이 극도로 모자랄 때 행하기도 한다. 물론 오로지 맛 때문에 사람을 먹는 사회도 있다. 정복의 의미로 인육을 먹는 사회(족외 식인)가 있는가 하면, 죽은 자를 기리려고 인육을 먹는 사회(족내 식인)도 있는데, 후자 형태의 식인은 대개 종교적인 양상으로 발전한다. 가톨릭 영성체에서 이러한 개념을 확인할 수 있으며, 특히 로마 가톨릭의 교리에 따르면 미사에 쓰이는 빵과 포도주는 성체성사의 신비에 의해 문자 그대로 예수의 살과 피로 변한다고 여겨진다.

이 장에서는 역사가, 탐험가, 인류학자들이 발견해낸 족외 식인 및 족내 식인, 그리고 특별한 이유 없이 이웃을 먹은 여러 사례를 살펴본다. 하지만 그 어떤 종류의 식인 행위든 그 사회구조 내에서는 규범에 어긋나지 않는 정상 행위로 받아들여졌다는 점을 잊지 말자. 우리가 이 장에서 살펴볼 사회집단 대부분은 현대의 기준으로 보면 원시적이고 야만적이다. 인육을 승자끼리 나눠갖는 전리품 정도로 취급한 사회도 여럿 볼 수 있다. 다양한 식인 사례가 매우 광범위한 시간과 지역에 걸쳐 발견되기 때문에, 여기서는 모든 경우를 심층적으로 탐구할 수 없었다. 따라서 지역적인 구분에 따라 몇 가지 경우만을 예로 들어 소개하려 한다.

전쟁 중에 행해진 식인에 대해 믿을 만한 최초 기록을 남긴 이는 로마의 역사가이자 편년사가인 타키투스다. 타키투스의 저서 『연대기』에 따르면 켈트족 전사들—특히 브리튼 지역 사람들—은 적의 머리를 베어 사제나 드루이드 성직자에게 주었다. 머리를 받은 이들은 그 뇌를 먹었는데, 그렇게 함으로써 적의 지혜와 지식, 영리함을 전해받을 수 있다고 믿었기 때문이다. 이러한 양상은 앞으로 살펴볼 사례들에서도 되풀이된다.

신대륙을 처음 발견한 유럽인들은 신대륙에서 행해지던 식인 행위 역시

처음으로 접했다. 1492년, 콜럼버스의 항해에 참여했던 이들이 처음 마주친 사람들은 앞서 말했듯 카리브 섬 원주민들이었는데, 이들은 적의 부족을 일상적으로 먹었다. 한편 같은 섬에 살던 아라와크(Arawak)족은 원래는 식인종이 아니었지만 카리브 원주민에 대한 보복의 의미로 식인을 행하기 시작했다. 섬주민들 사이에서 식인 행위가 점차 퍼져나가면서 전쟁의 의미도 점점 가벼워졌다. 예전에 전쟁이 승리를 위한 것이었다면 이제는 단순히 먹을 것을 구하는 행위로 축소된 것이다. 카리브 섬 원주민은 사람을 끓여 먹고 구워 먹고 훈제하고 절여 먹기도 했지만, 특히 날로 먹은 것으로 가장 유명하다. 가장 흔한 인육 요리법은 '바르바코아(barbacoa)'라는 나무를 모아 불을 피워 일종의 석쇠에 구워 먹는 것이었다. 현재 '바비큐'라는 말이 바로 여기서 나왔다. 원래 '바비큐'라는 말은 고기를 요리하는 석쇠와 석쇠로 구운 고기를 모두 가리켰다.

스페인 사람들은 처음에는 카리브 원주민의 식인 관습이 그 지역에 국한된 특성이라고 생각했으나, 멕시코 침공 뒤에는 생각을 바꾸었다. 1520년에서 1521년 사이, 정복자 에르난 코르테스는 중무장한 병사 550명을 이끌고 아스텍 인디언의 땅을 향해 황금을 찾는 원정에 나섰다. 그리고 거기서 믿기 어려울 만큼 잔혹한 식인 행위를 맞닥뜨렸다. 스페인의 침략과 유럽에서 건너간 질병으로 인해 아스텍 문명은 멸망해버렸으니, 현재 그들에 대해 남은 정보는 스페인 군대 및 함께 갔던 사제들에게서 나온 것뿐이다. 그중 가장 잘 알려진 것은 중남미 대륙의 원주민들을 그리스도교로 개종하러 신대륙으로 갔던 군인인 베르날 디아스가 남긴 기록이다.

코르테스 휘하의 원정대는 아스텍 인디언의 땅에 도착하자마자 반쯤 먹다 버려져 길에 나뒹구는 시체들과 잡아먹으려고 우리에 가둬둔 사람들을

마주쳤다. 아스텍의 식인 행위 대부분이 희생제례와 연관이 있었다는 것은 사실이지만, 아스텍 인디언들은 그러한 종류의 희생을 즐기기도 했다. 이러한 제례에서 인간 희생제물(수백 명에서 수천 명에 이를 때도 많았다.)들은 피라미드처럼 생긴 신전의 꼭대기로 올려보내진다. 사람들은 희생제물의 가슴을 칼로 갈라 아직 뛰고 있는 심장을 꺼낸 다음 희생제물의 몸을 피라미드 가장자리에서 아래로 밀어 떨어뜨린다. 그러면 아래에 있던 사람들이 몸을 나눠 먹었는데, 사회적 등급에 따라 사제와 귀족계급은 신성한 의미가 있다고 여겨진 내장을 먹었고, 고위 지배계급은 허벅살을 차지했으며, 일반인에게는 나머지 부위가 돌아갔다. 특별히 경건한 자리에서는 왕이 '사람-옥수수(man-corn)'라는 요리를 먹었다. 종교의식 중에 먹는 이 음식은 정교하게 발라낸 인육을 옥수수와 섞어 만들었다. 때로는 희생제물의 가죽을 벗겨 풍요의 여신에게 바치기도 했다. 비의 신에게는 아이들(전쟁포로로 잡아온 아이들이 아니었다.)을 바쳤다. 희생제물을 바칠 이유는 수도 없이 많았고, 또 희생제물을 바쳐야 할 신도 수없이 많았던 것 같지만, 아스텍 인디언들은 어느 경우건 희생제물을 말끔히 먹어치웠다. 1486년, 스페인 사람들은 아스텍 사람들이 나흘에 걸친 한 종교행사 겸 축제에서 2만 명에 이르는 사람을 희생제물로 바치고 모조리 먹어치웠다고 전했다. 그리스도교인들이 이처럼 사람을 제물로 바치는 아스텍 의식에 이의를 제기하자, 아스텍 사람들은 자기들이 신을 기쁘게 하고 숭배하려고 적을 희생제물로 바치는 것은 사실이지만, 스페인 사람들은 자기들의 신을 '먹지' 않느냐고 따지면서(물론 이들이 그리스도교의 성찬 제례를 잘 알고 있었던 것은 아니었다.) 자기들이 보기에는 그러한 행위야말로 야만적이라고 되받아쳤다. 이로써 서로 간에 암묵적인 적대관계가 형성되자, 스페인 사람들은 아스텍 인디언에 대해 전면전을 선포했다.

　코르테스가 아스텍 인들이 제례의 희생제물을 잡아먹은 것 못지않게 피비린내 나는 정복전을 벌이는 동안, 포로로 잡힌 스페인 군인들 역시 희생제물로 잡아먹혔다. 그 결과 스페인 군대는 아스텍 인디언들을 살아 있는 악마나 다름없이 여겼고, 이러한 관념은 신대륙의 모든 원주민에게까지 확대 적용되었다. 1530년까지 많은 유럽인들은 "좋은 인디언은 죽은 인디언뿐이다."라고 암묵적으로 동의하고 있었다. 미국과 캐나다에서 인디언을 식민 지배한 백인들의 머릿속에는 대대로 이 생각이 깊이 새겨졌다.

　북미 인디언들과 백인 개척자들 간의 초기 관계는 우호적이었지만 백인이 인디언의 영토를 계속해서 침범하자 그 관계에 점차 금이 가기 시작했다. 특히 백인들이 대평원(Great Plains)에 사는 공격적이고 호전적인 부족들의 영토를 침범하기 시작하면서 상황은 더욱 악화되었다. 대다수 유럽인들은 미국 인디언 부족들이 유럽인들 자신들만큼이나 다양한 문화를 가졌다는 사실을 이해하지 못했다. 인디언 부족 중에는 약탈과 침략, 싸움에 능한 부족도 있었지만, 평화롭게 농사를 짓거나 물물교환을 하거나 사냥을 해서 살아가는 사람들도 있었다. 백인종과 홍인종 사이에 갈등이 있었던 것은 명백하지만, 백인들을 경악케 했던, 식인을 일상적으로 행한 부족은 얼마 되지 않는다.

　유럽인들은 미국 중서부에서 극도로 공격적인 인디언 부족을 접하기 전에도 일찍이 상상을 초월할 만큼 잔인한 부족들을 만났다. 이로쿼이(Iroquois)족은 특히 공격적이었고, 포로를 단 한 사람도 예외 없이 잔인하게 대했다. 극도로 잔혹한 고문을 가하고 나서 머리를 베어 쇠꼬챙이에 꽂아 불에 구워 먹거나, 부족의 종교의식 중에 산 채로 구워 먹기도 했다. 이로

쿼이족의 식인 행위의 예는 생존한 예수회 수사들의 기록에서 풍부하게 접할 수 있다. 수사들이 살아남아 기록을 전한 것을 보면 아마 이로쿼이 족과 화평을 맺는 데 성공한 모양이다. 비슷한 형태로 식인을 행한 동부의 다른 인디언으로는 몬테뉴(Montaignes)·앨곤퀸(Algonquin)·미크맥(Micmac)족이 있다.

서부에서는 다코타(Dakota)족이 식인을 행했지만, 이들은 이례적이게도 전쟁에서 유독 잘 싸운 적의 몸만 먹었다. 전쟁에서 싸워 이긴 다코타족은 적의 심장과 간(심장과 간에 각각 지혜와 용기가 들었다고 믿었다.)을 먹었다. 가장 용맹한 적만을 먹었다는 점이 대단히 특이한데, 용맹하지 못한 적을 먹는 것은 역겨운 짓으로 여겼다. 미국 북서부 연안에서는 틀링깃(Tlingit)족, 심시안(Tsimshian)족, 헤일수크(Heilsuk)족이 식인을 행했으나, 이는 단지 부족의 주술의례를 위해서일 뿐이었다. 다른 미국 인디언 부족들, 특히 현재 캐나다에 거주하는 부족들은 포로를 죽여서 먹기 전에 포로에게 제 살가죽을 먹게 했는데, 이는 포로에게 마지막으로 굴욕을 주기 위함이었다.

백인과 원주민 사회가 적대적으로든 우호적으로든 서로 접촉하게 되자 서로 간에 문화적 교류가 일어날 수밖에 없었다. 산사나이로 잘 알려진 제러마이어 존슨은 크로우 인디언에게 일가족이 몰살당하자 홀로 복수극을 펼쳤다. 존슨은 이후 몇 년에 걸쳐 크로우족 247명을 죽이고 일일이 간을 꺼내 먹었다. 얼마나 사나운 전사들과 싸웠는지는 모르지만, 존슨은 그들을 죽이고 간 없는 시체를 그 증명으로 버려두었다. 결국 크로우족은 존슨이 크로우족을 먹는 것을 그만두면 자신들도 존슨을 더는 쫓지 않겠다며 휴전 협정에 나섰다.

유럽 사람들은 북미 대륙에서도 수많은 식인종을 만났지만, 남미에서도

그와 비슷한 상황에 맞닥뜨렸다. 카리브 원주민과 아스텍 인디언들의 식인을 이미 목격하고 난 유럽 사람들은, 다시금 이런 상황을 맞닥뜨리자 신대륙의 모든 인디언은 사람을 먹는다고 믿게 되었고, 이러한 믿음은 훨씬 평화롭고 문명화된 부족과의 관계에도 영향을 미쳤다. 1532년에서 1533년 사이에 스페인 정복자 프란시스코 피사로가 페루의 잉카족을 처음으로 만났을 때 역시 예외가 아니었다. 이는 코르테스가 아스텍 문명을 정복한 지 겨우 12년 뒤의 일이다.

피사로와 그의 군대는 잉카 문명을 필요 이상으로 잔인하게 공격하여 잉카의 수도를 파괴하고 전사들을 살해한 끝에 아타우알파 왕을 생포했다. 아타우알파 왕은 어떤 일이 있어도 스페인의 무력에 굴복해 정복자들의 종교, 즉 그리스도교로 개종하지 않으려 했다고 한다. 왕은 생명의 위협이 명백한데도 자신은 그 어떤 인간도 섬기지 않겠노라고 분명히 밝히며, 그리스도교에 대한 자신의 견해를 솔직히 말했다. 왕은 잉카족은 오직 적의 부족을 신에게 바칠 뿐 사람을 먹지 않는다는 점을 분명히 하면서, 이에 반해 스페인 사람들은 자신의 신을 죽여 그 피를 마시고 신의 몸을 구워서 작은 빵으로 만드니 신을 희생제물로 삼는 것 아니냐고 물었다. 그는 사실 그리스도교 성체성사 의례가 차마 입에 담기 어려울 정도로 불경스럽다고 느꼈다. 이에 격분한 스페인 사람들은 1533년 8월 15일, 아타우알파 왕을 공개 교수형에 처했다.

남미 대륙에서 일어난 식인에 대한 최초의 객관적 자료는 독일 항해가 한스 슈타덴(Hans Staden)의 기록에서 볼 수 있다. 그가 타고 있던 배가 난파해 브라질 해안에 가닿은 것은 피사로가 잉카 제국과 처음 접촉한 지 2, 3년 후였다. 슈타덴에 따르면 토착민인 투피남바(Tupinamba)족은 전쟁에서 잡은 상대 부족 포로를 특이한 방식으로 다루었다. 포로는 우선 마을로 끌려와 여자들에게 조롱을 당한다. 그러나 이때는 포로에게도 썩은 과일이나 그릇 따위를 던지며 반격할 수 있는 기회를 준다고 한다. 다음으로 부족의 우두머리가 전투용 몽둥이를 가지고 나타나 포로와 또 한 차례 모욕을 주고받고, 포로를 죽이는 시늉을 하며 겁을 준 뒤, 마지막으로 포로의 머리를 몽둥이로 난타하면 이를 바라보던 사람들은 환호를 보낸다. 그 뒤에는 희생자의 피를 제례용 단지에 담아 부족의 나이든 여성과 어린아이들에게 주어 그 자리에서 마시게 한다. 슈타덴에 따르면 "어머니들은 젖꼭지에 피를 발라 아이들에게 피 맛을 보여주었다."고 한다. 그리고 마지막으로 죽은 포로의 몸을 사등분해 구워 먹는다. 너무나 야만적으로 들리지만, 신기한 점은 이것이 순수하게 제례적인 절차였으며, 적의 대표 단 한 사람만을 의식의 제물로 삼았다는 점이다.

위에서 든 예는 거의 500년 전에 일어난 일이지만, 남미, 특히 브라질 아마존 지역에서는 식인 행위가 20세기까지도 이어졌다. 쿠베오(Cubeo)족은 포로를 잡아먹을 목적으로 정기적으로 전쟁을 벌였다. 잡은 포로가 한 번의 예식에서 모두 나눠먹고도 남을 만큼 많으면 남은 인육은 말려서 두고두고 먹었다. 그 자리에서 즉시 잡아먹히는 포로들의 경우는 더욱 끔찍한 공포를 겪어야 했다. 승리자들이 포로의 음경과 음낭을 잘라 자신들의 성기에 덧씌운 채로 제례 내내 춤을 추었기 때문이다. 춤이 끝나고 나면 모인 군중에 적합한 수의 포로들을 구워 먹었다. 그러나 쿠베오족의 식탁에 오른 것이 꼭 적뿐만은 아니었던 것 같다. 분위기가 무르익으면 그들은 태우고 나서 아직 땅에 묻지 않은 자기 부족의 시신을 찾아내 그 뼈를 갈아 술에 섞어서 같이 마셨다.

식인을 했지만 대개는 적 부족의 포로만을 먹었던 아마존의 다른 부족들로는 타리아나스(Tarianas)족, 투카노스(Tucanos)족, 투피과라니(Tupi-Guarani)족, 투피남바족, 판체(Panche)족, 파우쿠라(Paucura)족이 있다. 특히 파우쿠라족은 미식가였던 것 같다. 그들은 포로를 일정 기간 우리에 가두어 놓았다가 항아리나 석쇠에 요리해 먹었는데, 우리에 가두어놓는 동안 신선한 과일과 채소로 살을 찌워 고기 맛을 더 좋게 했다고 한다. 판체족은 위에서 말한 다른 부족과 마찬가지로 적을 먹었는데, 그것 말고도 자기 부족의 맏이들을 먹는 끔찍한 다산의식도 행했다. 식인 행위는 시간이 갈수록 걷잡을 수 없이 확대되는 경향이 있다. 투피과라니족은 처음에는 전후의식으로 식인을 행했으나 인육의 맛에 인이 박인 나머지 결국 인육을 일용할 양식으로 삼게 되었다. 브라질과 페루의 국경지대에 살았던 카시보스(Cashibos)족의 경우도 이와 마찬가지였다. 그들은 존경의 뜻으로 죽은 부모를 먹기 시작했으나, 결국 식인의 범위가 확대되어 사람을 먹는 것을 그저 몸집이 커다란 사냥감을 먹는 것과 다름없이 생각하게 되었다. 카시보스족의 인간 사냥꾼들은 사냥을 나온 다른 부족을 노려, 새나 다른 동물의 소리를 내며 숨어 있다가 상대가 다가오면 덮치는 식으로 사냥했다.

일부 남미 부족은 먹는 대상에 대해 훨씬 신중을 기했으며 또 예의도 지켰다. 코코마스(Cocomas)족은 오직 자기 가족의 시신만 먹었으며 살점만 먹은 것이 아니라 뼈를 갈아서 술에 섞어 마셨다. 코코마스족에게 이것은 경건한 행위였으며, 죽은 자가 차가운 땅에 묻히느니 따뜻한 지인의 몸속에서 생을 마감하는 편이 훨씬 더 좋다는 믿음에서 나온 의식이었다.

역사적으로 식인을 대표하는 이미지는 아마존의 사나운 부족들과 피에 굶주린 듯한 아스텍 원주민이지만, 아프리카의 일부 부족도 전설적인 식인

종으로 기억되는 경우가 많다. 비교적 최근까지도 '카니발'이라고 하면 괴기스러운 한니발 렉터 박사를 연기한 안소니 홉킨스가 아니라, 백인 침략자를 물이 펄펄 끓는 솥단지 속에 통째로 집어넣고 흐뭇한 표정을 짓는 사납고 뚱뚱한 아프리카 추장의 모습을 떠올리기 일쑤였다.

그러나 아프리카라는 커다란 대륙에는 식인을 경험하지 않은 부족이 훨씬 많다. 다만 영토 확장과 식민지화에 열을 올린 일부 유럽인들이 식인과는 거리가 먼 부족마저 식인종으로 매도한 데서 식인종이라는 전형적인 인식이 생긴 것 같다. 예를 들어 데이비드 리빙스턴을 비롯한 여러 이름난 탐험가들은 식인종을 마주쳤다는 기록을 단 한 줄도 남긴 적이 없다. 식인종을 만났다는 기록을 남긴 탐험가들은 아마도 아프리카 서부 연안의 콩고나 그에 인접한 카메룬 지역을 탐험한 이들이리라. 이 두 지역은 식인의 온상이었다. 이 지역의 식인 부족들은 인육을 먹는 행위에 관해 매우 까다로운 지침을 갖고 있는 경우가 많았는데, 인육 요리용으로 별도 요리 도구와 단지를 갖춘 부족도 있었다. 아프리카에서 식인 풍습이 행해진 곳은 일부 지역이었지만 식인을 하지 않는 부족들도 그런 풍습이 있다는 사실을 모르지는 않았다. 식인을 하지 않는 부족들은 백인들이 아프리카 대륙에 발을 들여놓기 훨씬 이전부터 일부 부족의 식인 풍습에 대해 알고 있었는데, 이로 인해 백인 침략자와 원주민들 사이에 오해가 빚어지기도 했다.

1795년에서 1797년 사이, 스코틀랜드 탐험가 멍고 파크(Mungo Park)는 아프리카에 도착해서, 미국으로 끌고 가려고 쇠사슬에 묶어둔 노예들을 보았다. 그가 가장 놀랐던 점은 그들이 먼 나라에 가면 주인이 될 사람들에게 잡아먹히리라고 굳게 믿고 있었다는 것이다. 파크는 그렇지 않다고 설득하려 애썼지만, 결국 그들의 두려움에 지극히 현실적인 근거가 있음을 깨달았

다. 그들은 아프리카 서부의 부족들에게 잡혀가면 으레 솥단지 속에서 생을 마감했던 것이다.

그로부터 50년쯤 후, 프랑스계 미국인 탐험가 폴 두 차일루(Paul Du Chaillu)는 멍고 파크가 가졌던 의문에 대한 답을 두 눈으로 직접 확인했다. 두 차일루는 카메룬에 있는 팡(Fang)족의 지역에 도착했는데, 그의 말을 그대로 빌리자면 "사람 것 같은 혈흔이 남아 있는 게 보였다. 나는 의심스러운 눈길만 주고 그냥 지나쳤다. 그러나 마침 우리가 지나던 길목에 있던 여자가 내 의심을 말끔히 풀어주었다. 여자는 사람의 허벅다리를 들고 있었다. 마치 우리가 시장에서 고기를 사와 스테이크를 만들어 먹는 것과 다르지 않았다. 이후 어디를 가든 식인의 흔적을 볼 수 있었다……." 두 차일루에 따르면 팡족 사람들은 사람이 죽으면 시신을 옆 마을로 보냈는데, 옆 마을에서는 시체를 토막쳐 시장에 내다팔았다. 이는 시체를 편리하게 처리하려는 것일 뿐이지 제례적인 의미는 전혀 없었다. 자연적으로 죽은 사람들의 수가 식량 필요량에 미치지 못하면 마치 쇠고기처럼 외부 지역에서 사들인 포로를 시장에서 사다먹었다. 식인 행위는 이미 그 지역 사람들이 싫증을 느낄 정도로 흔한 것이었다. 두 차일루가 아펑기(Apingi)족의 왕을 만났을 때, 왕은 손발이 묶인 포로를 보여주며 "오늘 저녁에는 저 녀석을 먹도록 하시오. 그대는 배가 고플 텐데, 저 녀석은 맛이 부드럽고 기름질 거요."라고 말했다.

카메룬에 식인종이 드글댔다면 바로 옆 나라인 콩고는 그보다 더 심했다. 가장 유명한 콩고 부족인 우방기(Ubangi)족(커다란 입술접시를 장신구로 착용하는 풍습으로 한때 유명했다.)조차 일상적으로 포로를 먹었다. 콩고에서 식인을 처음 시작한 부족이 어떤 부족인지는 몰라도, 아마도 최고의 전성기를 구가하던 부족이었을 테고, 그 후 한 부족에서 다른 부족으로 빠르게 퍼지면서 각 부족이 고유한 방식으로 변형시킨 듯하다. 이들 가운데 인육을 날로 먹은 부족은 없었다고 하는데, 일부 부족은 넓적다리를 스테이크로 구워 먹는 것이 가장 맛있다고 했고, 또 어떤 부족은 팔이 더 맛있다고 했으며, 간편하게 먹을 수 있는 부위로는 손이 가장 맛있다고 한 부족도 있었다.

독일 탐험가 게오르그 슈바인푸르트(Georg Schweinfurth)는 1869년에서 1888년 사이에 콩고와 인접 지역을 거의 쉬지 않고 탐험했는데, 그때마다 지속적인 식인 행위를 목격하고 기록으로 남겼다. 아잔데(Azande) 지역에서는 식인 행위가 매우 흔했고, 그 흔적도 도처에서 찾아볼 수 있었다. 나뭇가지에 말라비틀어진 손발이 걸려 있는가 하면 오두막 주변의 장작더미에는 살점을 발라먹고 남은 두개골이 놓여 있기도 했다. 아잔데족이 슈바인푸르트에게 한 말에 따르면, 만일의 사태가 발생하면 착한 사람, 나쁜 사람 가리지 않고 누구나 사람을 먹을 수 있다고 했다. 포로로 잡혀온 적의 부족이나 전쟁에서 죽은 적의 부족은 당연히 자기 부족의 부엌으로 직행했고, 자기 부족이라 할지라도 시체를 특별히 오래 보관하는 집안이 아닌 이상 사람이 죽으면 그 몸을 먹었다. 슈바인푸르트는 태어난 지 하루 된 신생아를 이글거리는 태양 아래 놓아둔 것을 본 적도 있었는데, 그날 저녁에 음식으로 먹기 위한 준비 단계였다고 한다. 슈바인푸르트는 우엘레(Uele) 강을 탐험하러 가서는 몬부투(Monbuttu)족을 만났다. 그런데 이 부족은 식인 대상을 아잔데족보다 훨씬 더 까다롭게 골랐다고 한다. 몬부투족은 쇠고기가 남아돌 때도 인육을 훨씬 더 좋아했으며 생포한 적을 먹는 것을 별미로 쳤다. 슈바인푸르트에 따르면 그들은 전쟁에서 붙잡은 전사를 "도살자가 양떼를 도살장으로 몰고 가듯 아무런 거리낌 없이 끌고 가 죽인 뒤 게걸스럽게 먹었다."고 한다. 슈바인푸르트가 방문한 몬부투족의 문자(Munza) 왕은 백인 방문객이 있는 한 공개된 장소에서 인육을 먹어서는 안 된다고 선포하는 등 대단히 신경 쓰는 모습을 보였다.

역시 콩고의 한 부족인 밤발라(Bambala)족은 인육을 땅에 묻어 삭혀 먹는 것을 즐겼다. 또한 사람의 살점과 피를 반죽처럼 섞어서 으깨 먹는 것도 즐겼다고 전한다.

19세기 중후반에 아프리카에 대거 투입된 그리스도교 선교단조차 콩고의 여러 부족들 사이에서 공공연하게 행해진 식인 풍습은 막지 못했다. 홀먼 벤틀리 목사는 빅토리아조 후기에 콩고에 오랫동안 머물며 침례교 선교회를 세웠는데, 그 과정에서 그 지역의 식인 풍습에 대한 사례를 수없이 많이 기록했다. 한번은 벤틀리 목사가 다른 사람들과 함께 저녁을 먹는데 한 젊은 보숑고(Boshongo)족 추장이 들어오더니 칼을 빌려달라고 했다. 선교단은 나중에 남자가 그 칼을 노예 소녀의 목을 베고 사지를 절단하는 데 쓴 것을 알고 할 말을 잃었다. 선교단이 추장을 붙잡아서 보니 추장의 봇짐에는 죽은 소녀의 팔다리를 비롯해 사람의 팔다리가 여럿 들어 있었다. 그러나 콩고 지역의 모든 부족이 그처럼 손수 식인을 자행했던 것은 아니다. 일부는 식량을 구덩이에 모았다가 그것으로 사람 엉덩이 부위를 사기도 했고, 살아 있는 노예를 그대로 사기도 했다. 그러한 노예는 보통 우리에 가두어 살을 찌웠다가 먹기에 적당하다 싶을 때 죽여서 먹었다. 벤틀리에 따르면 "이 거대한 나라 전체가 식인에 눈이 먼 것 같다……. 그들은 식인에 반대하는 것 자체를 이해하지 못한다. '너희는 닭이나 염소를 먹는다. 그리고 우리는 사람을 먹는다. 도대체 뭐가 잘못인가? 도대체 뭐가 다른가?' 리보코(Liboko)족 추장 마타브위키(Matabwiki)의 아들은 사람고기를 먹은 적이 있냐는 물음을 받고 이렇게 대답했다. '아! 나는 온 세상의 사람들을 다 먹어

보고 싶다!'" 벤틀리는 이처럼 경악스러운 상황을 정확히 알리고자 이렇게 썼다. "이것은 놀라운 사건이 아니다. 지금 이 암흑의 대륙 아프리카에서 살아가는 수많은 사람들의 일상이다."

이와 같은 견해를 말한 사람이 벤틀리 목사 혼자만은 아니다. 1880년대에서 1890년대까지 콩고 자유국 군대에서 복무했던 시드니 하인드 장군도 그와 같은 주장을 했다. 장군은 기억을 되살려 이렇게 썼다. "내가 이 나라에 머무는 동안 가장 놀랐던 것은 토막난 시체를 어디서나 볼 수 있다는 것이었다. 그들은 이웃이나 정복자들에게 내놓을 음식으로 노인이나 젊은이, 여자나 아이를 가리지 않고 죽였다." 그것은 보수적 사고를 지닌 빅토리아 시대 사람들에게는 쉽사리 잊지 못할 충격적인 광경이었다.

비교적 최근인 1924년에 영국 왕립협회(Royal Society) 원정대가 콩고를 방문했을 때도 사정은 100여 년 전과 크게 달라진 것이 없었다. 그러나 보고에 따르면 그들이 만난 부족들은 과거보다 훨씬 더 경건한 동기로 식인을 행하고 있었다고 한다. "누군가가 죽으면 시체를 집에 안치하고 저녁때 온 가족이 한자리에 모여 애도하는 시간을 갖는다. 날이 완전히 저물고 방해할 구경꾼들도 떠나 안전해지면, 죽은 자의 일가친척 가운데 여자 웃어른들이 시체를 밖으로 가지고 나가 토막친 뒤 다시 죽은 자의 집으로 가져온다. 그리하여 시체를 요리해 나눠 먹고 뼈는 불에 태워 없앰으로써 죽은 자의 흔적을 모조리 지워버린다."

이처럼 제례적인 형태의 식인은 분명 지금까지 언급한 식인 행위보다 훨씬 더 깊은 의미가 있는 듯하다. 탄자니아의 도(Doe)족은 1900년대까지도 제례적인 식인을 행했다. 추장이 죽으면 죽은 추장을 기리는 의식으로 이방인을 죽여서 먹었다. 이러한 제례적인 식인이 그리스도교 성체성사와 닮은

데가 있다는 사실은 부정하기 어려울 듯하다.

한편 비극적인 사실은 아프리카에서 바로 최근까지도 그저 미식을 목적으로 한 식인이 행해졌다는 것이다. 중앙아프리카공화국의 보카사 대통령은 1976년에서 1981년까지의 재임기간 동안 정치적 적대국에서 유괴해온 어린아이로 만든 음식을 자주 먹었다. 쿠데타가 일어나 보카사 정부가 전복되었을 때, 대통령의 냉장고에서는 조리할 수 있는 상태로 보관된 아기의 시신이 열 구 넘게 나왔다. 보카사가 아기를 식용으로 특별히 좋아했는지, 아니면 적국의 국민을 위협하는 수단으로 식인 행위를 택했는지는 아직도 논란거리다. 보카사 재임기간과 거의 같은 시기, 우간다의 이디 아민 대통령은 끊임없이 '인종 청소'와 정치적 정화라는 명분을 내세워 우간다 대륙을 공포로 몰아넣었다. 이 과정에서 우간다 국민 30만에서 50만 명이 사망했다고 전해진다. 아민 정부는 1979년 쿠데타로 전복되었는데, 보카사와 마찬가지로 아민의 냉장고 역시 식량저장고라기보다는 시체보관소에 더 가까웠다고 한다.

이쯤에서 동쪽으로 시선을 옮겨 극동지역으로 가볼까 한다. 2장에서 살펴보았듯이 식인에 대한 초기의 고고학적 증거는 중국 베이징 롱커우 언덕에서 대거 발견되었다. 하지만 약 50만 년 전에 살았다고 추정되는 베이징 원인을 동양인으로 분류하기는 어려울뿐더러 베이징 원인의 식습관에 대한 직접적인 설명은 아직 분명히 제시된 것이 없다. 그러니 4세기경 북중국 훈족의 사례를 살펴보도록 하자. 당시 통치하던 시후 왕의 궁중에서 저녁식사에 초대된 손님들은 왕의 첩 중 가장 아름다운 여자를 요리한 진미를 대접받았다. 왕은 자신의 여러 첩 가운데 못생긴 여자를 잡지 않았다는 사실을 보여주려고, 연회 동안 여자의 머리를 식탁에 올려놓았다고 한다.

그로부터 500년 후, 즉 9·10세기경 중국에 다녀온 아랍 여행가들은 시장에서 인육을 흔히 보았다고 전했다. 1242년, 칭기즈 칸이 몽골족을 이끌고 유럽을 침략했을 때도 그들이 인육을 먹었다는 기록이 있는 것을 보면 식인 풍습은 중국 부족들 사이에서 상당히 널리 퍼져 있었던 듯하다. 그리스도교 편년사가 나르본의 이보(Ivo of Narbonne)는 몽골족이 포로를 "마치 빵처럼" 먹었다고 썼다. 또 다른 편년사가는 몽골족은 전쟁에서 잡아온 사람들을 남녀 가리지 않고 닥치는 대로 먹으며, 가장 먹을 만한 젊은 여자는 장군에게 보내고, 그보다 먹을 게 없는 포로는 전사들에게 준다고 했다. 몽골인은 분명 불가피한 상황에서만 식인을 하지는 않았던 것 같다. 조반니 다 피안 델 카르피니(Giovanni da Pian del Carpine, 12세기 경 몽골을 여행한 최초의 유럽인—옮긴이)는 몽골 군사들이 포위되었을 때 전체 군사 가운데 10분의 1 정도가 내부에서 식량으로 잡아먹혔다고 전했다. 카르피니는 앞서 아랍인들이 전한 것과 마찬가지로 인육은 송 왕조 당시 북중국 전역에서 아주 흔한 식량이었으며, 한커우〔漢口〕시에는 인육만 전문으로 요리하는 식당이 있었다고 전했다. 그러나 이러한 기록 중에는 과장된 부분도 있어보인다. 대다수의 초기 여행가들은 낯선 땅에서 겪은 경험을 지나치게 부풀렸으며, 옛날에 동유럽에 쳐들어온 몽골족에 대한 두려움이 남아 있었기 때문에 몽골족에 대한 반감을 조장하려고 터무니없는 주장을 꾸며냈을 수도 있다. 그러나 비교적 현대인 1890년대에도, 프랑스와 싸운 중국 군인들이 통킹(Tonkin)만과 그 주변에서 프랑스 포로들을 식량으로 이용했다는 사실은 잘 알려져 있다. 그들은 적을 먹음으로써 적의 용기를 흡수할 수 있다고 믿었다고 한다.

마오쩌둥의 문화혁명이 일어난 1960년대 중국에서도 식인 행위가 널리 행해졌다고 기록된 것을 보면 중국인의 식인 행위에 대한 보고는 어느 정도 믿을 만한 것임이 틀림없다. 문화혁명 당시 아주 조금이라도 교육을 받았거나, 받았다고 의심되는 사람들은 차마 말로 표현할 수 없을 만큼 끔찍한 고문 끝에 죽임을 당했다. 단지 '민중의 적'이라는 것이 그 이유였다. 불운한 희생자들이 끔찍한 최후를 맞으면 홍위병은 정치적 교화를 위해 희생자의 간을 빼내 군중이 보는 앞에서 먹었다. 심지어 최근인 1990년대에조차, 한 가족당 한 자녀라는 엄격한 산아제한 정책에 따라 7, 8개월 된 아이를 낙태하는 일이 많았는데, 의사들은 여성이 낙태할 경우 태아를 먹는 것이 좋다고 조언했다 한다.

　동양에서 중국 이외에 광범위하게 식인이 행해진 지역으로는 중국해와 태평양의 외진 섬 지역이 있다. 세계에서 가장 극악무도한 식인 풍습을 보여주는 태평양 섬주민들의 식습관을 살펴보도록 하자. 초기 탐험가들의 기록에 따르면 솔로몬 제도, 멜라네시아, 뉴기니, 누벨칼레도니, 뉴헤브리디스, 과달카날, 부갱빌, 피지 등지에서 식인이 행해졌다. 18세기 및 19세기의 탐험가들은 그 지역을 간단하게 '식인 섬'이라고 할 정도였다. 이 지역의 식인 풍습을 이해하려면 피지 섬의 경우만 살펴보아도 충분하리라.

　피지 섬에서는 물고기를 제외하고는 동물성 단백질을 섭취할 방법이 현저히 제한되어 있었기에, 그 때문에 식인이 행해졌으리라는 견해가 있다. 그러나 피지 사람들이 적에 대한 보복의 의미로, 그리고 맛 때문에 사람을 먹었으며 포로를 극도로 잔혹하게 대했다는 것 역시 사실이다. 우리는 여기서 피지 레와(Rewa)에서 감리교 선교단으로 활동했던 데이비드 카길 목사의 초기 보고를 살펴보고자 한다. 목사의 1839년 10월 31일 일기는 다음과 같이 시작한다.

오늘 아침에는 충격적인 광경을 보았다. 남자, 여자, 아이가 뒤섞인 20구의 시체를 여기 레와 사람들이 나눠서 요리해 먹었다. 아이들은 어린 여자아이의 몸에서 팔다리를 잘라내며 놀았다. 팔다리와 머리가 절단되고 몸통만 남은 시체들이 여기저기 널부러졌다.

그다음 날 목사의 일기는 이렇게 시작한다.

한 30명쯤 되는 살아 있는 어린아이들이 포박되어 배 꼭대기로 끌어올려졌다. 마치 승리의 깃발과도 같이. 배가 움직인다……. 무방비 상태의 아이들은 곧 죽임을 당했다. 누군가 이곳 음바우(Bau, 피지 제도 내의 작은 섬—옮긴이) 섬으로 살아 있는 아이들을 더 데려왔다. 섬사람들은 특유의 전쟁기술대로 아이들에게 불화살을 쏘고 몽둥이를 휘둘렀다. 그들은 이후 며칠간 흡사 늑대나 하이에나인 양 사람의 몸을 갈가리 찢어 먹어치웠다.

5년 뒤인 1844년, 또 다른 감리교 선교사인 재거 목사는 음바우 섬주민들이 역시 어린 포로들을 위와 비슷하게 학대하는 광경을 목격했다. "몇 달 전 왕의 노예 하나가 도망을 쳤다. 그러나 아이는 곧 붙잡혀 왕 앞으로 끌려나왔다. 왕비는 아이의 팔꿈치 아래를 잘라 요리해 왕에게 대접하라는 명령을 내렸다. 왕은 그 아이가 보는 앞에서 팔 요리를 먹었다." 재거 목사가 나중에 기록한 사건 역시 이에 못지않게 끔찍하다.

곧 죽임을 당할 남자들은 땅에 구덩이를 파라는 명령을 받았다. 구덩이는 말하자면 잠시 후 그들이 들어가야 할 화덕이었다. 음바우족 추장 선(Sern)은

구덩이 파기를 끝낸 남자들의 팔과 다리를 베어 익혀 먹었다. 가끔 자기 팔다리가 요리되는 것을 지켜보아야 하는 포로들도 있었다. 추장은 그다음, 남은 포로들의 혀에 낚싯바늘을 꿰라고 명령했다. 사람들은 포로들의 혀에 낚싯바늘을 꿰어 혀를 늘일 수 있을 만큼 늘인 후 잘라냈다. 그리고 그 혀를 요리해 먹으며 "우리는 네 놈들의 혀를 먹고 있지!"라고 포로들을 조롱했다. 이렇게 했는데도 아직 죽지 않은 포로들은 양 옆구리를 갈라 창자를 꺼냈다. 그러자 포로들은 머지않아 모두 죽었다.

음바우 섬 원주민들에 관련된 끔찍한 일화는 이밖에도 셀 수 없이 많지만, 다른 탐험가의 기록으로 넘어가보자. 지금 살펴볼 탐험가는 1833년 피지를 여행한 모험가 앨프리드 세인트 존이다. "이 부족 족장들은 식성이 참으로 기괴하다. 그들은 인육을 살짝만 익힌 다음 묵혀서 삭혀 먹었다. 그들은 이처럼 이상한 조리법을 얼마나 좋아했는지, 심지어 전쟁 중에 누가 죽으면 그 가족이 시체를 땅에 묻었다가 나중에 마치 도굴꾼처럼 무덤을 파헤쳐 시체를 요리해 바로 그 자리에서 먹어치웠다." 세인트 존의 설명에 따르면 피지 사람들은 자연사한 사람의 몸을 먹는 것은 금기시했던 듯하다. 아마도 죽은 사람이 무슨 병이나 주술에 걸려 있을지 모른다는 노파심 때문이었던 것 같다.

세인트 존은 다른 탐험가들과 달리 피지 사람들이 인육을 요리하는 방식을 세심히 살펴보았다. "사람 몸을 통째로 화덕에 넣어 굽기도 하고, 토막쳐 커다란 뚝배기에 끓여 스튜처럼 만들기도 한다. 인육을 요리할 때는 으레 어떤 약초를 넣었다. 인육을 요리하고 화덕에 굽는 요리사들은 인육 안쪽을 뜨거운 돌로 가득 채우는데, 그렇게 해야 골고루 잘 익기 때문이라고 한다."

세인트 존이 남긴 기록을 자세히 읽어보면 일부 희생자들은 전쟁의 신에게 제물로 바쳐지기도 했다는 것을 알 수 있지만, 이것은 아주 드문 경우였다. 대개 경우에 사람들은 그저 구하기 편한 고기라는 이유로 인육을 먹었다. 그밖에도 특별한 일이 있을 때는 항상 사람을 메뉴에 올렸던 듯하다. "중요한 일이 있을 때는 사람 한두 명을 죽이지 않고서는 일을 시작할 수 없다. 새 배를 만들 때는 용골(龍骨, 배 바닥 중앙을 받치는 길고 큰 나무—옮긴이)을 놓을 때 반드시 한 사람을 죽여야 한다. 만일 만들고 있는 배가 대단히 중요한 족장의 배라면 통나무 하나를 놓을 때마다 한 사람씩 죽이기도 했다." 이처럼 대담하게 식인 문화에 접근했던 세인트 존조차 음바우족의 극악한 행위에는 분노를 느낀 모양이다. "음바우족은 광장에서 정기적으로 살육 잔치를 벌이곤 했다. 광장에는 커다란 '머리 부수는 돌'이 있다. 이 돌의 쓰임새는 다음과 같다. 건장한 원주민 둘이 희생자를 붙잡는다. 그리고 희생자의 몸을 머리 위까지 들어올린 다음 돌을 향해 최고 속력으로 질주한다. 그렇게 돌에 부딪혀 희생자의 머리를 바스러뜨린다. 이는 관중들에게는 일종의 흥미진진한 운동경기와 같았다."

피지 사람들과 마찬가지로 파푸아뉴기니 사람들 역시 오래전부터 전형적인 식인종으로 악명을 떨쳤다. 파푸아뉴기니의 식인 풍습에 대해서는 1500년대 초반, 포르투갈의 항해가 호르헤 데 메네세스(Jorge de Meneses)의 기록이 남아 있다. 그는 파푸아뉴기니 섬을 발견하고 '일라스 도스 파푸아스(Ilhas dos Papuas, 곱슬머리 사람들의 섬이라는 뜻)'라는 이름을 붙였다. 그러나 파푸아뉴기니가 너무 멀고 황량한 땅이었기 때문에 백인들은 1800년대가 되어서야 연안에 마을을 세우고 오지로 진출하기 시작했다.

파푸아 원주민들은 다른 남태평양 부족들과는 달리 인육을 먹는 체계적

인 의식을 갖추었다. 전투에서 죽은 적을 먹은 것은 그래야 죽은 영혼이 돌아와 죽인 자를 괴롭히는 것을 막을 수 있고, 적의 용맹한 기세를 흡수할 수 있다고 믿었기 때문이었다. 어떤 경우에는 적군의 머리를 마을의 '영혼의 집' 입구에 걸어놓기도 했는데, 이는 악한 영혼을 내쫓는 의미가 있는 한편, 남자들의 영역에 참여할 수 없었던 여성들에게 기념품 역할을 하기도 했다.

19세기 말, 영국 왕립지리학협회(Royal Geographical Society) 회원이었던 H. W. 워커는 이렇게 썼다.

"파푸아 원주민은 포로를 산 채로 굽는다고 알려져 있는데, 이는 보통 고문처럼 포로에게 고통을 가하려는 것이 아니다. 단지 이렇게 해야 고기 맛이 더 좋기 때문이라고 한다." 워커는 파푸아 원주민의 놀라운 조리법을 소개하고 나서 포로를 다루는 방식을 부연 설명했다. "그들은 전쟁에서 적에게 가능한 한 부상을 적게 입혀 산 채로 잡아온다. 그래야 여러 날을 두고 신선한 고기를 먹을 수 있기 때문이다. 그들은 포로를 묶어놓고 먹고 싶을 때마다 부위별로 잘라 먹는다. 믿기지 않겠지만, 이처럼 산 채로 살점을 떼어 먹히며 무려 일주일 이상을 버틴 포로도 있다고 들었다."

파푸아뉴기니 도보두라(Doboduras)족의 식인 풍습에 대해서는 다음과 같은 기록이 남아 있다. "그들은 적을 생포하면 고문을 가해 서서히 죽게 한다. 즉 산 채로 먹는 것이다. 포로가 거의 죽어갈 때쯤 포로의 옆머리에 구멍을 내서 나무 숟가락 같은 것으로 골수를 파먹는다. 따뜻하고 신선한 상태의 골수는 대개 가장 맛있는 부위로 여겨진다." 역시 19세기에 일어난 일에 대한 아래의 끔찍한 설명은 이름을 알 수 없는 어떤 파푸아 부족의 장례식에 대한 것이다. "그 부족은 조부모가 너무 늙어서 부족에 아무런 쓸모가 없다고 판단되면 밖으로 끌어내어 나뭇가지에 느슨하게 묶는다. 그러면 모여 있던 군중이 나무를 빙 둘러싸고 화려한 춤을 추기 시작한다. 그들은 춤을 추며 이렇게 외친다. '열매가 익었다! 열매가 익었다!' 그러면서 나무 쪽으로 점점 가까이 몰려들어 나뭇가지를 사납게 흔든다. 그리하여 노인들이 땅으로 곤두박질치면 부족의 젊은이들이 노인들을 먹어치운다."

푸라리 삼각주(Purari Delta) 지역을 여행하던 한 서양인은 그 지역의 오래된 식인종에게서 위의 경우 못지않게 기괴한 식인 풍습 이야기를 들었다. "내가 사람을 죽이면 다른 사람이 와서 죽은 자의 코를 물어뜯는다. 우리에게는 다른 이가 죽인 사람의 코를 먹는 풍습이 있다. 칼로 베어내는 것이 아니라 입으로 뜯어 먹는다. 자신이 직접 죽인 사람을 먹는 것은 우리의 풍습이 아니다." 그러면서 그는 오직 다른 사람이 죽인 사람만 먹을 수 있다고 덧붙였다. 이들의 풍습에는 이밖에도 이상한 예외가 있었다. "만일 누군가를 죽였다면 코코넛을 깔고 앉고, 또 양 발꿈치 아래에 코코넛을 하나씩 둔 다음, 딸에게 죽은 사람의 염통을 끓이게 할 것. 그리고 염통을 삶은 물을 마셔야 한다. 염통도 약간은 먹어도 되지만, 그동안 계속 코코넛 위에 앉아 있어야 한다."

파푸아뉴기니의 식인 풍습은 20세기까지도 내내 이어졌다. 1950년대, 파푸아에서 선교회 자원봉사자로 일했던 톰 보즈만은 직접 목격한 식인 광경을 이렇게 이야기했다. 어떤 원주민이 친구와 가족들 앞에 적의 시체를 세워놓고 "우리는 이 자를 먹는다!"라고 노래를 하면, 친구와 가족들이 소리를 지르고 울부짖으며 답했다고 한다. 1956년, 옌스 베레(Jens Bjerre)도 파푸아 사람들에 대해 이와 비슷한 기록을 남겼는데, 이들은 단백질이 너무 부족했던 나머지 들판에 불을 지른 뒤 들판을 뒤져서 까맣게 탄 생쥐, 들쥐, 도마뱀, 심지어 작은 곤충까지도 주운 자리에서 바로 먹었다고 한다. 비교

적 최근인 1992년에도 파푸아 원주민 노인들은 식인을 했던 젊은 시절을 즐겨 회상하며 사람고기는 "돼지나 닭보다 더 맛있고 특히 아기는 생선과 비슷한 맛이 나며 살이 아주 부드럽다."고 말했다 한다.

남태평양에서 가장 큰 섬인 오스트레일리아와 뉴질랜드는 따로따로 살펴볼 가치가 있다. 더욱이 뉴질랜드의 사나운 마오리족은 세계에서 가장 유명한 식인종이기도 하다. 마오리족은 사람을 요리해 먹는 법도 다양하고 먹는 이유도 그만큼 다양했던 듯하다. 그들은 경건한 장례식을 열고 죽은 친지를 먹었으며, 전쟁에서 잡은 포로는 끝없이 고문하고 조롱하다가 적당한 크기로 썰어 살짝 데쳐 먹었다. 이렇게 하면 적의 호전적인 기세와 전술을 전해받을 수 있다고 믿었다. 마오리족의 식인 행위를 처음으로 발견한 백인은 바로 용감한 탐험가 제임스 쿡 장군이었다. 장군은 1769년, 타스만(Tasman) 만에 자신의 배 '엔데버(Endeavor)'호를 댔다. 장군은 다음과 같은 기록을 남겼다. "뭍에 배를 대자마자 원주민 두세 명을 마주쳤다. 그들은 막 인육을 먹고 난 것 같았다. 그중 한 명이 남자인지 여자인지는 몰라도 아무튼 어른의 것이 분명한 사람 팔뚝을 들고 있었기 때문이다. 죽은 지 얼마 안 된 사람의 팔 같았다······. 그들은 우리에게 사람을 먹었다고 말해주었다. 우리가 이해할 수 있도록, 며칠 전 적 부족의 배에 타고 있던 사람을 잡아서 먹었노라고 친절하게 설명해주었다."

쿡은 마오리족을 관찰하며 그들이 식량 부족 때문에 식인을 하는 것이 아님을 알게 되었다. "뉴질랜드 곳곳을 다녀보니 물고기가 아주 풍부했다. 원주민들이 자기들 식사를 해결하고 우리에게 나눠주기에도 충분한 양이었다. 또 이곳에는 개도 많고 물새도 많다. 그리고 원주민들은 물새를 사냥하는 법도 아주 잘 안다. 따라서 그 어떤 종류든 먹을 것이 없어서 식인을 한다

는 것은 내가 보기에는 이유가 될 수 없다. 정확한 이유야 어찌되었든 원주민들이 인육을 무척 좋아한다는 사실은 아주 분명하다." 그로부터 100년 뒤인 빅토리아조 후기, 한 마오리족 노인은 자신의 식습관을 당연시하며 이렇게 말했다. "기왕 죽은 바에야 구더기한테 먹히느니 같은 부족 사람들한테 먹히는 편이 더 낫지 않소?"

그 옆 오스트레일리아 대륙의 원주민 부족들은 식인에 대해 저마다 독특하고 다양한 규칙이 있었다. 가장 보편적이고 널리 퍼진 습관은 적 부족의 전사, 혹은 위험한 침입자로 여겨지는 사람을 먹는 것이었다. 역시 일종의 예식으로 행해졌으며, 적의 살을 먹음으로써 용맹함을 흡수할 수 있다는 믿음이 바탕이었다. 1933년 얌(Yam) 섬의 한 나이든 추장은 "심장을 튼튼하게 하려고" 잘게 썬 인육과 악어고기를 섞어 먹었다고 회상했다. 그보다 야만적이었던 가리고(Ngarigo)족은 단순히 보복을 목적으로 포로들의 사지를 먹었다.

옛날 퀸즐랜드 주변에 살던 여러 부족에서는 같은 부족민의 인육을 먹는 것이 지위가 높은 사람들에게만 허락되는 명예로운 관습이었다. 역시 죽은 자의 힘을 전해받을 수 있다는 믿음이 있었던 것 같다. 이와 비슷하게 디에리(Dieri)족은 사람이 죽으면 유족이 죽은 사람의 고기를 가까운 친지들에게 조금씩 나누어주는 풍습이 있었다. 한 디에리족 사람은 이렇게 설명했다. "우리는 죽은 가족을 먹는다. 그것은 우리가 그 사람을 알고, 또 좋아했기 때문이다." 때로 이러한 장례풍습에 더 미묘한 목적이 있는 경우도 있었다. 1924년, 오스트레일리아 경찰관 G. 호른과 G. 애스턴은 윙콩구루(Wonkonguru)족의 한 노인이 사망한 사건을 보고했다. 그 노인은 에뮤 사냥철에 심장마비로 죽었다. 원주민들은 예상치 못한 죽음이 발생하면 언제나 주술에 걸렸을 가능성을 염두에 두었다. 따라서 장례식의 만찬에는 두

가지 목적이 있었다. 죽은 자를 알고 또 사랑했던 사람들은 그 몸을 먹으면서 생전의 모습을 추억한다. 하지만 생전에 죽은 자를 욕했던 사람이 죽은 자의 몸을 먹으면 죽게 된다. 호른 경관과 이야기를 나누던 고인의 친구는 사실 자신은 친구의 고기를 먹고 싶지 않았지만 차마 싫다는 말을 못 했다고 털어놓았다. 그는 이렇게 말했다. "내가 친구를 안 먹는다고 해보시오. 그럼 사람들이 이러겠지. 내가 그 친구를 싫어했다고 말이야. 그러니 먹을 수밖에 없었소."

일부 원주민 부족 사이에서는 갓 태어난 아기를 희생제물로 바치고 먹는 풍습이 성행했다. 카우라(Kaura)족은 농사에 실패했을 때나 가뭄이나 기아가 닥쳤을 때 단순히 먹일 입을 줄일 목적으로 식인을 했다. 한편 워초발룩(Wotjobaluk)족은 둘째 아이를 죽여 맏이에게 먹이는 의식이 있었다. 이렇게 하면 맏이가 더 강해진다고 믿었기 때문이다.

오스트레일리아에서는 사회적으로 더욱 용인하기 힘든 식인도 행해졌다. 바로 백인들의 식인이었다. 영국이 오스트레일리아 땅을 거대한 교도소로 활용하던 당시 적어도 한 건의 식인 사건이 발생했는데(1822년), 집단 탈옥을 한 죄수들이 서로서로 잡아먹으면서 오스트레일리아 오지에서 살아남은 사건이었다. 유일하게 살아남아 다시 붙잡힌 죄수는 알렉산더 피어스라는 이름의 남자였다. 다시 붙잡힌 피어스는 식인 사실을 거리낌 없이 털어놓았다. 그러나 아무도 그의 말을 믿지 않았고, 몇 년 뒤 피어스는 식량으로 삼을 작정으로 일부러 토머스 콕스라는 죄수를 데리고 다시 탈출했다. 피어스는 다시 붙잡혔을 때 전에 거짓말하지 않았음을 증명하려고 콕스의 살코기를 보여주었다. 피어스는 이 일로 교수형에 처해졌다. 식인이 받아들여지지 않는 사회에서 식인을 저지른 사람에게 돌아가는 당연한 결과였다.

4장
극단적 상황에서 나타나는 식인: 기근, 재난, 전쟁의 경우

지금까지 우리는 식인이 일종의 문화적 표준이었던 사회들을 살펴보았다. 즉 지금까지 살펴본 사회에서 구성원들의 식인 행위는 문화적으로 용납되는 행위였다. 그러나 이제부터는 이와 다른 종류의 식인이 행해진 경우를 살펴보려고 한다. 이러한 식인을 우리는 '마지막 순간의(in extremis)' 식인이라 칭하겠다. 즉 문화가 식인을 금기시하는데도 극단적이거나 재난이 발생한 상황에서 살아남으려고 인육을 먹은 경우를 가리킨다.

그리 놀랄 일은 아니지만, 현대에도 식인 사건이 적지 않게 일어났다. 원인은 극심한 기근이었다. 먹을 수 있는 것이 전혀 없을 때, 그리고 생사의 갈림길이 인육을 먹는 행위에 대한 도덕적 금기를 어길 수 있느냐 아니냐에 놓였을 때, 사람들은 대개 도덕에 등을 돌리고 만다. 그러니 식인 행위 자체 못지않게, 아니 어쩌면 그보다 더 두려운 것은, 우리가 언제든 문명이라는 얇은 보호막을 벗어던질 수 있다는 사실인지도 모른다.

기근으로 일어난 식인을 직접 기록한 최초의 문서는 중세 이집트에서 나

왔다. 1200년에서 1201년 사이에 이집트에는 대규모 기근이 닥쳤다. 당시 카이로에 살던 의사 아브드 알 라티프(Abd Al-Latif)는 카이로에서만 하루에 500명씩 죽어나갔다고 적었다. 마을 곳곳에 바짝 마른 시체들이 쌓여가자 결국 배고픔에 이성을 잃은 사람들은 시체를 먹기 시작했다. 이내 그들은 서로를 잡아먹기 시작했고, 때로 자기 아이를 먹기도 했다. 알 라티프는 내장을 들어낸 아이의 몸이 먹을 수 있게 손질되어 시장에 걸려 있는 것을 보았으며, 사람들의 장바구니 안에 구운 신생아가 든 것도 보았다고 적었다. 나라에서는 이와 같은 식인의 물결을 잠재우려는 노력으로, 아이를 구워 먹는 부모는 화형에 처한다는 법을 만들기도 했다. 그러나 사람들에게는 나라에 잡혀가 죽으나 굶어죽으나 큰 차이가 없었기에, 이러한 법은 강제력을 가질 수 없었다. 한 사회가 이렇게까지 붕괴하면 이를 기회 삼아 필요와는 무관하게 자신의 변태적 취향을 만끽하는 사람들이 반드시 나타나는 법이다. 알 라티프는 음식을 살 돈이 충분한데도 단지 맛이 좋아서, 혹은 호기심으로 인육을 먹는 사람을 보았다고 적었다. 라티프의 기록에 따르면 길에 커다란 솥을 내놓고 사람의 머리와 팔다리를 넣어 끓이는 광경을 어디서나 볼 수 있었다고 한다. 급기야 인육을 먹는 행위가 너무나 익숙해진 나머지 일부 사람들은 기근이 끝났는데도 계속 식인을 하기도 했다. 소름끼치는 말이지만 13세기 이집트에서만 이런 일이 있었던 것이 아니다. 역사시대 이후 인류의 연대기를 살펴보면, 기근으로 인한 식인이 영국, 아일랜드, 러시아 등 다양한 지역에서 일어났다는 확실한 기록이 있다.

주목할 만한 사례는 1922년 우크라이나와 1929년에서 1931년 사이 러시아에서 일어난 대규모 기근이다. 두 경우 모두 기근의 정도가 상상할 수 없을 만큼 극단적이었다. 셀 수 없이 많은 농부와 시민들이 식량 없이 몇 달

을 버텼다. 사람들은 벽에서 벽지를 벗겨 끓여먹기도 했는데, 벽지를 붙일 때 쓴 밀가루 풀에 영양소가 들었을지도 모른다고 생각해서였다. 목수들이 쓰는 풀도 수프로 만들어 먹었다. 그 밖에 할퀴는 듯한 위의 통증을 줄일 수만 있다면 뭐든 가리지 않고 먹었다. 그러나 이 두 기근에서 가장 비극적이고 충격적인 점은 이것이 인위적으로 발생한 기근이라는 점이다. 우크라이나는 구소련 지역 가운데 가장 비옥한 농경 지대였지만, 우크라이나가 공산주의의 무력에 항거하며 백러시아(White Russian, 러시아 혁명에 반대하며 국외로 망명한 세력—옮긴이) 정부로 돌아서자, 이에 앙심을 품은 볼셰비키 정부로부터 잔인한 보복을 당한다. 볼셰비키 정부는 적군(Red Army)에 식량을 제공한다는 명목으로 우크라이나 사람들에게서 이듬해 농사지을 씨앗을 포함해 생산 수단을 모조리 빼앗았다. 이와 비슷하게 1929년에서 1931년 사이에 일어난 러시아의 기근 역시 독재자 스탈린이 집단농장에 저항한 농부들을 응징하려고 인위적으로 조성한 것이다. 이와 같은 정치적 테러 때문에 구소련 지역에는 오늘날까지도 식인을 대수롭지 않게 생각하는 태도가 생겼다. 이러한 비극에 대해서는 책의 마지막 장에서 자세하게 살펴보고자 한다.

 큰 기근이 닥쳤을 때는 기근이라는 재난의 성격상 식인이 발생한다고 말할 수 있을 것이다. 즉 기근이 닥치면 식량 공급원이 서서히 줄고 전염병이 돌아 사람들이 병약해지며 절도와 폭력이 만연하고 사회의 일반적 구조가 점점 무너지기 시작한다. 하지만 사회적인 규모의 기근이 아니라 두세 사람 정도의 개인이 갑자기 음식과 물이 없는 극한 상황에 처한다면 어떤 일이 일어날까? 사회통념에 따라, 동료의 비난이 두려워서, 굶어죽을 위기에 처해서도 야만적인 본능을 억누를까? 아니면 그들 역시 결국 식인에 굴복할까? 극한 상황에서 생존을 위해 식인이 일어나는 예는 해상 조난의 경우에 자주 볼 수 있는데, 일부 기록에 따르면 강한 자가 살아남으려고 약한 자를 잡아먹게 된다고 한다.

바다 한가운데서 일어난 식인의 경우로 가장 잘 알려진 예는 프랑스 군함 '메두사(Medusa)'호의 참상이다. 메두사호는 1816년에 세네갈로 가던 길에 침몰했다. 150명이 넘는 생존자들은 부서진 배 파편에 필사적으로 매달려 며칠을 버텼지만, 결국 부상과 배고픔, 갈증으로 서서히 죽어가기 시작했다. 질서는 자연히 무너졌고 생존자들은 서로 살아남으려 싸우기 시작했으며, 급기야 서로 죽여 상대의 피와 살을 먹기 시작했다. 결국 구조되었을 때 생존자는 열다섯 명뿐이었다.

해상 조난이 이 책의 중심 주제는 아니지만, 이러한 사례를 한 건만 더 살펴보자. 이 사건의 경우는 사후 법적처리가 상당히 이례적이다. 1884년, 영국의 선원 네 명은 높이 10미터짜리 영국산 세일링요트(돛을 달고 바람의 힘으로 움직이는 요트—옮긴이) 미뇨넷(Mignonette)호를 오스트레일리아에 사는 새 주인에게 넘겨주러 항해하던 중이었다. 그러나 배는 희망봉 근처에서 엄청난 폭풍을 만나 난파되었고, 선원들은 배를 버리고 구명보트로 옮겨 목숨을 건졌다. 그러나 그들은 비바람이 몰아치는 거친 파도속을 물과 음식 없이 버텨야 했고, 이러한 상황에서 톰 더들리 선장이 할 수 있는 것은 그저 나머지 선원 세 명이 두려움에 떨지 않게 안심시키는 것뿐이었다.

그렇게 15일이 지나자 급사였던 십대 소년 리처드 파커가 사경을 헤매게 되었다. 신참내기 선원이었던 소년은 미처 손 쓸 새도 없이 바닷물을 너무 많이 마셔 심각한 탈수증세를 보였고, 심한 복통과 설사에 시달렸다. 그로부터 열흘 뒤, 소년은 아직 목숨을 부지하긴 했지만 죽음 직전이었고, 나머지 선원들도 그리 다를 바 없었다. 결국 누군가가 살아남기 위해 소년을 죽여 소년의 피와 고기를 먹는 것이 어떻겠냐고 제안했다. 사태에 책임감을 느끼던 더들리 선장은 소년의 목을 베고 피를 따른 뒤 한 명씩 돌아가며 마시게 했다. 그리고는 소년의 심장과 간을 베어내 그 자리에서 먹고 나머지 살점은 이후 나흘 동안 식량으로 먹었다. 남은 뼈는 바닷물 속으로 던져버렸다. 생존자 세 명은 24일간 표류한 끝에 독일 범선에 구조되어 영국으로 돌아왔다.

더들리 선장은 영국으로 돌아오는 배 안에서 식인 사실에 대한 모든 책임을 감수하고 구조선에서 일어난 일에 대해 자세하고 정확하게 기록했다. 생존자 세 명이 살인죄로 체포된 것은 당연한 일이었다. 상황이 어떠했든 법체계는 지켜야 했던 것이다. 그러나 미뇨넷호의 출발지였던 팰머스의 시민들 대다수는 그들이 소년에게 저지른 일이 선택의 문제가 아니라 생존을 위한 불가피한 결정이었다며 대대적인 공감을 표했다. 그들의 소송비용을 대려고 법적 변호기금을 모으는 사람들도 있었고, 지역 언론도 그들을 지지했다. 그러나 법은 뜻을 굽히지 않고 생존자들을 구속했으며, 국가는 영국의 저질 언론이 죽음을 선정적으로 광고하고 있다고 비난하며 이 사건을 일종의 소동으로 치부해버렸다.

그러자 문명 사회가 고수하는 법체계, 즉 이 사건의 경우에는 살인에 대한 금지가 극한 상황에도 반드시 적용될 수 있는 것은 아니라고 주장하며 피고인들을 변호하는 세력이 생겼다. 또한 물과 식량 없이 그렇게 오래 버텨야 하는 상황이라면 분별력을 잃어버리는 것이 인지상정이므로 그들의 행동에 책임을 물을 수 없다고 주장하는 사람들도 있었다. 설사 그들에게 살인의 책임이 있다 할지라도, 한 사람의 필요보다는 다수의 필요가 우선이

라는 것이 자명한 이치라는 생각이었다. 피고인들을 위한 변론은 풍부한 판례로 뒷받침되었으며 잘 짜여진 훌륭한 논변이었다. 그러나 배심원단의 생각은 달랐다.

배심원단은 그들에게 유죄를 평결하며 이렇게 말했다. "굶어죽지 않으려고, 먹을 목적으로 사람을 죽인 사람은 행위 당시 자신이 살아남을 기회가 단지 그것뿐이라고 믿었으며, 또 그렇게 믿을 만한 충분한 근거가 있는 상황이었다 할지라도 살인죄를 저지른 것으로 간주된다." 아마도 배심원단 가운데는 그와 비슷한 상황에 처했던 사람이 한 명도 없지 않았을까 싶다. 재판장은 배심원단의 평결에 크게 고민하다가 결국 형량을 조정해달라고 왕실에 호소했고, 빅토리아 여왕은 여왕의 재량권을 발휘해 재판장의 청을 들어주었다. 세 남자는 6개월간 복역한 뒤 풀려났다.

광활한 바다는 예측 불가능한 곳이지만 비교적 최근까지는 육지 역시 마찬가지였다. 철도와 안전한 도로가 생기기 전, 사람들은 집에서 불과 몇 킬로미터만 벗어나도 쉽게 길을 잃곤 했다. 따라서 집에서 수백, 혹은 수천 킬로미터 떨어져 있는 곳이라면 상황은 삽시간에 절망적으로 변할 수 있었다. 1846년, 유타 주에서는 조지 도너가 이끄는 개척자 일행이 캘리포니아의 비옥한 땅을 찾아 떠났다. 이들 무리는 남자 26명, 여자 14명, 어린아이 44명으로 이루어져 있었다. 10월 중순까지도 모든 것이 순조로웠다. 그런데 10월 말, 극심한 눈보라가 불어닥치면서 일행은 시에라 네바다 산 중턱에 갇히고 말았다. 일부는 마차를 임시 거처로 써서 버텨보겠다며 그 자리에 남았고, 도너를 비롯한 나머지 사람들은 8킬로미터 정도 더 가 버려진 오두막에 자리를 잡았다. 그로부터 두 달도 더 지나, 도너 무리에서 가까스로 생존한 두 명이 애초에 제자리에 남았던 무리로 돌아왔다. 처음에 84명이었던

일행 중 생존자는 제자리에 남은 무리의 일곱 명과 도너 일행에서 무리로 돌아온 두 명뿐이었다. 놀라운 사실은 두 무리가 높이 쌓인 폭설을 사이에 두고 8킬로미터나 떨어져 있었는데도, 거의 비슷한 아사 상태에 닥치자 결국 살아남으려고 죽은 일행의 시체를 먹는 공통된 행동을 보였다는 점이다.

수로로 이동하는 시대가 지나자 바다에서는 그런 비극이 일어나는 일이 거의 없어졌다. 또 육지에서는 광활한 초원지대를 제외하면 대다수 지역이 현대화되었기 때문에 황무지라고 할 만한 곳도 거의 사라졌다. 그렇다면 이제 '마지막 순간'에서 일어나는 식인은 먼 과거의 일이라고 생각해도 되는 것일까? 안타깝게도 그렇지는 않은 것 같다.

1972년 10월 13일, 우루과이 몬테비데오에 있는 스텔라마리스 대학의 아마추어 럭비팀이 전세를 낸 우루과이 항공 비행기 한 대가 칠레 산티아고로 가던 길에 안데스 산 위에서 폭파되는 사고가 발생했다. 비행기에는 선수 15명과 그 친지와 친구들 24명이 타고 있었다. 폭파 자체로 인한 사망자는 10명뿐이었으나, 생존자 대다수가 부상을 입었으며, 그중 일부는 중상이었다. 비행기에서 먹을 수 있는 주전부리와 음료수가 남아 있기는 했지만, 30명이나 되는 사람들이 무기한으로 먹을 음식은 구할 수 없었다.

우루과이 항공은 집중 수색을 펼쳤지만 비행기의 흔적을 전혀 찾지 못했고, 생존자들은 구조대가 올 때까지 살아남지 못할 수도 있다는 두려움에 휩싸이기 시작했다. 이들의 끔찍한 경험은 이미 잘 알려져 있으니 이 사건에 대해 자세하게 다루지는 않겠다. 그러나 그들이 죽은 동료의 살점을 먹기 위해 어떤 도덕적 딜레마를 극복해야 했는지는 살펴볼 만하다. 생존자는 거의가 다 독실한 가톨릭교인이었기 때문에 식인은 생각조차 할 수 없다고 단호하게 거부했다. 그러나 의학을 공부하는 학생이었던 로베르토 카네사

는, 죽은 이는 더 이상 사람이라고 할 수 없으며 그들의 영혼은 하느님에게 갔기 때문에 뒤에 남은 것은 다른 고기와 다를 바 없다고 주장했다. 또한 구조될 때까지 살아남는 것이 각자의 가족과 하느님, 그리고 그들 자신에 대한 의무라고도 했다. 동의하는 이도 몇 있었지만 그 누구도 선뜻 나서 문명의 경계를 넘어 야만의 영역에 발을 들여놓으려 하지는 않았다. 결국 카네사가 총대를 맸다. 인육을 먹는 것을 끝까지 주저했던 페드로 알고타는 결국 자신의 행위를 성체성사에 비유해, 예수가 자신을 희생해 인류가 구원받은 것과 같이 죽은 동료들도 비슷한 희생을 하고 있는 것이라 생각하며 인육을 먹었다. 12월 21일, 생존자들은 음식 없이 70일을 버틴 끝에 구조되었다. 생존자들은 법적인 처벌도, 대중의 비난도 받지 않았다.

위에서 살펴본 식인 사례들은 모두 사람을 먹지 않으면 굶어죽을 수밖에 없는 극한 상황에 처한 사회나 집단에서 일어난 이야기다. 앞 장에서는 원시 사회가 전쟁을 즐기고, 무력 충돌을 사회구조의 일부로 받아들이며, 인육을 단순한 약탈품으로 받아들이는 모습을 살펴보았는데, 문명 사회에서는 전쟁의 양상은 그와 비슷하지만 이유는 전혀 다르다. 전쟁으로 피폐해진 사회에서는 용인되는 행동에 대한 기준이 무너지고 죽음과 기근이 만연해 사회구조가 완전히 붕괴하기 때문에, 식인을 혐오하던 보통 사람들도 살아남기 위한 유일한 방책으로 불가피하게 인육을 먹는 일이 일어날 수 있다. 하지만 이러한 이유에서만이 아니라 적에게 보복하려는 의도로 식인을 행하는 일도 발생한다. 기근으로 인한 식인에서는 누구를 먹느냐가 별로 중요하지 않지만, 보복을 위한 식인의 경우에는 어떤 상대를 먹느냐가 가장 중요한 문제로 떠오른다.

보복을 위한 식인 사례는 9세기 스페인에서 찾아볼 수 있다. 서기 890년,

북아프리카 이슬람 군대가 그라나다 근처 엘비라에서 스페인 군대를 격파했을 때, 이슬람 측 장군은 1만 2000명이나 되는 스페인 포로들을 모두 죽이라고 명령했다. 장군은 나중에 스페인의 반격을 받고 죽었는데, 그의 시체가 엘비라에 도착하자 전쟁으로 남편과 아버지를 잃은 아내와 아이들이 그의 사지를 찢어 먹었다고 전해진다.

1차 십자군 원정(1095~1099년) 때 군대는 예루살렘 통치권을 이슬람교인에게서 빼앗아오려고 성지 팔레스타인을 침략했다. 이때 십자군에는 노르만 귀족이 이끄는 유럽 출신 식인 군대가 속해 있었는데, 이들은 천국에 가려면 사후에도 몸을 보존해야 한다고 믿는 이슬람교인들을 위협하려고 죽은 이슬람 병사를 먹는 역할을 맡았다. 이것은 적군과 싸우기 위해서라기보다는 적군을 능멸하기 위해 식인이 이용된 경우를 보여주는 예다.

16세기 발칸 반도에 살았던 우스코치(Uscochi)족은 적군인 터키 군을 정기적으로 먹으면서 이는 그들을 모욕하기 위한 것이라고 당당하게 주장했다. 피를 빨아먹는 드라큘라 백작 이야기에 영감을 준 왈라키아 왕국의 블라드 왕자에게도 이와 비슷한 설명을 적용할 수 있다. 형언할 수 없이 잔인한 형벌을 내린 왕으로 잘 알려져 있는 블라드 왕자는 우스코치족과 같은 시대, 같은 공간에 살았던 인물이다. 미국 원주민인 수(Sioux)족 추장 '얼굴에 내리는 비(Rain-in-the-Face)'도 리틀빅혼 전투(Battle of Little Big Horn)가 끝나고 조지 커스터 대령의 간을 도려내 베어먹었다는 전설이 있다. 이것 또한 정령들에게 제물을 바치기 위해서가 아니라, 단지 커스터 대령에 대한 증오 때문이었다고 한다.

일본에서 일어난 식인에 대한 기록은 별로 남아 있지 않다. 그도 그럴 것이 일본은 1864년까지 문호를 개방하지 않았고, 따라서 문호개방 이전 일

본 문화에 대해 서양에 알려진 바가 그다지 많지 않기 때문이다. 그러나 제2차 세계대전 당시 일본군에서는 식인이 반(半)제도화되었다는 풍부한 사례가 있다. 그 이유가 일본 사람들이 당시에도 모든 이방인을 인간이 아닌 것으로 취급했기 때문인지, 아니면 일본군이 살아남아야만 했던 전투 환경이 너무나 열악해서였는지는 분명하지 않다. 그러나 아래 이야기들을 참고하면 그 이유가 무엇이었을지 대강 짐작해볼 수도 있을 것 같다.

일본군에서 일어난 식인을 기록한 자료에 따르면, 최초의 식인은 1942년 1월, 군이 뉴기니에서 고전을 면치 못하고 있을 때 일어났다. 연합군은 뉴기니 부나고나(Buna-Gona) 해변의 일본군 야영지에 연합군 동료들의 수많은 잔해가 흩어진 것을 발견했다. 동료들은 팔과 다리가 없었고 불가에서는 새까맣게 탄 살과 뼈의 잔해가 발견되었다.

1945년, 영국인도군 소속 하빌다 찬지 람은 1944년 11월 12일에 일본군이 미국 비행기를 격추시키는 장면을 목격했다고 증언했다. 그의 증언에 따르면 "일본군은 비행기를 강제로 착륙시키고 30분 후에 조종사의 목을 벴다……. 몇 명이 조종사의 팔과 다리, 엉덩이 등을 베어내어 병사들에게 배급했다……. 그들은 인육을 아주 잘게 썰어서 볶았다."

일본군은 연합군에게 쫓겨 여러 섬을 전전하며 물자공급선을 차단당하자 빈번히 적군을 먹었으며, 심지어 살아남으려고 아군마저 잡아먹기 시작했다. 그러나 이밖에도 불가피한 이유가 전혀 없는데도 식인이 일어났다는 증거가 많이 있다. 1945년, 일찌감치 오스트레일리아 군대에 항복한 한 일본인 병사는 먹잇감으로 지명되어 취사실로 오라는 상관의 명령을 받고 탈영했다고 주장했다.

마지막으로 가장 분명한 식인의 예는 일본군 야영지에 버려져 있던 공문

서를 통해 확인할 수 있다. 공문서에는 이렇게 쓰여 있었다.

미국 공군병사 인육 섭취 지령

I. 본 부대는 미국 공군 소속 홀 중위의 살을 먹고자 한다.
II. 가나무리 대위가 배급을 맡는다.
III. 사카베 생도(의료팀)가 도륙을 집행하고 간과 쓸개는 따로 보관해둔다.

서명: 총 사령관 마토바
1945년 3월 9일 오전 9시

마토바 사령관은 나중에 연합군에 붙잡혀 식인 사실을 시인하며 다음과 같은 자세한 정보를 덧붙였다. "나는 의사 데라키에게 서둘러 간을 제거하라고 명령했다. 왜냐하면 간을 해군 본부에 상납하고 싶었기 때문이다······. 간을 얇게 저며서 말렸다······. 그리고 나서 잔치를 열어 다 같이 먹었다."

* * *

지금까지 개인과 사회가 다양한 이유로 식인을 행한 사례들을 살펴보았으며, 많은 경우 식인의 대상과 이유에 대해 엄격한 규칙을 둔다는 것도 알아보았다. 잡아먹히는 사람으로서는 어떤 이유를 대도 납득할 수 없겠지만, 먹는 사람으로서는 매우 중요했을 것이다.

책 처음에는 고대 및 선사시대에 일어난 식인 사례에 대해 고고학적 증거를 바탕으로 식인 행위를 살펴보았다. 이 시기 식인 행위의 정확한 동기

는 알 수 없지만, 단백질 부족과 기근, 종교적 의식 등이 유력한 이유가 아니었을까 짐작된다. 다음으로는 문화적 규범으로 식인을 허용하는 경우를 살펴보았다. 식인이 사회적으로나 종교적으로 주요한 기능을 하는 문화의 사회 구성원은 사람을 먹는 것을 당연하게 받아들인다. 물론 이때도 잡아먹히는 대상은 따로 정해져 있다. 마지막으로는 생존을 위해 식인을 저지르는 경우를 살펴보았다. 이는 보통 식인을 금기시하는 사회에서 자란 개인이 금기를 깨뜨리고 인육을 먹는 경우였는데, 이런 행위는 이해나 용서를 받았을 뿐더러 때로 묵인되기도 했다. 왜냐하면 그들이 처한 상황이 일반적인 사회적 금기를 넘어설 수밖에 없는 극한 상황임이 인정되었기 때문이다.

지금까지 우리는 '문명화'된 서구 사회가 이웃을 먹는 행위를 용인할 수는 없어도 이해할 만한 것으로 납득하게 되는 상황—문화적인 것이든 종교적인 것이든 자연재해로 인한 것이든—을 살펴보았다. 그러나 앞으로는 조금 다른 종류의 식인에 대해 살펴보고자 한다. 앞으로 소개할 사건들은 식인을 철저하게 금기시하는 사회에서 비정상적으로 일어난 식인 사례들이다. 이들은 자연재해로 인한 위급상황에서 식인을 저지른 것도 아니고, 납득이 가는 세계관이나 종교관에 의해 식인을 저지른 것도 아니다. 이 사건들을 저지른 것은 반사회적 정신이상자와 같은 병든 마음의 소유자들이다. 이 책의 나머지 부분에서는 이들의 이야기를 집중적으로 살펴보고자 한다.

사례연구: 2부
식인이라는 금기를 깨뜨린 사건들

5장

동굴 속 식인 가족:
소니 빈 이야기(1400~1435년경)

스코틀랜드에서 삶은 언제나 녹록하지 않았다. 대개 비바람이 심하고 궂은 날씨에, 겨울에는 매서운 추위가 계속되며, 땅이 척박해서 농사를 망치기 일쑤였다. 더욱이 중세에는 잉글랜드에서 자주 쳐들어왔기에 스코틀랜드의 삶은 더욱 황폐해졌다. 잉글랜드는 스코틀랜드 지방을 차지하려고 호시탐탐 기회를 노리며 쳐들어와 농장과 마을에 불을 질렀고, 그럴 때면 주민들은 뿔뿔이 흩어져야 했다. 이처럼 살림살이가 전반적으로 위태로운 상황에서 사회는 당연히 불안정할 수밖에 없었으니, 가장 좋은 시절에도 주민들이 서로를 의심하거나 폭력을 휘두르는 일이 자주 일어났다. 가장 상황이 안 좋을 때에는 살인—우발적인 것이든 제도적인 것이든—이 빈번하게 일어났고, 때로는 식인 사건도 일어났다. 사람들은 이것마저 그저 끔찍한 현실의 한 단면일 뿐이라고 받아들였다.

    스코틀랜드는 물질적인 면에서는 빈곤했지만 이야기를 만들어내는 재주만은 아주 풍부했다. 스코틀랜드의 전설은 지금도 영어로 쓰인 민간문학에

서 보물과도 같은 존재인데, 그중 잘 알려진 것으로 소니 빈(Sawney Beane)과 그의 식인 가족 이야기가 있다.

먼저 대다수 역사학자들은 빈과 그 일가의 실존을 의심스러워하며, 이 이야기의 근거가 될 만한 그 어떠한 실제 기록도 남아 있지 않다는 점을 밝혀둔다. 또한 이야기의 뼈대는 그대로지만, 사건 발생 시기가 제임스 1세 통치기인 15세기 초라는 설과 제임스 6세(훗날 잉글랜드의 왕 제임스 1세) 통치기인 16세기 말이라는 설로 나뉜다는 점도 일러둔다.

그러나 어찌되었든 스코틀랜드의 외진 지역에서 식인 사건이 종종 일어났다는 사실만은 의심할 여지가 없다. 라파엘 홀린셰드는 1570년에 출간된 『잉글랜드, 스코틀랜드, 아일랜드 연대기』라는 책에서 트리스티클로크라는 식인종 이야기를 다루는데, 홀린셰드에 따르면 트리스티클로크는 "아이를 납치하는 것도 서슴지 않으며 여자를 죽여 그 살을 먹었다."고 한다. 홀린셰드는 이야기의 배경이 되는 정확한 지역은 밝히지 않았으나, 시대적 배경은 1341년으로 적었다. 이 책이 나오고 얼마 후에는 핏스코티의 로버트 린지(Robert Lindsay of Pitscottie)가 『스코틀랜드의 역사와 연대기』라는 책을 냈는데, 이 책도 비슷한 식인 사건을 언급한다. 그러나 이 사건은 1460년 무렵에 일어났다고 적혀 있다.

소니 빈 사건에 관한 기록으로 현재 인정되는 최초 기록은 1734년에 나온 찰스 존슨 장군의 저서, 『가장 유명한 강도, 살인자, 도둑들의 삶을 다룬 실화』이다. 그러나 이것 역시 30년 전에 일어난 비슷한 이야기를 근거로 했을 가능성이 있다. 소니 빈 이야기 중 가장 잘 많이 알려지고 일반적으로 받아들여지는 판본은 1834년에 나온 존 니콜슨의 『스코틀랜드 남부 지방의 역사적이고 전통적인 이야기』에 나온다.

현재 많은 역사가들은 소니 빈 이야기가 보니 프린스 찰리가 주도한 재커바이트 반란기(17세기 영국에서 왕권교체를 위해 일어난 반란. '보니 프린스 찰리'는 반란을 주도한 찰스 에드워드 왕자의 애칭이다.—옮긴이)에 잉글랜드 사람들이 스코틀랜드를 악의 세력으로 규정할 목적으로 지어낸 이야기라고 주장한다. 분명 식인 행위에 대한 비난은, 우세한 권력집단이 더 약한 사회를 합병하려는 구실로 이용하는 일이 많다. 그러나 이 경우에는 이러한 이론이 잘 들어맞지 않는다. 존슨 장군이 처음 이 이야기를 발표했을 때는 아직 재커바이트 반란이 일어나기 전이었고, 만일 존슨 장군이 30년 전 이야기를 책에 실은 것이라면 연결점은 더욱 느슨해진다. 이에 더해 존슨의 책에서 악행을 저지른 사람들 대다수가 잉글랜드 사람임을 감안한다면, 잉글랜드가 스코틀랜드에 적대감을 표출하려고 식인 이야기를 지어냈다는 가설은 의미를 잃고 만다.

우리는 소니 빈 이야기가 부분적으로 실화라고 생각한다. 실제로 소니 빈이라는 이름을 가진 사람은 없었을지 몰라도, 이야기 자체는 몇 가지 비슷한 실화에 근거한 듯하다. 로빈 후드와 아서 왕 이야기가 사실에 근거를 두고 있되 새로운 요소들이 더해지면서 설화가 된 것과 마찬가지로, 소니 빈 이야기 역시 시간이 지나면서 인육을 먹는 은자를 다룬 여러 이야기들이 합쳐져 지금과 같은 형태로 전해지게 된 듯싶다.

우리는 이런 점들을 참고해 소니 빈 이야기의 최초 판본을 결정했다. 우리가 고른 판본은 우선 홀린셰드와 린지가 주장하는 바와 대강 들어맞는다. (둘 다 소니 빈 이야기의 모든 판본에서 연대가 일치하는 유일한 경우는 빈이 1435년에 사형당하는 것뿐이라고 보았다.) 그리고 만일 이 사건이 16세기 말에 일어났다면 소니 빈 일가가 그토록 오랫동안 숨어 지낼 수는 없었을 테고, 그들의 행적 또한 역사적 기록으로 남았으리라는 점도 감안했다. 이러한 불명확함은 그대로 두고, 이제 우리가 조사한 소니 빈 이야기를 소개하겠다.

* * *

소니 빈은 1385년에서 1390년 사이, 에든버러에서 동쪽으로 약 15킬로미터 떨어진 이스트로디언의 한 마을에서 태어났다. 그는 아버지의 이름을 따 알렉산더라는 세례명을 받았지만, 그 지역 사람들의 흔한 특징인 억세고 숱 많은 붉은 머리카락 때문에 간단히 '소니'라는 별칭으로 불렸다.('소니'는 스코틀랜드 고어로 '엷은 갈색'이라는 뜻이다.)

소니 빈의 아버지는 새끼 꼬는 일에서 도랑 파는 일까지 궂은일도 마다 않고 열심히 일하며 생계를 꾸려가는 촌부였지만, 소니 빈은 어렸을 때부터 부모 말을 듣지 않는 반항아였다. 그나마 아무 일도 안 하고 게으름을 피울 때가 가장 착하게 구는 거였고, 최악의 경우에는 위험한 폭력도 서슴지 않았다. 결국 소니 빈은 자기와 성격이 매우 비슷한 여자아이와 친해졌고, 둘은 합세하여 각자 혼자서 할 수 있는 것보다 훨씬 더 나쁜 일을 저지르고 다녔다. 사람들과 싸우고 물건을 훔치고 야만인처럼 난동을 부리며 주변 사람들과 마찰을 일으켜 경찰에도 여러 번 잡혀갔다. 분개한 소니 빈의 부모는 아들이 십대 후반이 되자 이제 혼자 살아갈 만큼 다 컸다며 집에서 내쫓았다. 마을 사람들 역시 소니 빈의 부모와 합심하여 빈과 여자친구를 마을에서 몰아냈다. 마을로 돌아온다면 무서운 벌을 주겠다는 위협도 잊지 않았다.

사람들에게 쫓겨나고 경찰에게는 무법자로 낙인 찍히다시피한 이 한 쌍은 곳곳을 돌아다니며 강도짓을 했다. 경찰의 추적을 교묘하게 따돌리며 강

도짓을 계속하다 결국 남서부 해안의 갤러웨이(지금의 남부 에어셔(Ayr-shire)]까지 가게 된다. 두 사람에게 갤러웨이는 이상적인 곳이었다. 외지고 고립되어 있어 은둔 생활을 하기에 안성맞춤이었으며, 숨을 곳이 많아 경찰에게 발각될 염려도 없어 보였다. 둘은 갤러웨이의 바람 부는 모래언덕과 울퉁불퉁한 해안에 둥지를 틀고, 낮에는 동굴 안에 숨었다가 저녁부터 이른 새벽까지 돌아다니며 마주치는 행인들에게서 금품을 빼앗았다. 주로 해안을 따라 난 외진 길로 다니는 방심한 여행자들을 노렸는데, 당시 갤러웨이는 길 가던 사람이 사라져도 아무도 눈치채지 못할 만큼 인적이 드문 곳이었다.

소니 빈 부부가 자리를 잡은 곳은 렌달풋(Lendalfoot)과 밸런트리 중간쯤의 동굴로, 동굴은 베난 헤드(Bennane Head)라는 노두(露頭, 광맥, 암석, 지층 따위가 땅거죽에 드러난 부분―옮긴이) 안에 있었다. 베난 헤드의 가파른 절벽 끝에 난 동굴은 깊이가 1.5킬로미터 정도 되었고, 안에는 구멍이 난 공간이 아주 많아서 칸칸을 방처럼 쓸 수도 있었다. 이곳은 사람들의 눈과 법망의 감시를 피해 안전히 살기에 최적의 장소였다. 가장 좋은 점은 밀물 때는 동굴 입구에서 안쪽으로 거의 200미터 정도까지 물이 들어오기 때문에 그 누구도 이런 곳에서 사람이 살 수 있다고는 생각지 못하리라는 점이었다.

새로운 집은 안전하고 쾌적했지만, 강도짓을 하며 살아가는 그들로서는 한곳에 정착해 산다는 데 다소 불안감을 느꼈다. 동네 사람들에게 발각될 위험이 있기 때문이었다. 그래서 물건을 빼앗긴 사람들이 자기들의 은신처를 찾아내거나 은신처까지 따라올까 두려워 습격한 사람들을 모조리 죽였다. 그러나 아직 처리 문제가 남았다. 시체 처리가 아니라 빼앗은 물건의 처리 문제였다. 빼앗은 돈이나 무기, 값나가는 물건 따위를 근처 마을에 내다

팔 수도 없었고, 음식이나 다른 물건과 교환할 수도 없었다. 마을은 아주 작고 폐쇄적이었기 때문에 낯선 이들이 나타나면 대번에 의심의 대상이 되었고, 뿐만 아니라 훔친 물건을 시장에 내놓으면 사라진 친구나 가족의 소지품을 알아보는 사람도 나타날 것이 분명했다. 하지만 마을로 가지 않으면 어떻게 음식을 구할 것인가? 물론 마을에서 소를 훔쳐올 수도 있었다. 당시 스코틀랜드의 부랑아들은 먹고 살려고 흔히 소를 훔치곤 했다. 그러나 이것 역시 더할 나위 없이 위험했다. 소도둑은 잡히면 교수형에 처해졌기에 소니 빈은 겁이 났다.

빈 부부는 짐작컨대 아마 윤리적 결함이 있었을 테고, 어쩌면 정신지체도 있었을지 모르지만, 동물적인 감각에는 전혀 문제가 없었다. 그들은 곧 간단한 해결책을 찾아냈다. 이제 빈 부부가 숨어 있다가 사람들을 덮치는 것은 금품을 빼앗기 위해서만은 아니었다. 빼앗은 물건을 시장에 내다팔아 음식을 구하려고 애쓸 필요가 없었다. 그냥 습격한 사람들을 먹으면 되었기 때문이다. 처음으로 사람을 죽여 토막낼 때는 소니 빈조차 약간 꺼림칙함을 느꼈다. 그러나 식인은 곧 일상이 되었다.

보통 어른 한 사람에게서 먹을 수 있는 고기가 27킬로그램 정도 나왔기에, 빈 부부는 성인 한 명만 죽여도 한 달 이상을 살 수 있었다. 하지만 살이 썩는다는 것이 또 다른 문제였다. 이번에는 빈 부인이 해결했다. 훌륭하고 검소한 살림 솜씨를 뽐내듯, 부인은 고인 바닷물을 이용해 인육을 소금에 절이기 시작했다. 이는 흔히 겨울에 고기를 저장하는 방식이었다. 빈 부인은 급기야 일부 부위는 바닷물에 절이고, 다른 맛있는 부위는 불가에 매달아놓아 햄이나 베이컨처럼 훈제했다. 이제 빈은 하루 날을 잡아 한두 명 정도의 희생자를 데려왔다. 버릴 데는 하나도 없었다. 설사 길에서 벌이가 신

통치 않다 해도 집안에는 비상시를 대비해 비축한 고기가 그득했다.

소니 빈 부부는 동굴에서 안전하고 안정된 생활을 하며 음식에 대한 걱정도 없어지자 아이를 낳아 기를 수도 있게 되었다. 소니 빈 부부는 여러 해 동안 계속해서 교외로 나오는 사람들을 잡아먹으면서 자식을 열넷이나 낳았다. 그리고 자식들은 또 자식들을 낳아 소니 빈 부부에게는 손자 18명과 손녀 14명이 생겼다.

아이들은 자라면서 당연히 자기 가족 이외의 모든 사람들은 식량일 뿐이라고 생각하게 되었다. 부모에게서 받은 교육이라고는 오직 사람을 죽이는 기술뿐이었다. 아이들은 충분히 자라면 동굴 속에서 늘어만 가는 입을 먹이기 위해 아버지와 함께 사냥을 나갔다.

자연히 렌달풋과 밸런트리 사람들은 이제 두 마을 사이를 잇는 외진 길을 경계하게 되었고, 그 길을 혼자 지나는 사람도 점점 줄어들었다. 따라서 빈 가족은 먹이를 사냥하러 점점 더 멀리까지 나와야만 했고, 먹이를 집까지 끌고 오려면 가족 중 더 젊고 힘센 자녀를 데리고 와야 했다. 이제 먹잇감을 집까지 무사히 가져오려면 가족 전체가 마치 군대처럼 일사불란하게 움직여야 했다. 몇 명이 작은 언덕 뒤에 매복하고 있다가 적절한 먹잇감이 나타나면 다른 가족들에게 알려주거나, 아니면 계속 숨어 있다가 다음 기회를 노리라는 표시를 해주는 식으로 역할 분담도 이루어졌다.

또한 교전 수칙도 있었다. 사냥을 나간 빈 가족의 수가 충분한 경우, 도보 여행자가 나타나면 4~5인 무리쯤은 거뜬히 공격할 수 있었다. 그러나 상대가 말을 타고 있는 경우라면 둘 이상을 공격하는 것은 금물이었다. 점찍은 대상이 경계하는 기미 없이 사정거리로 들어오면 숨어 있던 빈 일당이 갑자기 들이닥쳐 희생자를 덮쳤다. 그들은 사납고 야만스럽게 희생자의 목을 따

고 시체를 동굴로 끌고 갔다. 이러한 참극이 벌어졌다는 흔적은 거의 남지 않았다.

그러는 동안, 이들 반(半)벌거숭이들이 재빨리 출몰하는 모습을 우연히 보고, 이들이 그처럼 수많은 이유 없는 실종사건과 관계가 있지 않을까 하는 생각을 떠올린 사람들이 있을 법도 하다. 물론 실제로 목격자가 있었다. 다만 목격자들이 그 사실을 널리 알릴 수 없었던 까닭은 그들 역시 빈 일가에게 잡혀 먹이가 되었기 때문이다. 소니 빈 일가는 20년이 넘도록 갤러웨이 해안 사람들을 상대로 고독하고도 사악한 게릴라 전쟁을 펼치며, 경찰에 잡히거나 의심도 받지 않은 채 살인을 계속했다.

물론 빈 가족이 활개치고 다니는 동안 마을 주민들의 공포는 극에 달했다. 길을 나다니는 사람은 점점 더 줄었고 외부 교역과 관계된 업종은 쇠퇴하기 시작했으며 마을을 떠나는 사람이 갈수록 늘었다. 한 사람이 실종될 때마다, 비탄에 잠긴 가족은 지역 기관에 실종신고를 냈다. 지역 기관에 들어간 신고는 곧장 왕에게 전달되었고, 때로는 밸런트리 만 주변을 쑥대밭으로 만든 악당들을 잡으러 군인들이 파견되기도 했다. 군인들은 용의자로 짐작되는 사람들을 체포했는데, 주로 대담하게 이 지역에 발을 들여놓은 이방인들이 체포되어 심문을 받았다. 이 지역에 온 온당한 이유를 대지 못하는 이방인은 교수형에 처해졌지만, 그래도 실종은 계속되었다. 두려움과 광기에 휩싸인 군중이 이따금씩 애꿎은 사람을 사형(私刑)에 처해도 결과는 전혀 나아지지 않았다. 결국 좌절에 빠진 왕실은 범행을 저지르는 자가 이 마을 주민이라는 결론을 내렸다. 가장 의심스러운 사람은 여관 주인들이었다. 여관 주인들이 여행 중에 하루 묵고 가는 손님들의 뒤를 밟아 죽여서 먹는 것이 아니냐는 짐작이었다. 군인들은 그 지역에서 평판이 좋지 않은 여관

주인들을 감시하고 심문하고 처형하기도 했지만, 사람들이 사라지는 사태는 멈추지 않았다.

한편 먹일 입이 많았던 빈 일가로서는 음식을 어떻게 구하느냐가 아니라 쓰레기를 어떻게 처리하느냐가 더 큰 문제였다. 동굴에는 뼈가 산더미같이 쌓여 발 디딜 틈이 없을 지경이었다. 빈 가족은 이 문제를 해결할 특별한 방법을 짜냈다. 바로 밤중에 바닷물이 빠질 때 뼈를 파도에 실어 보내버리는 것이었다. 따라서 마을에는 바닷물이 들어올 때 인체의 잔해가 떠밀려오는 일이 종종 발생하기 시작했다. 지역 사람들은 이것을 보고 사람들이 자꾸 없어지는 것이 단순한 살인강도 사건이 아님을 쉽게 짐작할 수 있었다. 소금에 전 잔해에 칼과 이빨 자국이 선명히 나 있으니 이 지역에 오래전부터 식인종이 살고 있다는 결론을 피할 수 없었다.

1435년 봄인가 여름의 어느 날, 빈 가족은 처음이자 마지막으로 대실수를 저지른다. 그들은 그날 바닷가에 나갔다가 꽤 먼 길을 돌아 집으로 향하던 젊은 부부를 습격했다. 남편과 아내는 가진 말이 한 마리뿐이었는지 말 한 마리를 나눠탔다. 남자에 앞에 타고, 여자가 뒤에서 남편을 붙잡았다. 이들 부부가 잠복 지점을 지나는 순간, 숨어 있던 빈 일행이 고함을 지르며 뛰쳐나와 여자를 끌어내렸다. 충격을 받은 남편이 미처 손을 쓸 새도 없었다.

그들은 저항하는 여자의 목을 따고 목에서 뿜어나오는 피를 빨아먹었다. 몇 명이서 죽은 동물을 다루듯 배를 갈라 창자를 꺼냈다. 불쌍한 여인이 땅 위에서 참변을 당하는 동안 빈 가족 중 힘이 센 식구들은 남자를 끌어내리려 했다. 남자는 겁에 질려 고삐를 있는 힘껏 틀어쥐고는 말발굽을 무기 삼아 무리를 흩어놓으면서 그중 몇에게 큰 부상을 입혔다. 남자는 혼란스러운 가운데서도 가까스로 칼을 꺼내들고 빈 일가에 맞서 싸웠다. 남자가 빈 일가에

게 죽임을 당하든가 아니면 빠져나가든가 한쪽으로 결판이 났겠지만, 마침 싸움이 한창 절정에 이르른 순간, 길 가던 상인 무리가 그곳에 나타났다. 스무 명이 넘는 무리가 나타나자 빈 일가는 겁을 먹고 사방으로 흩어졌다.

남자는 엄청난 충격과 공포에 휩싸여 방금 눈앞에서 일어난 일을 설명했다. 그리고 아내의 잔해가 피범벅이 되어 나뒹구는 현장으로 사람들을 데려갔다. 갤러웨이에 식인종이 산다는 부정할 수 없는 증거를 목격한 상인 무리는 오열하는 남자를 데리고 글래스고로 가 관리에게 자초지종을 설명하게 했다. 상인 무리도 그의 진술이 사실이라고 입을 모았다.

경악한 지방 관리는 에든버러에 있는 왕에게 즉시 특사를 보냈고, 왕은 군인 400명을 글래스고로 파견했다. 그로부터 4일 후, 제임스 1세와 군대가 글래스고로 와 지속적인 살육의 현장으로 안내를 받았다.

왕이 갤러웨이에 머무는 동안 왕의 군대와 수색견들은 렌달풋과 밸런트리 사이에 난 모든 길과 그 주변지역을 샅샅이 뒤졌다. 하지만 소득은 없었다. 마지막으로 베난 헤드 절벽 밑동을 따라가며 바닷가를 위아래로 수색하는 중이었다. 갑자기 개들이 좁은 바위 틈새로 달려가더니 기분 나쁘게 울부짖기 시작했다. 군인들은 동굴 내부가 얼마나 좁은지, 바닷물이 안으로 얼마나 깊이 들어가는지를 확인하려고 개들을 들여보내려 했지만, 개들은 말을 듣지 않았다.

결국 제임스 왕은 군인들에게 횃불을 들고 직접 동굴로, 갈 수 있는 데까지 들어갔다 오라고 명령했다. 군인들은 어둠 속을 노려보며 굽이굽이 난 동굴 길로 들어갔다. 마침내 고약한 냄새가 나는 곳에 도착해보니 거기에는 사람 뼈가 높이 쌓여 있었다. 아주 오래되어 보이는 잔해가 있는가 하면 아직 살점이 달려 있는, 떼어낸 지 얼마 안 되어 보이는 잔해도 있었다. 한 사

람은 이 소식을 알리려고 동굴 입구로 나갔고, 나머지 군인들은 칼과 창을 들고 싸울 준비를 갖춘 채 동굴 안으로 흩어졌다.

동굴 속에 난 구멍들로 들어갈 때마다 끔찍한 비밀이 하나씩 밝혀졌다. 썩어가는 옷가지가 쌓인 방도 있었고 칼과 지갑, 돈 같은 여러 물건이 쌓인 방도 있었으며, 사람의 팔다리, 몸통이 천장에 매달리거나 통에 담겨 절여져 있는 방도 있었다. 마치 푸줏간 같은 광경이었다.

군인들은 놀란 마음을 가라앉히고 나서 이 축축하고 어두운 동굴 속으로 더 깊이 들어갔고, 결국에는 붙잡힌 동물처럼 소리지르고 으르렁대는 빈 일가를 마주쳤다. 일가는 잠깐 동안 거칠게 저항했지만, 군인들은 결국 야만인 남자 27명과 여자 21명을 모두 잡아 동굴 밖으로 끌어냈다. 일가는 쇠사슬에 묶인 채 에든버러까지 이송되었다.

군인들은 철통같은 감시를 붙여 빈 일가를 감옥에 가두고 동굴 안에 있던 유해를 모두 꺼내 교회묘지에서 가장 가까운 땅에 묻어주었다. 마지막으로 동굴에 남아 있던 귀중품 및 소지품들은 상자에 안전하게 담아 수도로 날랐다.

이 소식이 마을에 퍼지자 사람들은 격렬하게 분노하는가 하면 호기심을 갖고 귀를 기울이기도 했다. 재판이 열리는 날, 갤러웨이 식인종이 법의 심판을 받는 모습을 두눈으로 지켜보려는 사람들이 파도처럼 몰렸다.

때가 되자 정의는 신속하고도 엄중히 그들을 처벌했다. 빈 일가의 죄가 너무나 명백했기에 재판을 미루거나 숙고할 이유가 없었다. 그들이 얼마나 끔찍한 범죄를 저질렀는지는 왕이 두눈으로 직접 보았고, 모든 정의는 왕이 규정하는 것이었으니, 그야말로 재판이 필요 없을 정도였다.

빈 일가는 에든버러 교도소에서 단 하룻밤을 지내고 나서 현재 에든버러

리스 항구인 리스로 이송되었다. 빈 일가의 남자들은 여자들이 지켜보는 가운데 도끼로 팔다리가 베어져 출혈과다로 죽었다. 여자들은 커다란 말뚝 세 개에 쇠사슬로 묶인 채 마녀재판 때처럼 산 채로 화형당했다. 반(半)야만인이었던 빈 일가는 자기들이 저지른 짓에 대해 한 치도 후회하는 기색을 보이지 않았다. 오히려 25년간의 이 잔혹담에 종지부를 찍으려고 모여든 사람들에게 저주를 퍼부으며 죽어갔다.

소니 빈 이야기 일부 판본 중에는 빈의 손녀 이야기를 다룬 것도 있다. 당시 한 살이었던 아기는 화형을 면해 어떤 가족에게 거두어졌다. 아이는 자라면서 자신의 끔찍한 뿌리에 대해서는 아무런 이야기도 듣지 못했다. 그러나 중세의 정의는 혹독하고 무자비했다. 이윽고 아이가 열여덟 살 소녀가 되자 나라에서는 아이를 잡아들여 자기가 누구이고 어떤 이들의 자손인지를 알려주고 나서 역시 화형에 처했다고 한다.

얼마나 많은 남자와 여자, 아이들이 근 30년 동안 빈 일가의 희생양이 되었는지는 정확히 헤아릴 수 없지만, 전해지는 바로는 약 1000명 정도가 희생되었다고 한다. 빈 일가의 식구 수와 그들이 활동했던 기간을 감안하면 그 숫자가 아주 과장은 아닐 것이다.

소니 빈 이야기는 이처럼 끔찍하지만 현대에도 계속 새롭고 혁명적인 방식으로 재현되고 있다. 1969년에는 로버트 나이가 〈소니 빈〉이라는 제목의 연극을 무대에 올렸으며, 1977년에는 공포영화의 거장 웨스 크레이븐이 소니 빈 이야기를 활용해 저예산 컬트영화 〈공포의 휴가길(The Hills Have Eyes)〉을 만들었다. 소니 빈의 이름을 차용한 록 음악 밴드도 있으며, 스코틀랜드 관광청은 빈 일가의 동굴을 상품화하는 데 주력한다. 에어셔 관광청에 따르면, 렌달풋에서 남쪽으로 4킬로미터 정도 떨어진 A77번 도로를 따

라 걸어가다 보면 주차장이 나오고 표지판이 하나 보이는데, 거기서 가파른 길을 따라 내려가면 빈 일가가 살던 해변의 소굴을 볼 수 있다고 한다.

또 스코틀랜드 고전문학 중에는 이 전설을 노래한 〈소니 빈의 노래〉라는 시가 있다. 전문을 옮기면 다음과 같다.

갤러웨이에는 가지 말게
잠깐만 기다리게, 친구여
그곳이 왜 위험한지 내 말해줄 테니
소니 빈이라는 자를 조심하게
그가 거기 숨어 있는 건 아무도 모른다네
그의 얼굴을 본 사람은 아무도 없지
그의 눈을 본다는 건 곧 자네 운명도 다한다는 뜻
바로 소니 빈의 손에서 말일세
소니에겐 아내가 있다네
젖먹이 아이들도 있지
아이들은 사람고기를 먹고 자란다네
바로 소니 빈의 동굴에서.
소니에겐 젊고 날씬한 딸이 여럿 있지
아비의 피를 이어받았다네
바로 소니 빈의 동굴에 산다네.
소니에겐 젊고 힘 센 아들이 여럿 있어
그들이 가진 칼은 날카롭고 뾰족하다네
소니 빈을 만난 사람들은

피를 흘려야만 하지.

그러니 멀리 여행 다니는 사람이라면

그곳을 조심하게

그들이 자네 말을 낚아채고 자네 목도 딸지 몰라

바로 소니 빈의 동굴에서.

그들은 자네를 매달아 목을 따고

자네 몸을 싹 발라 먹겠지

우는 애들은 자네 살코기를 줘 달래겠지

소니 빈의 동굴에서.

그러나 두려워 말게

여왕님이 보내신 우리 장군님이

칼과 불을 들고 동굴로 들어가

소니 빈을 잡아온다네

그러면 소니 빈은 가족과 함께

에든버러 교수대에 높이 매달려

죽음의 찬바람이 불어닥치면

지옥으로 간다네

6장
목 베는 이발사와 인육 파이를 파는 여자: 마저리 로빗과 스위니 토드(1789~1801년)

때로 전설상의 인물이 우리의 집단의식에 너무 강하게 각인되어 마치 실제 인물처럼 여겨지는 경우가 있다. 아서 왕이나 로빈 후드가 좋은 예이고, 그보다 허구적이기는 하지만 셜록 홈스도 이에 속한다고 할 수 있겠다. 반면 실존했던 인물이 반복적으로 회자되다 왜곡되고 신화화되어 급기야 허구적 인물로 여겨지게 되는 일은 매우 드물다. 하지만 마저리 로빗 부인과 그 공범이자 연인인 스위니 토드 사건은 바로 그런 경우를 보여준다. 이들이 어떻게 하여 허구적인 인물로까지 여겨지게 되었는지는 명확히 알려져 있지 않지만, 이들의 이야기에 등장했던 사람들 가운데 생존자가 한 명도 없었다는 게 그 이유가 아닐까 하고 짐작해볼 수는 있으리라.

18세기 말, 런던은 정착해 살기 쉬운 곳이 아니었다. 농장에서 일하던 노동자들은 산업화의 바람을 타고 더럽고 병균이 득실거리는 빈민가로 몰려들었으며, 이로 인해 도시의 인구는 두 배, 세 배로 늘어났다. 많은 사람들은 밥벌이의 괴로움을 잠시나마 잊고자 싸구려 술을 마셨다. 대부분은 도수가

높아 "1페니면 취하고, 2페니면 고주망태가 되는" 술로 알려진 진을 마셨다. 전염병처럼 퍼지는 가난과 알코올 중독을 따라 범죄율도 치솟았고, 런던은 범죄자들의 천국이 되었다. 공장 굴뚝과 주방 화덕에서 나오는 끈적거리는 연기에 템스 강에서 올라오는 먼지까지 합쳐져 런던은 자욱한 안개로 뒤덮였다. 그리하여 11월 초부터 3월 말까지는 잠깐이나마 하늘을 보는 것이 기적이나 다름없이 여겨질 정도였다. 여기서 도둑과 강도, 소매치기와 살인자들은 마음껏 실력을 발휘할 수 있었다. 골목으로 숨어들어 악취 나는 짙은 안갯속으로 사라져버리면 그만이기 때문이었다. 그러나 붙잡힌 범죄자들은 중세의 처벌 못지않은 잔혹한 처형을 당했다. 1785년 한해에만 100명 정도 되는 범죄자들이 런던 뉴게이트 교도소에서 교수형을 당했다. 이처럼 극한 처벌을 받은 사람들은 거의 자기 끼니를 때우거나 굶주린 가족을 먹이려고 빵이나 고기 한 덩어리를 훔친 사람들이었다.

음성적인 범죄와 타락의 세계에서 막 싹을 틔우던 새싹 중에는 스위니 토드라는 흔치 않은 이름을 가진 젊은이가 한 명 있었다. 토드는 아직 십대 중반이었던 1770년대 후반에 이미 뉴게이트 교도소에 들어갔다 나왔다. 교도소 측은 토드에게 교도소 내 이발사 조수로 일할 기회를 주었다. 토드가 유용한 기술을 배워 거리 생활을 끝내고 정직한 돈벌이를 하기를 희망해서였다. 적어도 토드가 이발 기술을 활용했다는 점에서는 그 바람이 실현되었다고 할 수도 있겠다.

18세기에 이발이란 단순히 머리카락을 자르고 면도를 해주는 일이 아니었다. 사실 머리카락을 자르는 것은 당시 이발소에서 하는 일 중에서 가장 쉬운 부분이었다. 당시 남자들은 가루를 뿌린 가발(가발을 쓰고 그 위에 흰색이나 회색 가루를 뿌렸다.—옮긴이)을 쓰고 다녔기 때문에 머리카락은 그저 짧

게만 자르면 되었다. 이발소에서 하는 일 중에는 오히려 외과 수술과 비슷한 과정이 많이 있었다. 이를 뽑는가 하면 여러 가지 가벼운 병을 치료할 목적으로 '피를 뽑아' 주는 등 간단한 외과 시술이 이루어졌다. 이런 시술들은 자격증이 있는 정식 외과 의사들이 체면상 꺼렸기 때문에 이발사들의 권한으로 남았다. 당시의 이발사들은 외과 시술이 가능하다는 것을 알리려고 빨간 줄과 하얀 줄이 줄무늬진 막대를 걸어놓고는 했다. 빨간 색은 피를 상징하고 하얀 색은 상처를 지압하는 붕대를 상징했다. 이처럼 이발사가 1인 2역을 담당한다는 것은 스위니 토드에게는 무척 반가운 일이었다. 그는 이발 기술을 배우며 외과 수술용 칼을 자유자재로 다루는 법을 익혔을뿐더러 살인광이라는 미래의 직업을 완벽하게 위장하는 법도 알게 되었다. 이발사는 피범벅이 된 앞치마를 두르고 있어도 전혀 의심받을 염려가 없었던 것이다.

1785년, 토드는 감옥에서 나와 이발사 겸 살인자로서 바쁜 나날을 시작한다. 감옥에서 나온 바로 그해에 플릿가(Fleet Street) 186번지에 가게를 연 듯하다. 가게 바로 동쪽으로는 성 던스턴 교회가 있었고, 조금만 걸어가면 성 바솔로뮤 병원이 있었으며, 20~30미터 떨어진 곳에는 왕립재판소가 있었다. 왕립재판소는 플릿가와 스트랜드가(Strand Street)가 만나는 지점에 있었으며, 그 접점에는 '벨 야드(Bell Yard)'라는 작은 골목이 있었다. 왕립재판소 주변 지역은 화려한 위엄과 빈민가의 궁핍함이 뒤섞여 있어 당시 런던의 현실을 여실히 반영했다. 재판소 건물이 서 있는 스트랜드가는 런던 사회에 필요한 유능한 법률가들이 모두 모이는 집결지였다. 반면 그로부터 채 30미터도 떨어져 있지 않은 벨 야드 골목과 플릿가에서는 범죄가 끊이지 않고 전염병이 창궐하며 더러운 쥐들이 들끓어 마치 누가 누가 인구를 더 많이 줄이나 하고 경쟁이라도 벌이는 모양새였다.

스위니 토드는 가진 자와 못 가진 자가 한데 뒤섞인 이곳에서 이름을 알리기 시작했다. 플릿가 186번지에 있는 토드의 가게 문에는 실제로 토드의 이름이 박혀 있었고, 그 밑에는 "1페니로 안락한 면도를. 최고입니다."라고 쓰여 있었다. 토드는 거의 개업과 동시에 살인 기술을 연마하기 시작했다. 처음에는 집 밖에서 살인을 연습했다. 맨 처음으로는 하이드 파크 코너 근처에서 살인을 저질렀고, 그다음으로는 1785년 4월 13일에 2차 범행을 저질렀다. 2차 범행 장소는 대담하게도 자기 가게 앞이었다. 그 이튿날 『데일리 커런트(Daily Courant)』에는 다음과 같은 기사가 실렸다.

목 베는 이발사

소름끼치는 살인이 플릿가에서 발생했다. 피해자는 런던에 있는 친척을 찾아 시골에서 올라온 젊은 신사였다.

도시를 구경하던 신사는 성 던스턴 교회의 시계탑을 바라보며 감탄하던 참에, 마침 지나가던 사람과 대화를 나누게 되었다. 지나던 사람은 이발사 옷을 입었다고 한다.

두 남자는 긴 대화를 나누었는데, 도중에 갑자기 이발사가 품에서 면도날을 꺼내 남자의 목을 가르더니 그 즉시 헨 앤 치킨 법원 골목길로 사라졌고, 그 후로는 아무도 그 남자를 보지 못했다고 한다.

이 섬뜩한 사건이 토드의 이발소 바로 앞에서 일어났는데도 당시 관할 지역의 보 스트릿 러너스(Bow Street Runners, 영국 초기 형태의 경찰조직 — 옮긴이)가 토드를 심문하지 않았다는 것은 무척 이상한 일이다. 특히 토드가 이미 전과 기록이 있으며 교도소에서 복역한 전적도 많았다는 점을 생각하

면 더욱 그렇다. 이유가 무엇이었든 그는 살인사건과 관련해 전혀 의심을 받지 않았던 듯하다. 하지만 토드는 비록 처음에 저지른 두 살인사건에서는 교묘히 빠져나갈 수 있었지만, 길거리에서 살인을 계속한다면 조만간 목격자가 생기고 붙잡힐 수밖에 없을 거라고 생각했다. 범행 장소와 전략을 반드시 바꿔야 했다.

토드가 자기 이발소가 성 던스턴 교회의 오래된 지하 납골당 앞에 있으며 그 지하 납골당과 저장고가 또 다른 낡은 지하실로 연결됐다는 사실을 어떻게 알아냈는지, 그리고 그 악명 높은 '돌아가는 이발사 의자'를 어떻게 발명해냈는지는 전적으로 추측에 맡길 수밖에 없다. 우리가 아는 것은 토드가 자신의 악명을 떨치게 해준 이 장치를 고안한 것이 1786년 이전이라는 것뿐이다. 토드는 이발소 마룻바닥 일부를 뜯어내 위로 여는 문을 만들었다. 그리고 판자 중앙에는 이 문이 회전할 수 있도록 철심을 박았다. 평소에는 철심으로 지탱되어 있으므로 문이 닫혀 있지만, 이발소 뒷방에 있는 레버를 당기면 철심이 뒤로 물러나면서 마룻바닥이 열리는 원리였다. 토드는 이 문의 윗면과 아랫면에 이발사 의자를 각각 하나씩 설치했다. 철심이 들어가 마룻바닥이 돌아가면 위에 있던 의자가 지하실로 향하고 지하에 있던 의자는 마룻바닥 위로 솟아오르게 만들었다.

토드의 발명품의 시험용으로 처음 희생된 손님은 토머스 섀드웰이었다. 섀드웰은 성 바솔로뮤 병원에서 일하는 직원으로, 마을 사람들에게 잘 알려져 있었으며, 많은 이들에게서 존경과 사랑을 받았다. 섀드웰은 그날 굉장히 비싼 시계를 찼는데, 그것을 토드에게 보여준 것이 화근이었다. 그가 토드의 단골손님이었거나 그날 거리에 사람이 많고 날씨가 화창했다면 그저 면도만 마치고 여느 날처럼 일터로 갈 수 있었으리라. 그러나 안타깝게도 그가 이발소를 찾은 것은 늦은 저녁이었고, 그날은 비가 내렸으며, 짙은 안개가 온 도시를 뒤덮었다. 그리고 새드웰이 토드의 가게에 간 것은 그때가 처음이었기 때문에 그의 실종이 토드의 이발소와 어떤 관계가 있으리라고는 그 누구도 생각할 수 없었다. 토드는 손님을 의자에 앉히고 고급 시계를 입이 마르도록 칭찬한 뒤 잠시 자리를 비우겠다고 양해를 구했다. 그리고는 뒷방으로 가 마룻바닥 아래에 설치된 철심이 들어가도록 레버를 당겼다.

마룻바닥이 갑자기 기울어졌으니 새드웰은 경악을 금치 못했으리라. 그리고 아마도 머리와 어깨가 세게 부딪히면서 자기가 마룻바닥으로 고꾸라졌다고 생각했으리라. 그러나 물론 마룻바닥은 거기 없었다. 이후 다른 희생자들이 그랬듯이 새드웰 역시 지하실의 암흑 속에서 머리부터 바닥으로 떨어져 목이 부러졌다. 토드는 희생자가 떨어지고도 죽지 않을 경우를 대비해(세 명에 한 명 꼴로 이런 일이 벌어졌다.) 재빨리 지하실로 내려가 면도날로 희생자의 목을 그었다.

토드는 처음에는 희생자의 귀중품과 옷, 가발 등을 챙기고 시체는 가게 지하실에 숨겨두었다. 그러나 이는 곧 골칫거리가 되었다. 쌓여만 가는 시체를 처리해야 했던 것이다. 시체를 처리하는 좋은 방법을 마련해야 했다. 바로 그때 마저리 로빗 부인이 나타났다.

로빗 부인에 관해서는 검증된 기록이 전혀 없지만, 아마 동업자 스위니 토드와 마찬가지로 런던 빈민가에서 태어나 자란 듯하다. 하지만 로빗 부인이 같은 환경 출신의 다른 사람들과 달랐던 점은, 그 환경을 극복하겠다는 굳은 의지와 뛰어난 미모였다. 로빗 부인의 외모에 대한 설명은 서로 엇갈린다. 한쪽에서는 체포 당시 이미 머리가 희끗희끗하고 살집이 있는 중년 여성이었다고 했는가 하면 다른 쪽에서는 키가 크고 날씬하며 곱슬거리는

검은 머리칼에 곱고 흰 피부를 가진 여성이었다고 했다. 어느 쪽이 사실이건 그녀가 아름다운 외모의 소유자였으며, 사회적 지위를 높이기 위해서라면 어떤 짓이라도 저지를 준비가 되어 있었다는 사실만은 확실하다.

로빗 부인은 십대 때 조 로빗이라는 제빵사와 결혼해 장사를 익혔으며, 이때 파이 만드는 법도 배웠다. 몇 년 뒤 남편이 횡사하자 바넷 소령과 사귀었지만, 소령은 결국 로빗 부인을 버리고 런던으로 떠났다. 부인은 나중에 부유한 상인의 정부가 되어 코벤트 가운 지역에 있는 호화로운 집을 선물받는다. 부인이 토드와 사귀게 된 것은 1786년에서 1787년 사이였는데, 이때 토드는 '돌아가는 이발사 의자'의 희생자들이 남겨준 물품들 덕분에 이미 부자가 되어 있었다. 토드는 로빗 부인을 보자마자 황금 같은 기회를 알아차렸다. 로빗 부인의 파이 만드는 기술을 활용하면 그렇잖아도 높이 쌓인 돈더미를 더 불릴 수 있을뿐더러 처치 곤란한 시체 문제도 효과적으로 해결할 수 있을 터였다.

토드는 사람을 죽여 모은 귀중품으로 벨 야드에 있는 건물을 하나 샀다. 건물은 왕립재판소 동문 바로 맞은편에 있었다. 명의는 로빗 부인의 이름으로 올렸다. 토드는 그 건물 지하에 커다란 화덕을 만들었는데, 한번에 100개도 넘는 파이를 구울 수 있을 만큼 커다란 화덕이었다.

로빗 부인의 송아지 및 돼지고기 파이는 입소문을 타고 빠르게 퍼지며 마을 사람들의 열화와 같은 사랑을 받았다. 길 건너편 왕립재판소에서 일하는 판사, 변호사, 법률가를 비롯한 법원 직원들 대부분이 이곳에서 점심을 해결했다. 로빗 부인은 한 사람이 먹을 만한 작은 크기의 1페니짜리 파이부터 온 가족이 먹을 수 있는 커다란 파이에 이르기까지 여러 가지 크기의 파이를 정성껏 만들었다. 단골손님들은 커다란 파이를 싸가서 사랑하는 가족

들과 함께 저녁식사로 먹기도 했다.

토드가 희생자들을 파이 속으로 쓰자고 제안한 시점이 언제인지, 가게를 열 때부터 이것이 애초의 목적이었는지는 알려지지 않았지만, 범죄 동업자인 로빗 부인이 이 혐오스러운 제안에 동의했던 것은 분명해 보인다.

토드는 이발소 지하에서 로빗 부인의 지하실로 '고기'를 더 쉽게 옮기려고 성 던스턴 교회의 가장 서쪽 지하실에 터널을 팠다. 그리고 그 터널을 챈서리 레인(Chancery Lane) 밑을 지나 파이 가게의 지하 주방까지 연결했다. 토드는 손님 한 명을 죽일 때마다 지하실로 달려가 희생자의 옷을 벗기고 귀중품을 챙긴 뒤 시체를 고기처럼 잘게 썰었다. 그리고 핏물이 흥건하게 고인 가운데서 희생자의 머리를 자르고 창자를 발라냈다. 그다음으로는 가죽을 벗기고 팔다리를 자른 뒤 뼈에서 '고기'를 발라냈다. 이 모든 작업은 촛불 하나, 혹은 작은 남포등만 켜놓은 어스름한 빛 속에서 이루어졌다.

발라내고 남은 찌꺼기들과 머리, 뼈는 다른 지하실 방으로 옮겨 그 방에 있는 낡은 관에 담아두었다. 고기는 심장, 간, 신장 등 먹을 수 있는 내장기관과 함께 상자에 담아 피로 범벅이 된 어두운 터널로 밀어넣었다. 그러면 고기 덩어리는 파이 가게 뒤편의 비밀 통로까지 운반되었다. 로빗 부인은 파이 가게에서 기다리고 있다가 살점을 받으면 잘게 썰어 부드러워질 때까지 끓인 뒤 다른 파이 속 재료와 섞어 알아볼 수 없게 만들었다. 로빗 부인이 만든 인육 파이의 명성은 스위니 토드 이야기를 거의 처음으로 활용한 작가 토머스 페킷 프레스트가 입증했다. 프레스트는 이 사건들이 일어날 당시 플릿가에서 일했으며, 관련된 장소와 사람들을 잘 알았다. 프레스트는 1941년에 다음과 같이 진술했다.

이 글을 쓸 당시 케리가(Carey Street)에서 아래로 내려가면 나오는 벨 야드 왼편에는 런던에서 가장 유명한 파이집이 있었다. 송아지고기 파이와 돼지고기 파이를 파는 가게였다. 신분이 높은 사람이든 낮은 사람이든 부자든 가난뱅이든 모두가 좋아했다. 명성은 날로 높아져, 처음 구워낸 파이가 나오는 매일 정오면 파이를 사려는 사람들이 앞 다투어 몰렸다.

그 파이 가게의 명성은 너무나 멀리까지 퍼져 심지어 친구에게 대접한다며 먼 시골까지 사가는 사람도 있었다. 아, 정말 맛있는 파이였다! 그 가게의 파이 맛은 그 어떤 파이와도 비교할 수 없는 놀라운 맛이었다. 가장 맛있는 부분은 파이 속으로, 스며나오는 육즙의 향은 말도 못했다. 고기의 기름진 부분과 팍팍한 부분이 예술적으로 조화를 이루었다.

파이 가게의 명성이 날로 높아만 가자, 로빗 부인은 불가피하게 보조를 써야 하는 처지가 되었다. 그리하여 북적거리는 카운터에서 손님들을 응대할 수 있도록 젊은 아가씨 한 명을 고용했고, 아래 주방에서 일을 도울 주방 보조도 구했다. 로빗 부인과 토드는 새로 구한 직원들이 사람고기를 눈치 채지 못하도록 잘 숨겼지만, 만에 하나 직원들이 의심을 품는다면 그들 역시 시체가 수북이 쌓인 지하실로 보내자고 합의했다. 그러나 로빗 부인이 체포되었을 당시 주방 보조가 정말 있었다면 왜 그들이 재판에서 목격자로 소환되지 않았는가 하는 점은 좀 의문스럽다.

로빗 부인과 토드는 약 15년간 비밀스러운 사업을 함께 하며 엄청난 부자가 되었고, 예상할 수 있듯이 연인 사이로 지냈다. 그러나 놀랍게도 이들이 공개된 장소에서 함께 있는 모습은 전혀 기록된 바가 없다. 해답은 바로 이발소와 파이 가게를 연결하는 지하 터널에 있었다. 토드는 로빗 부인과의 관계를 비밀로 유지하려고 피범벅이 된 터널을 이용해 파이 가게를 찾아간 것이다. 토드는 파이 가게에 도착하면 극도로 사치스럽게 꾸며놓은 위층 방으로 올라가 로빗 부인과 은밀한 시간을 보냈다.

그들의 계획이 탄로나기 시작한 것은 1800년 여름부터였다. 말도 못할 악취가 토드의 이발소 바로 옆 건물인 성 던스턴 교회 제단을 가득 메우기 시작한 것이다. 조셉 스틸링포트 목사가 끝내 냄새의 진원지를 찾아내지 못하자, 교회지기는 마을 경찰 오튼을 불렀다. 오튼 역시 스틸링포트 목사나 교회지기와 마찬가지로 냄새의 진원지에 대해서는 조금도 밝혀내지 못했지만, 보 스트릿 러너스의 장을 맡고 있던 리처드 블런트 경에게 이 사건을 정식으로 보고했다. 오토는 시체 썩는 냄새가 난다고 보고했지만, 목사는 교회 지하실은 몇십 년째 아무도 사용하지 않았다며 그를 안심시켰다. 그러나 블런트 경은 직접 조사해보기로 결심했다.

블런트 경은 오튼과 함께 성 던스턴 교회 지하로 내려갔다. 지하실 문이 모두 단단하게 봉인되었고 하수도 시설이 있다는 표시가 전혀 없는데도 썩는 냄새가 진동을 했다. 식초를 적신 헝겊으로 코와 입을 막지 않았다면 아마 토하고 말았으리라. 블런트 경은 지하를 수색해보았지만 특별한 단서를 얻지 못하고, 들어갈 때와 비슷한 상태로 나왔다.

그로부터 몇 주 뒤, 블런트는 플릿가 186번지에 있는 이발소에 들어간 손님들 중 다시는 모습을 나타내지 않는 이들이 많다는 수상한 보고를 받았다. 블런트 경은 지도에서 토드의 이발소 위치를 확인하고 그곳이 성 던스턴 교회 바로 옆이라는 사실을 한눈에 알아챘다. 도대체 던스턴 교회의 악취와 토드의 이발소 손님들이 사라지는 일 사이에 무슨 관련이 있을까? 블런트 경은 그 관계를 상상조차 할 수 없었지만, 토드의 이발소 맞은편 건물에 병력

을 배치해 이발소를 눈여겨보기로 했다. 그 후로 석 달 동안 적어도 손님 세 명이 가게로 들어갔다가 나오지 않았다. 블런트 경은 기분 나쁜 의혹에 휩싸여, 이 점을 단서로 잡고 성 던스턴 교회 지하를 다시 한 번 조사했다.

블런트 경과 수색대원들은 오래도록 잠겨 있던 지하실 방문을 하나씩 열어보다가 상상도 못한 경악스러운 장면을 맞닥뜨렸다. 수많은 관에 뼈와 해골, 썩어가는 창자가 산더미처럼 쌓여 있었다. 어떤 것들은 몇 년은 되어 보였고, 비교적 근래에 도륙된 듯한 것들도 있었다. 블런트 경과 수색대원은 촛불을 비춰보며 핏자국이 난 길을 따라가 보았는데, 길은 두 군데로 나 있었다. 오른쪽으로는 토드의 이발소로 이어졌고, 왼쪽으로는 챈서리 레인 아래를 지나 마저리 로빗의 파이 가게 지하실로 이어졌다. 블런트 경과 수색대원들은 차마 떠올리기도 힘든 끔찍한 사실을 그제야 이해하게 되었다. 스위니 토드가 손님을 죽여 로빗 부인의 가게로 시체를 보내면 거기서 인육 파이가 만들어지는 것이었다.

블런트 경은 더 많은 증거가 필요했기에 경찰 한 명을 토드의 이발소로 투입했다. 손님인 척 잠입한 뒤 토드가 자리를 비웠을 때 증거가 될 만한 것을 찾아보라고 지시했다. 나중에 증거로 쓸 수 있도록 물건에 절대 손을 대서는 안 된다고 주의를 주는 것도 잊지 않았다. 며칠 뒤 경찰은 이발소 벽장에 숨겨놓은 모자들의 안쪽 땀받이에 적힌 이름, 그리고 시계갑 안쪽에 적힌 이름들이 수많은 실종자들의 이름과 일치한다는 사실을 보고했다. 블런트 경장은 격노하여 토드와 로빗을 즉시 체포하라는 명령을 내렸다.

체포영장을 든 경찰들이 벨 야드로 투입되어 로빗 부인을 체포했고, 그녀가 만든 파이 내용물을 증거로 수집했다. 경찰이 가게로 들이닥쳐 체포영장을 읽자 카운터에 있던 손님들뿐 아니라 지나던 행인들까지도 호기심을 보였다. 사람들은 사연을 알고 나자 경악하여 말을 잇지 못했다. 이들의 혼란은 이내 분노로 변했다. 사람들이 점점 모여들었고 성난 군중은 당장이라도 로빗 부인을 잡아다 가로등에 목을 매달 기세였다. 경찰은 용의자를 몰래 빼돌려 지나던 마차를 불러 뉴게이트 교도소로 황급히 이송했다.

로빗 부인은 마차 안에서 경찰 두 명에게 포박된 채 제정신을 잃고 앞뒤가 맞지 않는 자백을 늘어놓았다. 부인은 뉴게이트 교도소에 무사히 도착하자 런던시장에게 진술을 하게 해달라고 부탁했다. 부인은 시장, 서기, 목격자들이 참석한 가운데, 실제 범죄자는 스위니 토드이고 자신은 그저 동조자일 뿐이며 혼자서 교수형을 당할 수는 없다고 주장했다. 자백 원본은 없어졌지만 믿을 만한 판본이 나중에 『런던 연대기(London Chronicle)』에 실렸다. 일부를 소개하면 다음과 같다.

나 마저리 로빗은 목숨을 걸고 다음과 같은 사실을 자백한다.
스위니 토드는 함께 범죄를 저지르자며 내게 먼저 제안했다. 그는 벨 야드에 건물을 사서 건물 지하를 파고, 이곳을 성 던스턴 교회 오른편 지하실과 연결했다.
그는 모든 환경을 조성해놓은 뒤 내게 제안을 했고, 나는 흔쾌히 받아들였다. 그가 파이 가게를 열자고 제안한 목적은 단 하나, 이발소에서 죽인 사람들의 시체를 처리하는 것이었다. 그는 많은 사람을 죽였다. 장사는 잘 되었고 가게는 번창하여 우리는 둘 다 부자가 되었다. 그렇게 해서 현재까지 오게 되었다.

부인은 시장에게 자신의 자백이 토드의 유죄를 입증하는 증거로 쓰일 수 있느냐고 물었고, 시장은 그럴 수 있으며, 그럴 것이고, 그렇게 되어야만 한

다고 부인을 안심시켰다.

반쯤 정신이 나간 로빗 부인이 더듬거리며 자백하는 동안, 리처드 블런트 경과 보 스트릿 러너스 경찰은 토드의 이발소를 급습할 태세를 갖추었다. 일부 경찰들이 앞문과 뒷문을 점령한 가운데, 블런트 경과 나머지 경찰들이 가게로 들이닥쳐 체포영장을 읽었다. 토드는 이 아수라장을 빠져나가려고 기를 썼지만 결국 체포되어 수갑이 채워졌고, 대기 중이던 마차에 실려 뉴게이트 교도소로 이송되었다.

두 사람이 체포되고 나자 런던은 극도의 혼란과 흥분에 휩싸였으며, 고기 파이를 만들어 팔던 상점들은 이후 몇 달간 문을 닫아야 했다. 선정적인 일간지들은 토드를 "플릿가의 악마 이발사"라고 칭하고 아무도 살아나온 자가 없다며 떠들어대어 그렇잖아도 끔찍한 상황을 더욱 소름끼치게 만들었다. 한편 블런트 경과 수색대원은 두 흉악범에 대해 빈틈없는 조서를 작성하느라 바빴다. 블런트 경은 가능한 한 빨리 재판을 열자고 재촉했지만, 인육 파이를 만들어 판 파렴치한을 정의의 심판대 위에 올리려는 그의 소망은 이루어지지 않았다. 경은 1801년 성탄절을 며칠 앞둔 어느 날, 토드에게 불리한 진술을 하겠다고 했던 마저리 로빗이 독방에서 자살했다는 소식이 들려왔다.

로빗 부인이 생을 마감할 독약을 어떻게 구했는지는 알려지지 않았지만, 갈아입을 옷이나 다른 생필품을 부탁하면서 소량의 독약을 비밀리에 전해받지 않았나 싶다. 부인은 그 다음날 아침 8시, 간수들이 아침을 가지고 갔을 때 이미 죽어 있었다. 부인은 법의 처벌을 피해갔을뿐더러, 애초에 이 끔찍한 계획에 동참한 이유가 무엇인가 하는 의문을 끝내 풀어주지 않고 떠났다.

블런트 경은 가장 유력한 용의자 겸 토드에 대해 가장 신빙성 있는 진술

을 해줄 증인을 잃었지만 그래도 조사를 계속했다. 이발소와 지하실을 샅샅이 뒤져 그 지역 주민으로 추정되는 160여 명의 옷가지와 보석, 해골 잔해를 발견했다. 이 사건에 대한 전반적인 사실들은 토드의 재판이 시작되기 이미 오래전부터 시민들 모두에게 잘 알려졌지만, 시민과 법관들은 이 산적한 물증들을 직접 보고 다시금 경악을 금치 못했다. 토드는 평균적으로 한 달에 한 명씩 사람을 죽였으며 약 5년간 이러한 범행을 지속해온 것으로 드러났다. 증거 확인이 끝나고 재판관들이 판결을 내릴 차례가 되자 스위니 토드에게 살인죄로 유죄판결을 내리는 데는 채 5분도 걸리지 않았다.

유죄판결이 나고 불과 며칠 뒤인 1802년 1월 25일, 46세의 "플릿가의 악마 이발사" 스위니 토드는 뉴게이트 교도소의 교수대로 보내졌다. 신문기사에 따르면 그는 발을 구르고 몸을 뒤틀며 생의 마지막 순간을 아주 힘겹게 받아들였다고 한다.

토드의 사체는 당시 절차에 따라 왕립외과대학으로 보내져 의학과 학생들의 해부용으로 쓰였다. 결국 토드 자신도 그간의 수많은 희생자들과 마찬가지로 팔다리가 잘려나가는 신세가 된 셈이다. 스위니 토드가 죽은 지 200년도 더 지난 지금, 그는 아직도 영국 역사상 가장 많은 사람을 죽인 살인자로 기록되고 있으며, 공범 마저리 로빗 부인과 함께 유명한 뮤지컬과 연극 등의 소재로 쓰이고 있다.

7장
모험에 굶주린 남자:
앨프리드 패커(1874년)

19세기에 북미 대륙 서부의 거의 모든 지역은 살기에 매우 척박한 환경이었다. 지역 자체도 무법천지에 가까웠고, 성난 인디언이나 사회에서 추방당한 백인들에게 습격당할 위험이 항상 도사리고 있었으며, 이에 더해 여름에는 극심한 더위와 가뭄이, 겨울에는 혹독한 추위가 기승을 부렸다. 따라서 위험을 피하지 않는 모험가들에게는 안성맞춤인 곳이라고 할 수 있었다. 말하자면 지극히 평범했던 사람조차 극도로 전설적인 인물로 바꾸어놓을 수 있는 곳이었는데, 그 대표적인 인물이 바로 앨프리드 패커다.

앨프리드 패커는 미국 옛 서부(Old West, 19세기 개척 시대에 개발된 서부—옮긴이)에 살았던 많은 이들이 그러했듯 원래 서부 출신이 아니었다. 1842년 1월 미국 동부 펜실베이니아 알게니 카운티에서 태어난 패커는, 십대 시절 구두제조공 보조로 일했으나, 혈기 왕성한 나이였으니 여느 젊은이들과 마찬가지로 한 직업에 오래 종사하는 데는 관심이 없었다. 더 큰 곳으로 가서 더 멋진 일을 하고 싶었다.

1862년, 미국 남북전쟁이 정점에 이르렀을 무렵, 당시 스무 살이던 패커는 북부군에 가담해 9개월간 복무했으나, 경미한 간질 증상을 보여 제대했다. 6개월 후 다시 입대했으나 이번에도 같은 이유로 제대해야 했다. 그의 군복무 기간 중 알려져 있는 유일한 사건은 동료들과 함께 문신을 새겼다는 것이다. 문신을 새기는 사람이 반쯤 문맹이었는지 아니면 술에 취한 상태였는지, 혹은 둘 다였는지 모르겠지만, 아무튼 그는 고객의 이름을 잘못 새기고 말았다. 그리하여 앨프리드 패커의 살갗에는 '앨퍼드(Alferd)'라는 이름이 영원히 남게 되었다. 패커는 이 한심한 실수를 농담으로 웃어넘겼으며, 때로 자신을 '앨퍼드' 패커라고 부르라며 너스레를 떨기도 했다.

패커는 채 18개월을 채우지 못하고 두 번이나 제대 조치를 받자 다시 구두제조 일로 돌아갔다. 하지만 1871년(혹은 자료에 따라 1872년으로 기록된 경우도 있다.), 새로운 곳으로 진출하고 싶은 마음을 주체할 수 없던 패커는 급기야 유타와 콜로라도에서 금을 캐오겠다며 서부행을 시작했다. 원정에서 돈이 떨어지면 고향으로 돌아와 구두제조 일로 돈을 모은 뒤 다시 금광으로 떠나기를 반복했다. 패커는 당시 서부로 떠나던 투박한 남자들과 비슷한 외모를 지녔다. 평균이 조금 넘는 키에 움푹 들어간 눈, 쏘아보는 듯한 회색 눈동자, 숱 많은 짙은 색 곱슬머리, 덥수룩한 콧수염과 턱수염을 가진 패커는 대체로 강한 인상을 주었다.

1873년 여름, 패커는 유타 주 프로보에서 또다시 금이 대거 산출되리라는 소식을 들었다. 그리고 점점 겨울이 가까워질 즈음, 패커는 빙엄으로 가는 길에서 한 무리의 남자들과 이야기를 나누게 되었다. 이 남자들은 새로운 금광을 찾아 콜로라도 브레켄리지로 가는 길이었는데, 남쪽 지리에 해박하고 안내를 맡아줄 사람을 애타게 찾고 있었다. 그쪽 광산에서 금이 나올 가능성은 불투명했지만, 패커는 자신이 그 지역에 대해 잘 알고 있으며 콜로라도 지역의 금광 몇 군데에서는 광석 수레를 몬 적도 있다고 했다. 이것이 사실이었는지는 확실하지 않지만, 남자들은 패커의 말을 믿었다. 그리하여 며칠 뒤 총 21명의 원정대가 비용을 모아 '앨퍼드'라는 사내를 가이드로 고용한다. 이때가 11월 중순쯤이었는데, 보통 사람들이라면 한겨울에 로키산맥을 넘는다는 것이 얼마나 터무니없는 생각인지를 알았을 것이다. 그러나 패커를 비롯해 그 무리의 누구도 이러한 생각을 하지 못했던 모양이다.

원정대는 석 달 동안 살을 에는 바람을 맞으며 더욱 깊어지기만 하는 눈밭을 걸었다. 식량은 이미 바닥나버렸고, 설상가상으로 뗏목을 타고 반쯤 언 강을 건너다 짐 상자까지 몇 개 잃어버리면서 상황은 더욱 절망적이 되었다. 하지만 그 순간 행운의 여신이 손을 들어주었다. 1874년 1월 21일, 거의 얼어 죽기 직전까지 갔던 굶주린 원정대원들은 현재 콜로라도 몬트로즈 근처인 유트족 인디언 마을을 발견했다. 우레이 추장은 백인들의 어리석음에 고개를 저으며 그들을 거두어 음식을 주었고, 봄이 올 때까지 머무르라고 충고했다. 일행 중 16명은 우레이 추장의 환대에 고마워하며 제안을 받아들여 겨우내 그곳에 머물렀다. 패커도 유트족 마을이 더할 나위 없이 마음에 들었다. 그러나 나머지 다섯 명이 원정을 감행하기로 결심하고, 패커에게 혹독한 겨울 산을 넘어 브레켄리지로 가는 길을 안내해 준다면 아주 큰돈을 주겠다고 제안했다.

이스라엘 스완, 섀넌 벨, 조지 눈, '푸주한' 프랭크 밀러, 제임스 험프리까지 다섯 사람은 돈을 벌고 싶어 안달이 난 패커를 달콤한 말로 꼬드겨 결국 승낙을 얻어냈다. 그리하여 추위가 가장 혹독할 때인 2월 9일, 여섯 남자는 우레이 추장의 숙소를 나와 산을 올랐다. 그들이 떠난 지 채 며칠 되지 않아

그해 가장 혹독한 눈보라가 로키 산맥에 휘몰아쳤다. 패커와 일행은 현재 콜로라도 레이크 시티쯤 되는 곳에서 꼼짝없이 발이 묶인 신세가 되었다.

그로부터 9주가 지난 4월 6일, 패커는 거니슨 근처의 로스 핀토스 인디언 보호구역으로 비틀거리며 들어갔다. 그는 자기가 그곳까지 오게 된 사연을 두서없이 늘어놓았다. 일행과 함께 눈보라에 갇혔는데, 자기가 정신없이 숙소를 만드는 사이 나머지가 땔감과 음식을 찾으러 흩어진 뒤 다시 만나지 못했다고 설명했다. 패커는 벨, 스완, 눈, 밀러, 험프리가 자신을 버린 것인지, 아니면 그들 역시 눈보라 속에서 길을 잃어 동사한 것인지는 모르겠지만, 아무튼 분명한 것은 자기가 외톨이가 되어 두 달 동안 지옥과 같은 황무지에서 살아남았다는 것이라고 했다. 패커가 구사일생으로 살아남은 이야기는 우레이 추장의 귀에도 들어갔고, 추장은 봄이 되자 나머지 일행들을 로스 핀토스로 데리고 와 패커와 만나게 해주었다. 추장은 다른 사람들과 함께 패커의 비극적인 이야기를 들으며 경악을 금치 못했다. 그런데 패커가 지역 인디언 관리관 찰스 애덤스의 사무실에 들러 자초지종을 이야기하고 사무실을 나설 때, 우레이 추장이 "그런데 자네 너무 기름지군."이라고 중얼거렸다는 이야기가 있다. 실제로 추장이 이렇게 말했는지 여부를 확인할 증거는 없다. 다만 분명한 것은 패커의 피부는 보통 사람들이 장기간 추위에 노출되었을 때와 달리 비버처럼 윤기가 났다는 것이다.

패커는 따뜻한 곳에서 며칠을 보내고 나서 로스 핀토스를 떠나 옆 마을 사구아치로 갔다. 그는 그날 저녁, 마을 술집에서 엄청난 돈을 흩뿌렸다. 그런데 바로 거기서 겨우내 유트족 마을에 남아 있던 애초의 원정대 대원들을 몇 명 만났다. 패커는 그들에게도 로스 핀토스 마을 사람들에게 했던 이야기를 똑같이 들려주었다. 그러나 그중 몇 명은 패커가 겨울 산으로 떠난 대원 다섯 명의 칼과 소총을 갖고 있다는 것을 눈치챘다.

그들은 의심이 가는 점을 관리관 애덤스에게 보고했고, 애덤스는 패커를 로스 핀토스 인디언 관리국으로 불러 공식 진술을 요청했다. 패커는 이번 진술에서 앞서와는 다른 이야기를 들려주었다. 1874년 5월 5일, 그는 다음과 같이 진술했다.

숙소에서 출발한 지 열흘 정도 지났을 때 나이가 많은 스완이 제일 먼저 죽었고, 나머지 다섯 사람이 그를 먹었다. 다음으로 험프리가 죽었는데, 죽은 지 4, 5일쯤 지나자 나머지 생존자들이 그 역시 먹었다. 험프리는 약 130달러를 갖고 있었다. 나는 그의 지갑을 뒤져 돈을 가졌다. 그로부터 얼마 후, 내가 나무를 옮기고 있는 사이 나머지 두 명이 '푸주한' 프랭크 밀러가 우연한 사고로 죽었다는 말을 전했다. 우리는 밀러도 먹었다. 벨이 스완의 총으로 조지 눈을 쏘았고, 내가 벨을 죽였다. 나는 벨을 총으로 쏘고 시체를 숨겼다. 벨은 나를 죽이려고 총으로 내리쳤는데, 실수로 나무를 치는 바람에 총이 부러지고 말았다. 일행이 모두 죽은 덕분에 나는 상당한 양의 고기를 얻을 수 있었다. 그 뒤 14일을 더 버티다가 여기 관리국으로 들어왔다.

패커의 자백은 지역 치안판사 제임스 다우너의 입회하에 진행되었다.
패커는 체포되어 사구아치로 이송되었으며 정식 재판이 열릴 때까지 그곳에 수감되었다. 그는 8월 8일까지 감옥에서 죽은 듯이 보냈다. 그리고 8월 8일에는 패커 일행의 잔해가 슬럼걸리온 패스라는 이름의 계곡에서 발견되었다. 잔해를 발견한 것은 『하퍼스 위클리』 기자 존 랜돌프와 인디언 안내인이었다. 랜돌프는 기자의 직감으로 패커의 말에 모순이 있음을 이미 눈치챘

다. 잔해가 발견된 장소는 정확히 패커가 언급한 지점이었으나, 사체들은 패커의 주장처럼 길에 흩어져 있지 않았다. 사체들은 한 군데 모아져 있었으며, 극심한 가격을 당한 흔적이 있었다. 죽은 대원들의 머리는 거의 모두 반으로 쪼개져 있었고 커다란 살점이 뼈에서 발라내져 있었으며, 특히 가슴 윗부분과 허벅지 부위 살이 발라져 있었다.

같은 날 저녁, 새로 발각된 사실이 사구아치 사람들의 귀에 들어오기 전, 패커는 독방에서 탈출했다. 그리고 아칸소로 가서 존 슈바르츠라는 이름으로 9년 동안 살았다. 이 시기에 그가 어떤 활동을 했는지는 알 길이 없지만, 1883년 3월에 와이오밍에서 살고 있었다는 것만큼은 확실하다. 그러나 와이오밍의 정확히 어디에 머물렀는가를 두고는 역시 논쟁의 소지가 있는데, 일부 자료에 따르면 그가 머무른 곳은 더글러스일 수도 있고, 또 어떤 이들은 페터만 요새였다고도 하며, 일부는 샤이엔이라고 주장하기도 한다. 아무튼 확실한 사실 한 가지는, 3월 11일 저녁 패커가 마을 술집에서 술을 마시고 있을 때 중요한 사건이 일어났다는 것이다.

또 한 번의 운명의 장난이었는지, 패커가 이끄는 원정대에 있었던 프렌지 카바존이라는 사람이 그날 패커와 같은 술집에 있었다. 그는 패커의 웃음소리를 듣고 패커를 알아보았다. 몇 시간 뒤 패커는 체포되었고, 덴버로 이송되어 세 번째로 인디언 관리관 애덤스를 만나게 되었다. 패커는 이번에도 자백을 했는데, 그것은 이전 진술과 또다시 엇갈렸다. 예전 진술과 일치하는 부분은 자신의 행위는 정당방위였으며, 그가 죽은 자의 몸에서 돈과 총을 꺼내 가졌다는 점뿐이었다.

1883년 3월 16일, 패커의 새로운 자백을 일부 옮겨보면 다음과 같다.

우레이 추장의 인디언 마을을 떠날 때 우리는 1인당 약 7일분의 식량을 갖고 있었다…….

내가 거의 하루 종일 헤매고 다니다 일행에게 돌아와보니 아침에 미친 것처럼 굴던 빨간머리(벨)가 불가에 앉아 독일인 푸주한(밀러)의 다리에서 잘라낸 살점을 불에 굽고 있었다. 밀러의 몸은 불가에서 조금 떨어진 곳에 있었는데, 두개골은 도끼로 으깨져 있었다. 나머지 세 사람도 죽은 채로 불가에 놓였는데, 이마에 도끼 자국이 두세 군데씩 나 있었다. 불가로 다가가자 벨이 나를 보고 도끼를 들고 달려들길래 벨의 옆구리를 쏘았다. 벨은 땅으로 고꾸라지며 도끼를 앞쪽으로 떨어뜨렸다. 나는 도끼를 주워들고 그의 머리를 내려쳤다…….

바로 그날 도망치려 했지만 그럴 수 없었다. 그래서 이 사람들의 고기를 먹으며 약 60일간을 버텼다.

일부는 요리해 먹었고 나머지는 식량으로 싸가지고 다녔다.

그는 사구아치 감옥에서 어떻게 탈출했는지에 대해서도 털어놓았다. "사구아치 교도소에 있을 때 주머니칼의 칼날로 만든 열쇠를 건네받았다." 그에게 열쇠를 준 사람이 누구인지는 끝내 밝혀지지 않았.

패커가 어떠한 범행으로 혐의를 받고 있는가 하는 의문은 이미 사라진 지 오래였다. 비록 번복되기는 했지만 패커도 이미 자백을 했고, 9년 전 패커 일행의 야영장에서는 경악스러운 증거들이 발견되었다. 따라서 정부당국은 패커에게 가장 먼저 죽임을 당한 것으로 추정되는 이스라엘 스완에 대한 살인혐의를 적용했다. 패커는 다시 레이크 시티로 이송되었으며, 1급살인혐의를 지고 교도소에 수감된 채로 재판을 기다렸다.

4월 6일 아침, 사건번호 1883DC379, '콜로라도 식인' 사건의 재판이 열리는 날, 멜빌 게리 재판장이 주재하는 법정—콜로라도 레이크 시티에 있는 힌스데일 구(區) 법정—은 수많은 사람들로 장사진을 이루었다. 재판은 총 일주일이 걸렸지만, 13일에 배심원단이 내놓은 평결은 놀라운 것이 아니었다. 앨프리드 패커는 살인죄로 유죄평결을 받았다.

재판장은 패커에게 형량을 선고하며 이렇게 말했다. "12명의 정직한 시민으로 구성된 배심원단이 피고인의 사건에 평결을 내렸습니다. 배심원단은 양심에 따라 숙고한 결과, 고의적이고 계획된 살인, 그리고 그밖에 여기서 직접적으로 언급하지 않겠지만 역겨운 범행에 대하여 피고인을 유죄로 평결했습니다……. 1883년 5월 19일, 피고인은 사형에 처해질 것입니다……. 피고인은 상기 시간과 장소에서…… 교수형에 처해질 것입니다. 하느님의 자비를 빕니다."

법정 밖에 모인 성난 군중은 5월 중순까지 기다려야 한다는 사실에 분개했다. 패커가 다시 탈출하면 어떡한단 말인가? 군중은 고함을 질렀고, 개중에는 술기운을 빌려 법정 문으로 돌진하는 사람도 있었다. 그러나 보안관과 부보안관들이 그들을 끌어냈고, 누군가 패커에게 손을 대려고 하자 총을 쏘며 위협했다. 밧줄로 묶인 패커는 겁에 질린 채 군중 틈을 지나 자기를 기다리는 경찰 마차에 올랐다. 마차는 땅거미가 지는 거니슨을 향해 출발했다. 그러나 패커는 거기서 몇 주 뒤에 교수형 당하는 대신 3년간 더 옥살이를 하게 된다.

패커의 변호사는 그다음 재판에서 즉시 항소를 제기했다. 변호사는 패커가 범행을 저지를 당시 콜로라도는 준주(準州, 주state로 인정받기 전 단계의 행정구역—옮긴이)의 법체계를 갖고 있었다는 점을 지적했다. 재판은 콜로라도

가 주로 승인된 후에 이루어졌고, 그새 법률 일부가 바뀌었으며, 패커 사건이 그 바뀐 법률에 근거해 판결되었다는 것이 항소 이유였다. 콜로라도 대법원은 항소를 받아들였고, 1885년 10월, 판결은 뒤집어졌다. 콜로라도 주가 앨프리드 패커를 처벌하고자 한다면 다시 재판을 열어야 했다. 재판은 다시 열렸다.

재심은 패커가 아직 복역하고 있던 거니슨에서 이루어졌다. 패커는 이스라엘 스완을 모살한 데 대한 혐의는 벗었지만, 그밖에 다섯 건에 대한 살인죄로 유죄판결을 받았다. 한 건당 최소 8년 형기를 받은 패커는 캐넌 시티에 있는 콜로라도 주립 교도소로 이송되었다. 그때 이미 44세였으므로, 패커는 감옥에서 생을 마감할 운명으로 보였다.

시간이 흘러 "콜로라도의 식인마 앨프리드 패커"의 이야기는 이미 오래전에 잊혀진 뉴스거리가 되었다. 그러나 1879년, 패커는 1874년에 슬럼걸리온 패스에서 일어난 끔찍한 사건에 대해 또 다른 이야기를 들려주었다. 새로 내놓은 이야기는 훨씬 길며 한층 풍부한 내용으로 각색되어 있었다. 『로키 산 뉴스(Rocky Mountain News)』의 편집장 D. C. 해치는 오래된 이야기를 재탕해 재미를 볼 속셈으로 패커에게 글을 청탁했다. 패커는 이 신문에 실을 새로운 진술을 3000단어가 넘는 긴 글로 써내려갔고, 가능한 한 많은 동정표를 얻고자 애썼다. 아래 발췌한 두 문장이 그것을 증명해준다.

내 상황을 짐작이나 할 수 있는가? 동료들은 죽고 나 혼자만 남겨졌다. 굶어죽을지 모른다는 공포에 철저히 혼자 남겨졌다는 고립감까지 더했다. 몸이 약해지자, 정신은 분별력을 잃어 과연 내가 다시 이성을 되찾을 수나 있을까 싶은 상태로까지 치달았다.

패커의 진술이 활자화되자 해치가 의도했던 대로 일반 대중의 관심이 쏠렸고, 이는 『로키 산 뉴스』의 가장 유력한 경쟁지였던 『덴버 포스트』의 여기자 폴리 프라이를 자극했다.

　폴리 프라이는 요즘 말로 하면 "정치적으로 올바른" 스캔들 메이커라고 부르면 딱 어울릴 법하다. 19세기 말 그녀는 '솝 시스터(sob sister, 감상적인 기사를 쓰는 기자—옮긴이)', '먹 레이커(muck raker, 추문을 터뜨리는 기자—옮긴이)'라는 별칭을 갖고 있었는데, 용어는 여러 가지라도 의미는 모두 같았다.

　본명이 리오넬 캠벨인 폴리 프라이는 자신이 취재하는 모든 사건에서 명분을 찾는 종류의 기자였다. 그녀의 세계에는 악한이란 존재하지 않았으며, 안아주고 달래줘야 할 희생자들만이 있을 뿐이었다. 그녀는 기자로서 후세에 엇갈린 평가를 받고 있지만, 실제로 의미 있는 기사들도 적지 않게 썼다. 한 예로 광부들과 임금을 받지 못한 노동자들이 노조 결성을 승인받으려고 투쟁할 때 그들을 지지하기도 했다. 집에서 암살당할 뻔한 적도 있는 것으로 보아, 프라이는 기사를 쓰면서 많은 이들에게 분노를 샀던 것 같다.

　1899년 말, 『덴버 포스트』지의 공동출판인이자 편집자인 프레더릭 본필스와 H. H. 타멘은 폴리 프라이에게 『덴버 포스트』지의 유능한 변호사 '실크 모자' 윌리엄 앤더슨을 붙여주고 그와 함께 패커 사건을 재조사하여 가능한 한 많은 뉴스거리를 끌어내라는 임무를 맡긴다. 두 사람은 이런 일을 하기에는 환상적인 한 쌍이었다. 폴리는 맹목적이랄 만큼 낙천가였고, '실크 모자' 윌리엄 앤더슨은 비열한 법률가의 전형이었으니 말이다.

　프라이의 주도하에, 두 사람은 살인자들과 강간범이 정기적으로 가석방된다는 사실을 참고할 때 다섯 사람을 죽인 살인범도 가석방될 수 있다는

이론을 만들어냈다. 패커가 실제로 다섯 사람을 죽여서 먹었는지 여부는 엄밀히 말해 이들에게는 전혀 중요하지 않았다.

한편 '실크 모자' 앤더슨은 법원의 판결을 뒤집은 선례가 있는지 찾아보았다. 그가 노린 승부수는 천재적인 동시에 현실적인 것이기도 했다. 앤더슨의 구상에 따르면 패커의 살인사건은 로스 핀토스 인디언 보호구역에서 일어났기 때문에 주립 법원이나 준주 법원(territorial court)이 아니라 연방 법원에서 검토되어야 했다.

지금까지 콜로라도 사법부는 앨프리드 패커 사건에 진지한 관심을 기울이지 않았다. 패커는 이미 두 번이나 재판을 받았고, 주립 대법원은 패커 사건의 번거로운 항소에 이미 많은 시간을 낭비했기 때문이었다. 가장 좋은 선택은 그냥 그를 감옥에서 내보내는 것이었다. 결국 1901년 1월, 콜로라도 주지사 찰스 토머스는 의학적인 이유로 패커를 가석방하는 데 동의했다. 가석방장 원문에 따르면 1월 7일, 패커는 '음낭 수종과 브라이트병(Bright's Disease, 신장질환의 일종―옮긴이)'을 앓고 있다는 교도소 의사의 판정을 받아 석방되었다. 음낭 수종은 웹스터 대학생용 사전에 따르면 "신체 구멍에 위험한 액체가 쌓이는 병"이라고 설명되어 있으며, 브라이트병은 "일반적이고 만성적인 신장 통증을 가리키는 고어"라고 나와 있다.

거의 17년 동안 복역한 패커는 기쁨의 탄성을 질렀다. 폴리 프라이는 자신이 그저 '좋은 일'을 했다는 생각에 기뻐했고, '실크 모자' 앤더슨은 약속한 돈을 받았기 때문에 기뻤으며,『덴버 포스트』지의 출판인들 역시 기뻐했다. 본필스와 타멘이 기뻐했던 것은 자신들이 옳은 일을 했기 때문도 아니고, 프라이의 이야기로 인해 신문이 많이 팔렸기 때문도 아니었다. 바로 앨프리드 패커 덕분에 많은 돈을 벌 수 있게 되었기 때문이었다. 본필스와 타

멘은 『덴버 포스트』 언론사의 소유주였을뿐더러 '셀즈 플로토 서커스'의 운영자이기도 했는데, 그들은 애초에 패커를 서커스 여흥 공연에 합류시킨다는 조건하에 패커 사건에 손을 댔던 것이다. 그들은 '콜로라도 식인마 앨프리드 패커'가 전국을 돌며 순회공연을 하면 엄청난 홍보 효과가 있으리라고 예상했다.

패커의 가석방은 이들 모두에게 만족스러운 결과였으며, 적어도 이 일을 벌인 본필스와 타멘은 무척 만족스러워했다. 그러나 주지사 토머스가 패커의 가석방에 한 가지 조건을 붙임으로써 상황은 달라졌다. 1900년은 선거가 있는 해였는데, 주지사는 미국에서 유일하게 식인으로 유죄판결을 받은 살인자가 전국을 누비게 했다는 비난을 듣고 싶지 않았던 것이다. 아니면 그저 패커에게 말썽을 일으키지 않겠다는 다짐을 받고 싶었던 것일 수도 있지만, 어쨌든 주지사는 패커에게 가석방 후 6년 9개월 동안 덴버 지역을 벗어나면 안 된다는 조항을 달았고, 패커는 '오만하고 사악한' 조건이라고 하면서도 그 조건을 받아들였다. 본필스와 타멘은 이 금지조항을 그다지 탐탁하게 여기지 않았다.

그 후에 어떠한 일이 벌어졌는지는 분명하지 않지만, 짐작컨대 행동반경이 제한되다 보니 패커가 순회공연에서 바람잡이로 제 역할을 다하지 못했던 모양이다. 따라서 본필스와 타멘은 자신들의 기대대로 사건이 처리되지 않았다는 이유로 '실크 모자' 앤더슨에게 돈을 주지 않았던 듯하다. 이유가 무엇이었든 본필스와 타멘은 앤더슨과 격렬하게 다투었고, 앤더슨은 거친 서부인의 전통에 따라 타멘과 본필스에게 총을 쏘았다. 앤더슨이 어떠한 처벌을 받았는지는 분명히 알려져 있지 않지만, 본필스와 타멘은 부상에서 회복했고, 이 사건에 대해 패커를 원망하지는 않았던 것이 분명하다.

앨프리드 패커는 마침내 자유의 몸이 되어 콜로라도 리틀턴의 작은 집에 보금자리를 마련했다. 전하는 바에 따르면 그는 모범적인 시민으로 살았고 이웃의 사랑을 받았으며 여생을 채식주의자로 살았다고 한다. 사실 패커는 미국에서 아주 잠깐 번성했다 사라진 '옛 서부'의 신기한 유물로 보였을 것이다. 그는 1907년 4월 23일, 65세 생일을 하루 지난 날 숨을 거두었으며 리틀턴 프린스 애비뉴 묘지에 묻혔다. 그가 남북전쟁 때 북부군으로 참전했기 때문에 장례는 정통 군장의 예를 갖춰 치러졌다. 그 뒤로 그의 무덤에는 해마다 수많은 관광객들이 다녀갔으며, 지금도 관광객의 발길이 끊이지 않는다.

1989년까지 패커의 삶과 죽음에 대해서는 거의 알려진 것이 없었다. 그러나 범죄 과학수사대가 패커 사건 희생자들의 뼈를 발굴해내면서 판도가 달라졌다. 희생자들은 슬럼걸리온 패스 근처 야영장에 매장되어 있었다. 그들의 유해는 놀랍도록 양호한 상태로 보관되었는데, 두개골에서 발견된 도끼 자국은 명백한 살인의 증거를 보여주었다. 또한 수사대는 희생자들의 살점이 가죽 벗기는 칼로 일정량씩 뼈에서 발라졌다는 사실도 밝혀냈다. 그러나 가장 큰 이목을 끈 것은 시체 한 구의 골반에서 발견된 총알구멍이었다. 패커는 벨이 먼저 도끼로 공격해와서 총을 쏘았다고 진술했는데, 드디어 이를 확인할 수 있는 증거가 나타난 것이다. 경찰은 패커가 처음 체포되었을 때 압수한(지금은 서부 콜로라도 박물관에 소장되어 있다.) 권총에 장전되어 있던 총알을 골반에 남아 있는 납의 흔적과 비교해보았다. 놀랍게도 탄약의 성분이 완벽하게 일치해, 벨이 나머지 일행을 죽였고 자신은 정당방위로 벨을 죽였을 뿐이라는 패커의 주장을 입증했다. '앨퍼드' 패커는 과연 식인을 했다 해도, 결국 살인자는 아니었는지도 모른다.

패커가 죽고 나서 근 100년 동안 패커의 기묘한 이야기는 미국 대중의 상상력을 지배하며 계속 양산되었다. 드문드문 앨프리드 패커의 팬클럽이 만들어지기도 했고, 그 전설이 널리 퍼져 1960년대에는 포크 가수 필 옥스가 〈앨프리드 패커의 전설〉이라는 제목의 노래를 만들기도 했다. 그로부터 몇 년 뒤인 1968년에는 볼더에 위치한 콜로라도 대학교 학생들이 새로 생긴 카페테리아에 '앨프리드 E. 패커 그릴'이라는 이름을 붙였고, 또 그로부터 14년 뒤인 1982년에는 패커의 동상이 학교에 세워졌다. 그다음 해에는 제임스 E. 뱅크스가 『앨프드 패커의 황무지 요리법』이라는 책을 필터 프레스 출판사에서 발간하기도 했다.

앨프리드 패커는 지금도 유명하고, 그에 대한 영화도 두 편이나 나와 있다. 하나는 1980년대에 만들어진 〈앨프리드 패커의 전설〉이라는 영화이고, 다른 하나는 〈사우스 파크〉(아이들이 주인공이지만 거침없는 풍자와 독설, 외설적인 내용으로 유명한 애니메이션—옮긴이) 텔레비전 시리즈의 제작자인 트레이 파커와 맷 스톤이 1996년에 만든 〈식인종: 뮤지컬〉이라는 영화다. 이들이 각본과 감독, 제작과 연기까지 모두 맡아 화제가 된 이 영화는 앨프리드 패커의 삶을 음악과 곁들여 기괴하고 독특한 시선으로 재해석했다.

옛 서부에서 유일하게 식인으로 유죄판결을 받은 식인마, 앨프리드 패커를 기념하는 광적인 팬들은 온라인 상점 www.everythingalferd.com을 개설하기도 했다.('앨프리드'가 아니라 '앨퍼드'라고 표기되어 있는 데 주의하시라.) 이 사이트에서는 위에서 언급한 영화부터 머그 컵, 티셔츠, 크리스마스 카드까지 다양한 상품을 판매한다.

8장

사람고기 장수:
카를 덴케와 게오르크 그로스만
(1921~1924년)

전쟁과 그에 따르는 불가피한 경제적 대혼란은 가장 안정적인 사회에도 극심한 타격을 줄 수 있다. 1918년, 독일 사회는 제1차 세계대전에서 패해 현대 역사상 유례없는 대혼란을 겪는다. 승전국인 프랑스, 영국, 이탈리아, 미국은 자기들의 전쟁 비용을 한 푼도 남김없이 배상하라며 독일을 압박했다. 독일 경제는 이처럼 명백히 불가능한 과제를 떠안고 밑이 보이지 않는 바닥으로 곤두박질쳤다. 물가는 걷잡을 수 없이 치솟아 땔감으로 나무나 석탄을 사느니 차라리 돈을 때는 것이 나을 지경이 되었다. 며칠치 생필품을 사는 데 평생 모은 돈을 다 써야 했다. 공장과 회사들은 문을 닫았고 은행은 파산했으며 실업률은 천문학적인 수치로 치솟았다.

경제 파탄에 이어 극심한 식량 부족 현상이 찾아와 전반적인 상황은 더욱 악화되었다. 농부들은 이제 더는 농산물을 경작해 수익을 낼 수 없게 되었다. 1920년에 2, 3마르크 나가던 새끼 돼지는 하루아침에 기르는 데만 수백만 마르크가 들 만큼 값비싼 가축으로 둔갑했다. 소나 돼지를 잡아 시장에 내놓고 거의 원가에 팔려고 해도 그 고기를 살 수 있는 사람이 없었다. 돈이 있는 사람들조차 감당할 수 없는 가격이었고, 또 그만한 돈이 없는 이들이 대부분이었다. 이와 같은 경기침체는 독일의 정치·사회적 재난으로 이어졌고, 이는 결국 1920년대 말과 1930년대 초반에 전 세계적인 경기침체의 원인이 되었으며, 아돌프 히틀러와 나치당이 출현하는 주요 원인이 되었다. 그러나 1920년대 초반과 중반까지, 경기침체의 여파는 아직 독일 사회에만 국한된 상태였다. 물론 그렇다고 해서 경제난으로 고통을 받던 사람들에게 상황이 덜 끔찍했다는 뜻은 아니다. 온 나라에 가난과 기근으로 인한 광기가 감돌면서 오직 감정적으로, 그리고 신체적으로 강한 사람만이 살아남을 수 있는 상황이었다. 이러한 상황에서 히틀러와 그 추종자들처럼 도덕관념이 희박하고 감정적으로 불안한 이들은 사회적 약탈자로 돌변해 자기 방어능력이 가장 약한 사람들을 희생양으로 삼았다. 이와 같은 사회적 약탈자들이 모두 식인을 하지는 않았지만, 당시 식인을 저지른 사람들은 이 장에서 다루는 두 명보다는 훨씬 많았다. 대표적인 예로 아동 살인자이자 식인마로 악명 높은 프리츠 하르만도 포함해서 말이다.

카를 덴케는 1870년 8월 12일, 폴란드 접경지대에 있는 독일 슐레지엔 북동부 오베르쿤젠도르프라는 작은 탄광촌에서 태어났다. 유복하고 안정적인 농가 출신으로, 당시 그러한 집안에서 태어난 아이가 누릴 만한 좋은 환경에서 자라났다. 그러나 덴케는 학교에서 말썽만 일으키는 골칫덩이였다. 12살 즈음에 가출해 정원사 보조 일을 시작했던 것을 보면 순탄하지 못한 학교생활로 가족과 갈등을 겪었던 모양이다.

덴케가 이후 12년 동안 무엇을 했고 어디서 살았는지는 거의 알려지지 않았지만, 가족과의 관계는 비교적 좋아진 것이 분명하다. 25살 때 아버지

가 죽고 나서 농장은 형에게 갔지만, 덴케 역시 상당한 돈을 물려받았기 때문이다. 그는 그 돈으로 오베르쿤젠도르프 외곽에 작은 농장을 사들였지만, 농사일에는 별다른 취미가 없었던 모양이다. 농장에서 마땅한 수확을 거두지 못하던 덴케는 급기야 농장을 팔아버리고, 그 돈으로 지금은 지비체(Ziebice)로 이름이 바뀐 폴란드의 뮌스터베르크 마을에 2층짜리 집을 샀다.

덴케는 새로 산 집 옆 건물에 세를 내 음식과 생필품을 파는 작은 가게를 열었다. 이후 그는 주민이 8000명쯤 되는 이 작은 마을에서 두루 좋은 관계를 유지했으며 존경받는 어른이 되었다. 마을 교회 활동에도 열심이었다. 일요일마다 한 주도 빠지지 않고 교회에서 오르간을 쳤으며, 마을 주민이 죽었을 때는 장례행렬에서 십자가를 지고 가기도 했다. 술을 마시지도 않았고 여색을 탐하지도 않았다. 또한 아이들을 좋아했고 아는 사람에게나 낯선 사람에게나 한결같이 친절했다. 집 없는 사람이 뮌스터베르크를 지날 때면 그 누구보다도 가장 먼저 손을 내밀었다. 때로는 따뜻한 식사와 깨끗한 잠자리를 제공하고 뜨거운 물로 목욕까지 할 수 있게 해주었을 뿐더러 며칠이고 묵어가게 해주기도 했다. 덴케가 나이가 들자 사람들은 마치 가장 좋아하는 삼촌이라도 되는 양 그를 '덴케 삼촌'이라고 부르기 시작했다. 그는 큰 부자나 유명인사가 되지는 않았지만, 주변에 좋은 친구들이 있고 식탁에 항상 풍성한 음식을 올릴 수 있는 사람으로 살고 있었다. 카를 덴케는 어느 모로 보나 우리 모두가 이웃으로 두고 싶어 하는 종류의 사람이었다.

그러나 제1차 세계대전의 영향을 받은 다른 독일인들과 마찬가지로 덴케의 삶 역시 뿌리째 흔들리기 시작했다. 가게는 경기침체로 문을 닫았고, 1921년에는 집마저 팔아야 했다. 덴케의 집을 사들인 새 주인들은 그 집을 작은 아파트 몇 채로 나누었다. 덴케는 집을 팔아서 받은 돈을 가지고 고향

마을로 돌아갔다. 그러고는 고향집이 있던 자리에 들어선 방 두 개짜리 아파트에 전세를 얻었다. 덴케는 조금이라도 돈을 벌 요량으로, 경찰에 노점상을 할 수 있게 허락해달라는 신청서를 냈다. 경찰은 두말 없이 즉각 허가를 내려주었다.

덴케는 주중에는 집집마다 다니며 구두끈, 멜빵, 혁대, 집에서 만든 비누를 비롯한 장신구들을 팔았고, 일주일에 한 번은 브레슬로이어 마을에 들러 거기서 열리는 장터에서 물건을 팔았다. 그리고 얼마 후에는 집에서 만든 쇠고기조림을 판매 품목에 올렸다. 흉작으로 굶주리는 인구가 너무나 많았기에 덴케의 고기는 곧 날개 돋친 듯 팔려나가기 시작했다. 덴케는 급기야 폴란드 바르샤바에 있는 정육업 동맹에도 판매 허가 신청서를 냈다. 동맹은 덴케에게 판매를 허락했고, 마을 사람들만 알던 덴케의 가게는 더 널리 알려지기 시작했다. 52세의 나이에 새로 평생직장을 찾았다고 말하기는 어려웠지만, 덴케는 적어도 굶지는 않을 정도로 돈을 벌어들였다.

덴케는 전후 말할 수 없이 곤궁한 경제 상황이 닥쳤는데도 변함없이 사람들에게 친절하고 많은 것을 베풀었다. 이제 갈 곳 없는 신세가 되어 독일 각지를 전전하던 낙오병들은 뮌스터베르크를 지날 때면 언제나 덴케 삼촌의 집에서 환대를 받았다. 외롭고 지친 사람들은 당연히 한 신앙인의 작은 자선 행위에 대단히 감사했으리라.

그러나 1924년 12월 21일, 이상한 일이 벌어지고 말았다. 빈센츠 올리비에라는 노숙자 청년이 덴케의 집에서 비틀거리며 뛰쳐나온 것이다. 청년은 머리를 심하게 다쳐 피를 철철 흘리며 죽을힘을 다해 비명을 질렀다. 덴케의 윗집에 살던 택시 운전사 가브리엘은 이 소동에 깜짝 놀라 밖으로 뛰쳐나왔다. 가브리엘이 1층으로 내려오자 피범벅이 된 한 젊은 남자가 가브리

엘의 품으로 쓰러졌다. 남자는 들릴락말락 한 소리로 1층에 사는 노인이 자기를 도끼로 죽이려 했다고 중얼거렸다. 가브리엘은 청년의 말을 믿을 수 없었지만 청년의 상처가 워낙 심했기에 그를 마을 경찰서로 데려다주었고, 경찰들은 서둘러 의사를 불렀다.

의사는 상처를 지혈하고 꿰매고 난 뒤 젊은이가 누군가에게 가격을 당한 것 같다고 경찰에게 설명했다. 올리비에의 진술이 앞뒤가 맞지 않고 뒤죽박죽이긴 했지만 그래도 담당 경관은 경찰 두 명을 카를 덴케의 집으로 보냈다. 젊은이의 이 해괴한 말을 믿는 사람은 하나도 없었지만, 이상한 점이 있다는 것만은 분명했다. 그것이 무엇인지를 알아내는 것이 경찰의 일이었다.

덴케는 경찰의 심문을 받자 빈센츠 올리비에라는 손님이 와서 며칠간 묵을 방을 주려 했는데, 젊은이가 강도로 돌변해 자기를 공격했고, 자기는 정당방위로 그저 손에 잡히는 대로 휘두른 것뿐이라고 설명했다. 올리비에와 덴케의 진술이 엇갈렸기 때문에, 경찰은 사실을 밝히기 위해 덴케 역시 하루 이틀 정도 유치장에 잡아두고 조사할 필요가 있었다. 그리고 그날 저녁 11시 30분, 당직이었던 팔케 경관은 덴케에게 필요한 것이 없는지 확인하러 갔다가 끔찍한 광경을 발견하고 말았다. 54세의 '덴케 삼촌'이 천장에 목을 매 숨져 있었던 것이다. 그는 늘 갖고 다니던 커다란 손수건으로 목을 맸다. 당시로서는 덴케의 자살이 비극적이긴 했으나 도저히 이해할 수 없는 것이었다. 지금 우리에게도 그의 죽음은 안타까운 일이다. 왜냐하면 나중에 경찰이 그의 아파트에서 발견한 바와 같은 흉악한 짓을 저지른 이유를 알 수 있을 가능성이 사라졌기 때문이다.

그다음 날 덴케의 가족에게 덴케의 자살 소식이 전해졌고, 시체는 마을 장의사로 보내져 매장되었다. 덴케의 죽음에 수상한 점이 많았고, 올리비에

의 진술이 아직도 해명되지 않은 상태였기에 덴케의 아파트는 철저히 접근이 금지되었다. 조사가 완전히 끝날 때까지 경찰들 이외에는 출입 금지였다.

성탄절 전날, 한 경찰 조사반이 덴케의 유족에게 유품을 넘기기 전에 뭔가 단서를 찾을 수 있을까 하고 덴케의 집으로 갔다. 작은 아파트에 들어서는데 톡 쏘는 식초 냄새가 확 끼쳤다. 그러나 독일에서 식초절임 고기와 소금절인 양배추는 주식이었기 때문에, 그 점이 특별히 이상하게 생각되지는 않았다. 게다가 덴케가 뼈 없는 돼지고기조림을 팔아 생계를 유지했다는 것은 누구나 아는 사실이었다. 냄새가 나는 곳은 부엌 구석에 있는 커다란 절임 통 두 개였다. 통 안에는 소금물에 고기가 가득 재워져 있었다. 그 옆 찬장에는 조리를 끝내 시장에 내다팔려고 준비해놓은 고기단지가 쌓여 있었다. 일부 자료에 따르면 아이스박스에 신선한 고기가 상당량 들어 있었다고도 하는데, 이는 덴케 자신이 요리해 먹거나 종종 덴케의 집에 묵어가던 사람들과 함께 먹으려던 것이었으리라고 추정된다. 또한 비누를 만들고 가죽을 광내는 화학약품과 장비들도 발견되었으며, 덴케가 벨트와 멜빵을 만들어 팔 때 썼던 것으로 보이는 가죽을 다루는 연장들도 발견되었다. 그런데 경찰관들이 처음으로 의심을 품게 된 계기는 바로 수북이 쌓여 있는 뼈 더미였다. 그것은 분명 돼지 뼈가 아니었다. 사람 뼈였다. 한 경찰관이 사람의 치아 240개가 담긴 접시를 찾아낸 순간, 혼란스러움은 한순간에 혐오감으로 바뀌었다. 침실로 가보니 훨씬 더 끔찍한 악몽이 펼쳐졌다.

벽에는 수십 쌍의 멜빵과 벨트가 걸려 있었는데, 그것은 돼지가죽으로 만든 것이 아니라 사람 가죽으로 만든 것이었다. 벽장에는 피 묻은 옷이 가득 들어 있었다. 집안 구석구석이 덴케가 그동안 무슨 짓을 저질렀는지를 소상히 말해주었다. 구두끈조차 사람 가죽이나 사람 머리카락을 꼬아서 만

든 것이었다. 더 확실한 증거가 침실 한구석에 놓인 탁자에서 나왔다. 탁자 위에는 장부가 하나 있었는데, 거기에는 1921년부터 1924년까지 덴케가 저지른 살인과 식인의 기록이 고스란히 남아 있었다. 장부에는 31명의 희생자의 이름과 사망일자, 몸에서 나온 고기의 양 등이 상세히 기록되어 있었으며, 희생자 12명의 신분증, 그리고 최근에 근처 교도소에서 출감하거나 병원에서 퇴원한 사람들의 이름이 적힌 신문지 조각도 나왔다. 최종 검증을 위해 '덴케 삼촌'의 인기 있는 돼지고기 초절임이 바르샤바 경찰 조사팀에 넘겨졌다. 마침내 결과가 나왔을 때, 놀란 사람은 아무도 없었다.

이 소식은 곧 언론에 들어갔고, 공교롭게도 『저널 프랑켄슈타인』이라는 제호를 가진 신문은 이 사건을 가장 끔찍하고 역겹게 다루었다. 뮌스터베르크 시민들은 '살인자', '식인마', '인육 장수' 같은 말들을 접하고 공포에 떨어야 했다. 때마침 격주간지 『뮌스터베르크 신문』이 발행되어 다시금 초절임된 '돼지고기'에 대한 검사 결과를 다루었고, 사람들은 다시금 술렁였다. 돼지고기는 독일 전역에서 새해를 맞이할 때 먹는 전통 음식이었지만, 그해 뮌스터베르크 사람들은 돼지고기라면 쳐다보지도 않았다.

경찰은 덴케의 아파트에서 나온 증거물들을 근거로 희생자 20명의 정확한 신원을 밝혀냈다. 그중 약 3분의 2 정도는 덴케의 장부에 있던 이름과 일치했다. 최종 결과는 알려지지 않았지만, 덴케에게 희생당한 사람들은 그가 적었듯이 31명에서 최대 40명에 이르는 것으로 추정된다.

1999년, 지비체 시청에는 작은 전시관이 마련되어, 덴케가 뮌스터베르크에서 사람을 초절임해서 팔 때 썼던 칼과 통, 단지를 비롯한 기타 장비들이 전시되었다. 전시의 제목은 '지비체의 고대 도상학'이었는데 지역민들과 관광객들에게 큰 인기를 얻어 아직도 전시된다고 한다.

뮌스터베르크의 선량한 사람들은 카를 덴케의 끔찍한 범죄에 말도 못하게 충격을 받았지만, 이는 독일에서 일어난 비슷한 사건의 일면에 불과하다. 덴케의 사건보다 3년 앞서, 베를린에서 서쪽으로 500킬로미터 떨어진 곳에서 끔찍한 사건이 일어났다. 그 사건은 덴케의 사건과 소름이 돋을 만큼 비슷했다. 앞서 카를 덴케의 이야기에서도 덴케의 병리학적 세부 사항에 대한 충분한 정보가 모자라 안타까웠지만, 게오르크 그로스만의 경우는 관련 정보가 더욱 부족하다. 이는 베를린이 1944년과 1945년에 거듭 폭격을 당해 관련 정보들이 대량으로 손실되었기 때문이기도 하다.

게오르크 그로스만은 1863년, 독일 노이루핀이라는 곳에서 태어났으며, 입던 옷을 되파는 일을 하며 평생을 보냈다. 하지만 이따금씩은 돈을 더 벌려고 푸주한으로 일했으며, 특히 소시지를 만들어 파는 일을 했다. 무뚝뚝하고 반사회적인 성격이었던 그로스만은 제대로 된 교육을 받지 못했고, 사람과 사귀려고도 하지 않는 고립된 사람이었다. 그러나 불친절한 넝마 장사꾼과 친구가 되려고 먼저 다가오는 사람도 없었던 터라, 그로스만에게는 그런 성격이 문제될 것도 없었다.

독일 사람들 누구나 그러했듯이 그로스만도 제1차 세계대전의 여파로 일자리를 잃은 뒤, 베를린 거리에서 주운 손수레에 입던 옷을 싣고 팔러 다니기 시작했다. 그는 정육점에서 정식으로 일하지는 못했지만, 암시장에서 소시지를 만들어 파는 것을 부업으로 삼고 있었다. 당시 고기는 엄격한 제한 아래 국가에서 발행한 교환권으로만 살 수 있었기 때문에, 국가에 등록되지 않은 고기에 대한 수요는 늘 있었다. 그로스만은 장사를 계속하면서 주요 철도 기차역이 가장 벌이에 좋다는 사실을 알게 되었다. 그는 기차역에서 덩어리 소시지뿐 아니라 배고픈 여행자들을 상대로 소시지 샌드위치도 만

들어 팔았다. 당시 안 좋은 경제 상황에서도 여행할 여력이 있는 사람들은 아마 소시지 샌드위치를 사먹을 돈도 있었던 모양이다. 고기를 구하는 것이 점점 어려워지자 그로스만은 고기의 종류를 가리지 않고 소시지로 만들었으며, 때로는 말, 노새, 심지어 개고기까지 재료로 썼다. 만들어 팔 수 있는 고기가 계속 줄어들면서 그로스만의 수입도 그만큼 줄어들었다.

일부 자료에 따르면 그로스만은 아동 성폭행으로 세 차례 전과가 있고 죄목 가운데는 가학적 성애와 수간도 있었다고 하지만, 아동 성폭행을 제외하면 범죄사실을 입증하는 뚜렷한 증거는 없다. 현재 확실히 알려진 것은 그로스만이 기차역에서 소시지를 팔기 시작하면서 집 없이 떠돌아다니는 여성들과 만나기 시작했다는 사실뿐이다. 그로스만이 만난 여성들은 경제적인 문제로 몸을 팔게 된 여성들이었으며, 베를린 철도역에서 먹고 자는 생활을 했다.

그로스만은 거의 동물적인 본성으로 말 그대로 돌 하나로 두 마리 새를 잡는 방법을 떠올렸다. 그는 기차역에서 소시지를 팔며 눈에 뜨이는 여성을 골라 말을 붙였다. 그리고 돈을 주겠다고 속여 여성을 집으로 데려가 성관계를 맺은 뒤 여자를 죽여 살을 갈아 소시지로 만들었다. 그로스만으로서는 성적인 욕구도 채우고, 여자에게 돈을 줄 필요도 없으며, 공짜로 고기를 만들어 팔아서 계속 돈을 벌 수도 있으니 여러모로 완벽한 일이었다. 뿐만 아니라 범행에 대한 증거도 한꺼번에 없앨 수 있었다.

그로스만이 이처럼 끔찍한 범행을 얼마나 오래 반복했는지는 알 수 없지만, 독일이 경제적으로 붕괴하기 전에 범행을 시작하지 않은 이상 최대 2년 정도 계속했으리라고 추정된다. 1921년 8월, 그로스만의 이웃들은 그의 집에서 여자의 날카로운 비명을 듣고 깜짝 놀랐다. 고맙게도 누군가 이 사실을 집주인에게 알렸고, 집주인은 경찰을 불렀다. 사실 그로스만은 이미 성범죄자 목록에 올라 있었기에 경찰의 반응은 어느때보다 신속했다. 경찰들이 그로스만의 집으로 들이닥쳤을 때 낡은 접이용 침대 위에는 반쯤 도륙된 사람의 몸이 놓여 있었다. 그리고 옆에는 사지를 절단해 소시지로 만들 준비가 된 여성 세 명 정도의 잔해가 같이 있었다. 침대 아래에는 말끔히 도려낸 사람의 지방이 담긴 단지가 있었고 사람 손가락만 가득 모아놓은 프라이팬도 있었다. 냉장고와 벽장에는 시장에 내다팔려고 보관해둔 소시지들이 줄줄이 나왔다. 실험실의 분석에 따르면 희생자들은 모두 죽은 지 3주가 채 지나지 않은 것으로 밝혀졌다. 58세의 그로스만은 체포된 뒤 덴케처럼 감옥에서 목숨을 끊었고, 그로 인해 정신과 의사들이 그를 심문하고 조사할 수 있는 기회는 사라져버렸다.

　덴케와 그로스만이 자살하지 않고 사건의 뒷이야기를 들려주었다면, 우리는 이 장에서 단순히 사건에 관련된 사실들을 나열하는 데 그치지 않고 그들의 범행동기를 훨씬 더 잘 이해할 수 있었으리라.

　게오르크 그로스만의 소름끼치는 이야기는 오스트레일리아 밴드 '블러드 더스터'의 노래에 쓰이기도 했다. 그렇지 않았다면 그 역시 덴케처럼 대다수 사람들의 기억에서 사라지지 않았을까. 어쩌면 잊혀지는 쪽이 더 나을지도 모르겠지만 말이다.

9장
아이를 잡아먹는 회색 도깨비: 앨버트 피시(1924~1934년)

앨버트 피시는 1870년 5월 19일, 워싱턴 D. C.에 집이 있는 비교적 유복한 중산층 집안에서 태어났다. 어머니는 전업 주부였고 아버지 랜들 피시는 포토맥 강에서 배를 조종하는 선장이었다. 앨버트 피시의 어린 시절은 순탄해 보였지만, 1875년 아버지가 심장마비로 죽자 삶은 순식간에 고단해졌다. 수입원이 없어진 데다 아이를 혼자 키울 수 없었던 어머니는 결국 아이를 세인트 존 고아원에 맡길 수밖에 없었다. 그곳에서 다섯 살배기 앨버트 피시의 삶은 급격히 어두워지기 시작한다.

심약하고 늘 또래에 비해 체구가 작았던 피시는 나이가 더 많고 몸집이 큰 아이들의 놀림감이 되었다. 또래 고아들에게 맞거나 그렇지 않으면 고아원 사감들에게 흠씬 두들겨 맞곤 했다. 사감들은 공식적인 체벌 이외에도, 육체의 죄를 범하거나 성경 말씀에 어긋나는 행동을 하여 좁다란 길을 벗어나는 아이들에게 멋대로 설교를 늘어놓곤 했다(보통 마무리는 성경 구절을 인용하는 것이었다.). 앨버트 피시는 선생님들의 가르침대로 살려고 최선을 다했

으며, 1880년에서 1884년까지는 고아원 성가대에서 노래하기도 했다. 하지만 그는 끊임없는 처벌과 그에 따른 고통 속에서 과연 하느님이 자신에게 바라는 것이 무엇인지 알 수 없어 혼란을 느꼈다. 결국 피시는 15세에 고아원을 도망쳐나와 뉴욕을 향했다. 그리고 거기서 도장공 보조로 일하게 되었다.

착한 아들이었던 피시는 일단 자기 소유의 집이 생기자 워싱턴에서 홀로 지내던 어머니를 모시고 와 함께 살았다. 1898년 28살어 되던 해에는 19살의 여성과 결혼해, 그 후 16년 동안 아이 여섯을 낳고 잘 살았다. 피시는 키가 160센티미터에 몸무게는 겨우 54킬로그램밖에 안 나가는 작은 체구였지만, 열심히 일했으며 좋은 아버지가 되고자 최선을 다했다. 아내나 아이를 한 번도 때리지 않았고 식사 때마다 감사 기도 드리는 것도 잊지 않았다. 그러나 이 이상적인 가정에 금이 가는 이상한 일이 일어나고 말았다.

피시는 언제부터인가 종교에 광적으로 몰두하며 자기 몸에 채찍질을 하기 시작했다. 처음에는 가족들 몰래 이러한 자기학대 행위를 했지만, 곧 자신에게 더없이 가혹하고 끔찍한 처벌을 가하는 모습을 자식들이 억지로 지켜보게끔 만들었다. 때로는 못이 박힌 막대로 자신을 후려쳐 피로 곤죽이 되곤 했고, 또 어떤 때는 손톱 밑을 핀으로 찌르기도 했다. 아이들은 충격에 싸여 말을 잊은 채 그저 바라보기만 했다. 피시의 아이들은 아버지가 언덕에 서서 팔을 벌리고 "내가 구세주다!"라고 외치는 모습을 본 적도 있었다. 아내의 인내심에도 한계가 있었다. 결국 여섯째 아이가 태어난 지 3년 만인 1917년, 아내는 아이들을 데리고 집을 나가버렸다.

이혼은 지칠 대로 지친 아내와 아이들에게는 분명 올바른 선택이었지만 앨버트 피시에게는 무척 괴로운 일이었다. 그리하여 자기 고문은 점점 더 심한 자기 학대로 발전했다. 면 솜에 알코올을 적셔 항문에 넣고 불을 붙이

는가 하면, 음낭과 직장 사이의 연한 피부에 핀을 찔러넣기도 했다. 때로는 핀을 너무 깊이 밀어넣어 빼내지 못하는 일도 있었다. 또한 자신이 예수나 천사, 심지어 전지전능한 하느님이라고까지 믿게 되었으며, 하느님이 자신에게 직접 명령을 내린다고 믿었다. 이와 같은 환각 속에서, 피시는 하느님이 희생제물로서 아이들을 고문하고 학대하라는 명령을 내렸다고 확신했다. 때로는 착란에 빠진 상태에서 자기만의 성경 구절을 '인용' 하며 거리를 헤매고 다녔다. 예를 들면 "하느님은 네 아이들을 데려다가 아이들의 머리를 돌로 으깨며 흡족해하신다."와 같은 구절이었다. 환각 속에서 피시는 어린 소년들을 잡아다 거세해야 한다는 믿음에 사로잡혔다.

피시는 외톨이가 되어 더욱 심하게 미쳐가면서도 생계를 위해 도장공 일을 계속했다. 그러나 여러 마을과 도시를 전전하며 점점 더 비정상적인 행동을 보이기 시작했다. 피시는 한곳에 그리 오래 머무르지 못했다. 때로는 사람들이 그저 이상한 느낌 때문에 그를 멀리하기도 했고, 때로는 키가 작은 한 도장공이 온 이후로 마을에서 아이들에게 끔찍한 일이 일어나기도 했기 때문이다. 피시가 그러한 일들과 관련이 있다는 증거는 전혀 없었지만, 사람들은 어찌됐든 그를 가까이하지 않으려고 했다. 1924년 여름, 피시는 뉴욕시 자치구인 스태튼 아일랜드에서 일하고 있었다.

그해 여름, 6월의 따뜻한 어느 날, 안나 맥도널은 현관에 앉아 갓 태어난 아기에게 젖을 먹이던 중이었다. 8살 난 아들 프랜시스는 근처에서 혼자 얌전히 놀고 있었다. 안나는 맞은편을 바라보다가 길에서 조그만 체구에 남루한 행색을 한 낯선 이가 자신을 노려보는 것을 알아차렸다. 남자는 머리가 희끗희끗하고 콧수염이 축 늘어졌으며 입은 옷과 쓴 모자는 더럽고 해어져 있었다. 남루한 행색이 막일꾼인 것 같은데, 왜 길 한가운데 서서 나를 노려

보고 있는 것일까? 더욱 이상하게도 그는 혼잣말을 하며 계속 주먹을 쥐었다 폈다 하고 있었다. 겁 없는 사람이었던 안나는 똑같이 쳐다봐주었다. 마침내 남자는 더러운 모자를 살짝 들어올려 인사를 하더니 사라져버렸다.

그날 오후, 더러운 옷을 입은 이 작은 남자는 야구를 하고 있는 소년들 무리를 쳐다보고 있었다. 무리에는 프랜시스 맥도널도 있었다. 어떤 아저씨가 야구장 담장 너머에서 프랜시스를 불렀을 때, 다른 소년들은 경기에 열중할 뿐 별 신경을 쓰지 않았다. 몇 분 뒤 아저씨와 프랜시스는 함께 사라졌다.

저녁 때가 되자 프랜시스가 없어졌다는 사실을 사람들이 알아차리기 시작했다. 경찰이었던 프랜시스의 아버지는 한시도 지체하지 않고 바로 이웃들을 불러모아 수색대를 꾸렸다. 찰튼 숲 주변을 수색할 때 목격자가 나타났다. 프랜시스와 비슷한 인상착의의 소년을 부랑자로 보이는 어떤 늙은 남자가 데려가는 것을 보았다는 것이다. 수색대원들은 깊은 숲 속에서 프랜시스 맥도널을 발견했다.

아이는 옷이 갈가리 찢긴 채 알몸으로 두들겨 맞아 피범벅이 되어 있었다. 그리고 자기가 입고 있던 바지의 멜빵으로 목이 졸려 숨져 있었다. 지역 경찰이 즉시 소집되어 범죄현장을 조사했고 가장 유능한 형사들은 그 '부랑자'에게 공범이 있음을 확신했다. 안나 맥도널이나 야구하던 소년들, 그리고 이웃들이 묘사한 작고 힘없는 남자는 프랜시스에게 그러한 폭력을 가할 만큼 힘이 세어 보이지 않았기 때문이다.

안나 맥도넬은 이상한 늙은 남자를 보았다는 이야기를 경찰에 진술했다. 안나에게 가장 강하게 남은 인상은 "머리며 옷이며 모든 것이 빛바랜 회색이었다."는 것이었다. 미지의 살인마는 안나 맥도넬의 진술에서 따온 '회색 남자'라는 이름으로 알려지기 시작했다. 그러나 그 이후 그는 마치 회색 연

기처럼 감쪽같이 사라져버렸다. 3년 뒤, 기록상으로 2차 범행을 저지르기 전까지는 말이다.

빌리 개프니라는 네 살배기 꼬마가 있었다. 1927년 2월 11일, 빌리와 그의 제일 친한 친구인 세 살짜리 꼬마 빌은 아파트 복도에서 놀고 있었다. 이웃의 열두 살짜리 남자아이가 두 꼬마를 데리고 놀아주고 있었지만, 남자아이는 집안에서 자고 있는 어린 여동생과 소녀들도 돌보아야 했다. 그런데 열두 살 된 남자아이가 여동생을 보러 집안으로 들어간 사이, 두 꼬마가 사라졌다. 세 살 된 빌은 아파트 건물 옥상 복도에서 아버지에게 발견되었지만, 빌리 개프니는 아무 데도 보이지 않았다. 세 살 된 빌에게 빌리 개프니의 행방을 물었지만, 꼬마는 그저 "도깨비가 데려갔어요."라고 말할 뿐이었다.

키가 작고 희끗희끗한 회색 머리에 낡은 옷을 입은 '도깨비'는 빌리를 근처 전차 정류장으로 데려갔다. 전차 운전수는 아이가 이 남자와 전차를 타려 하지 않는다는 것을 단박에 알아챘다. 남자는 엄마를 찾으며 계속 우는 아이를 억지로 의자에 앉힌 다음 브루클린 정류장에서 끌고 내렸다. 이때부터 빌리 개프니에게 어떤 일이 일어났는지는 나중에 앨버트 피시의 자백에 잘 설명되어 있다.

아이를 리커 애비뉴 쓰레기장으로 데려갔습니다. 거기에는 외딴 집이 한 채 있었어요. 그 집으로 데리고 들어갔지요. 발가벗긴 뒤 손발을 묶고 쓰레기장에서 주워간 더러운 천으로 재갈을 물렸어요. 그러고는 아이의 옷을 태웠습니다. 신발은 쓰레기장에 버렸고요. 그리고 새벽 두 시에 59번가로 가는 전차를 타고 다시 시내로 나와 집까지 걸어갔습니다.

그다음 날 오후 두 시쯤 직접 만든 채찍을 가지고 쓰레기장으로 갔습니다.

손잡이가 짤막한 채찍인데, 제 허리띠를 반으로 잘라 20센티미터 정도 길이가 되도록 여섯 가닥으로 쪼개서 만들었지요. 아이의 다리를 타고 피가 흘러내릴 때까지 아이 엉덩이를 채찍으로 때렸습니다.(피시는 아이를 고문하고 신체를 훼손하고 죽이기까지의 과정을 자세히 설명한 뒤, 아이를 토막낸 과정을 설명했다.)

아이의 배를 칼로 찌른 다음 입으로 피를 빨아먹었어요. (그리고 나서) 감자 자루 네 개를 준비해 돌을 담았습니다. 그러고는 아이를 토막냈어요. (작은 가방을) 가져갔었는데, 그 가방에 아이의 코와 귀, 그리고 배 부분 살점을 종이로 싸서 담았습니다. 나머지 부분은 돌을 담은 자루에 넣고 끝을 묶어 노스비치 해변의 개흙에 빠뜨렸습니다.

고기는 집으로 가지고 돌아왔습니다. 귀와 코, 얼굴과 배의 살점을 넣고 스튜를 만들어 먹었지요. 양파, 당근, 순무, 셀러리를 넣고 소금과 후추로 간을 했는데, 맛이 좋았어요.

다음에는 아이의 엉덩이를 반으로 갈랐어요. 엉덩이 양쪽에 베이컨을 하나씩 얹어서 오븐에 구웠어요. 그리고 양파 네 개를 까두었다가 고기가 15분 정도 익었을 때 물을 0.5리터 정도 부어 육즙이 나오게 한 뒤 양파를 넣어 구웠습니다. 그 사이사이 나무 숟가락으로 고기를 두드려줬어요. 그래야 고기가 부드럽고 맛이 있어지거든요.

두 시간쯤 지나자 갈색으로 잘 익은 요리가 완성되었어요. 제 평생 먹어본 그 어떤 칠면조 고기보다도 맛있더군요. 아이의 살찐 엉덩이 요리는 최고였어요. 이후 나흘 동안 아주 맛있게 먹었습니다.

앨버트 피시가 빌리 개프니를 고문하고 죽인 다음 먹어치울 동안 빌리의

아버지는 뉴욕의 다섯 개 자치구에 있는 경찰관들에게 연락을 취했다. 그들은 대규모 수색대를 조직하고 아이를 보았다는 목격자들과 모조리 연락을 취해보았다. 그러나 그들이 한 가지 실수한 것이 있다면 바로 세 살짜리 빌의 말을 그다지 귀담아듣지 않았다는 것이다. 빌은 도깨비가 자기 친구 빌리를 데려갔다고 몇 번이나 말했다. 꼬마는 자기가 본 사람이 콧수염이 있으며 마르고 늙은 남자라는 것을 설명하려 안간힘을 썼지만, 빌이 말하는 '도깨비'와 3년 전 프랜시스 맥도널을 납치해 죽인 '회색 남자'가 관련이 있으리라고는 아무도 생각하지 못했다. 회색 남자는 이번에도 연기처럼 사라지고 말았다. 그가 다시 나타난 것은 그로부터 15개월 후였다.

1928년 5월 28일, 월요일, 뉴욕시에 살던 데일라 버드는 초인종 소리를 듣고 현관으로 나가보았다. 현관에는 키가 작고 연약해 보이는 중년 남자가 서 있었다. 남자는 낡고 해진 옷을 입고 구깃구깃한 모자를 썼는데, 누구냐고 묻자 공손하게 모자를 벗으며 인사했다. 남자는 자신을 프랭크 하워드라고 소개하며 에드워드 버드가 『뉴욕 월드』에 낸 광고를 보고 찾아왔다고 대답했다.

버드 부인은 하워드를 집안으로 들이고, 어린 딸 비트리스에게 위층으로 올라가서 오빠 에드워드를 불러오라고 말했다. 에드워드는 농장에서 일하겠다는 광고를 신문에 내고 답을 기다리고 있었다. 버드 부인은 에드워드가 아래층으로 내려오기를 기다리며 농장 주인으로 보이는 이 낯선 이를 살펴보았다. 그는 아무 말이 없었으며 수줍음을 타는 것 같았다. 특이한 점은 은빛 머리카락과 늘어진 콧수염뿐이었다. 남루해 보이기는 해도 공손했다. 대도시에 익숙하지 않은 농부라면 으레 그럴 법했다. 게다가 버드 부부는 너무나 가난했기 때문에 누구더러 남루하다고 탓할 처지가 아니었다.

18살의 덩치 큰 에드워드가 내려오자 앨버트 피시는 웃으며 맞이했다. 피시는 자기가 롱아일랜드 파밍데일에 작은 농장을 갖고 있으며 농장 일꾼 몇 명과 요리사 한 명, 젊은이 여섯 명과 함께 일하고 있다고 설명했다. 아쉽게도 일꾼 한 사람이 농장을 떠나게 되어 건장하고 성실한 청년을 구한다고 했다. 피시는 에드워드가 건장해 보이기는 하는데 과연 농장의 힘든 일을 할 수 있을지 모르겠다고 운을 띄웠다. 그러자 에드워드는 힘든 일도 마다 않겠다고 대답했고, 피시는 주급 15달러에 숙식을 제공하겠다고 약속했다. 에드워드는 반색했다. 피시는 모자를 집어들고, 토요일에 데리러올 테니 함께 농장으로 가서 바로 일을 시작하자고 말하고 집을 나섰다.

피시는 에드워드 버드의 집에서 나와서 철물점으로 갔다. 거기서 시간을 들여 에드워드를 죽이고 절단하는 데 필요한 도구를 골랐다. 고기를 써는 큰 식칼과, 쇠톱, 정육점 칼을 골랐다.

6월 2일 토요일이 되었지만 프랭크 하워드에게서는 연락이 없었다. 기다리던 버드 가족은 전보를 한 통 받았다. 사정이 생겨 토요일에 시간을 낼 수 없게 되었으니 일요일 아침에 찾아가도 되겠느냐는 것이었다. 그는 전보에서 말한 대로 약속을 지켰다. 다음 날, 즉 일요일 오전, '회색 남자'가 버드의 집 앞에 나타났다. 이번에는 선물도 있었다. 그는 버드 부인에게 부드러운 치즈가 담긴 단지 하나와 딸기 상자를 건네며 자기네 농장에서 직접 생산한 것이라는 말을 덧붙였다. 버드 부인은 피시의 세심함에 감동한 나머지 저녁 때까지 집에 머물다 가라며 붙잡았다. 앨버트 피시는 못 이기는 척하며 그러마고 했다.

피시와 버드 가족이 식탁에 둘러앉았을 때, 검은 머리칼에 하얀 피부, 예쁜 옷을 입은 열 살짜리 소녀가 나타났다. 버드 부인은 교회에서 막 돌아온

딸 그레이시를 소개했다. 피시는 예쁘장한 그레이시를 보고 넋을 잃고 말았다. 그는 그레이시에게 숫자를 몇까지 셀 수 있는지 보여달라며 아이의 손에 돈을 한 뭉치 쥐어주었다. 버드 가족은 모두 깜짝 놀랐다. 그레이시는 늙은 남자의 무릎에 앉아 조심스럽게 92달러 50센트까지 세었다. 피시가 그레이시를 보며 웃자 그레이시는 마치 가장 친한 삼촌에게 하듯 피시의 뺨에 입을 맞추었다. 앨버트 피시는 그 자리에서 계획을 바꿨다.

피시는 식사를 마치고 나서 버드 가족에게 에드워드는 조금 있다가 밤에 데리러오겠다고 말했다. 그날이 어린 조카의 생일이어서 근처 동생네 집에 들렀다 가야 한다고 이유를 댔다. 피시는 즉석에서 말을 꾸며내어 버드 부인에게 그레이시를 파티에 데리고 가도 되겠느냐고 물었다. 부인은 망설였지만 삶에 찌들어 힘들어하는 기색이 역력한 남편은 관대했다. 남편은 아내에게 말했다. "딱한데 놀게 보냅시다. 그레이시는 좋은 데 놀러가 본 적이 한 번도 없잖소." 부부는 곧 합의를 보았고, 피시는 그레이시를 늦어도 9시까지 돌려보내겠다고 예의 바르게 약속했다. 버드 가족이 그레이시를 본 것은 그때가 마지막이었다.

피시는 그레이시를 데리고 웨스트체스터 카운티의 시골 지역인 워딩턴으로 가는 기차에 탔다. 피시는 역에서 내려 미리 보아둔 폐가 한 채가 나올 때까지 시골길을 따라 걸었다. 그가 어린 그레이시에게 무슨 짓을 했는지는 역시 아래 자백에 잘 나타나 있다.

집에 도착해서 아이더러 밖에 있으라고 말해두었습니다. 아이는 들꽃을 꺾었지요. 저는 위층으로 올라가 옷을 모두 벗었습니다. 옷을 벗지 않으면 제 옷에 아이의 피가 묻을 테니까요.

준비를 마치고 나서 창가로 가 아이를 불렀습니다. 그리고 아이가 방으로 올라올 때까지 옷장에 숨어 있었어요. 아이는 제가 발가벗은 것을 보자 울음을 터뜨리더니, 아래층으로 뛰어 내려갔습니다. 붙잡았더니 엄마에게 다 이르겠다고 소리를 지르더군요.
우선 아이를 발가벗겼습니다. 어찌나 발로 차고 깨물고 할퀴어대던지. 결국은 아이를 목 졸라 죽였습니다.

나중에 번복한 진술에 따르면 피시는 마룻바닥에 있던 낡은 페인트 통에 그레이시의 피를 받아냈다. 그가 처음에 했던 자백을 더 들어보자.

아이를 잘게 토막내서 요리해 먹었습니다. 오븐에 구워 먹었는데 얼마나 달콤하고 부드러웠는지 몰라요. 이후 9일에 걸쳐 아이를 싹 다 먹어치웠습니다.

그레이시 버드가 집으로 돌아오지 않자 가족들은 겁에 질렸다. 에드워드 버드는 아침이 되자 경찰소로 달려가 동생이 실종되었으며 아마도 유괴된 것 같다고 신고했다. 그는 프랭크 하워드라는 미심쩍은 인물에 대해 상세히 설명하고, 파밍턴에 있다는 그의 농장 위치를 알려주었으며, 그의 여동생이 산다는 아파트 주소도 알려주었다. 경찰은 몇 분 되지 않아 두 주소 다 가짜임을 밝혀냈다. 경찰은 프랭크 하워드라는 사람이 누군지 알아내려고, 많이 알려진 아동유괴범, 아동성추행범, 정신이상자들의 상반신 사진을 버드 가족에게 보여주었다. 그중에 앨버트 피시의 사진은 없었다.
뉴욕 경찰국은 이 사건에 각별한 노력을 기울였다. 20여 명 이상의 경관과 경찰을 그레이시 버드 실종사건에 투입하고, 1000장의 전단지를 인쇄하

여 이스트 코스트 전 지역의 경찰서에 붙였다. 마침내 물증이 나타났다. 경찰은 회색 콧수염이 난 작은 체구의 남자에게 딸기와 치즈를 팔았던 노점상을 찾아냈고, 에드워드를 데리러가는 것이 늦어지겠다는 전보를 보낸 곳이 웨스턴 유니언 우체국이라는 사실을 알아냈다. 다행히도 웨스턴 유니언 우체국에는 피시가 손으로 직접 쓴 전보 복사본이 남아 있어서 만일 그레이시의 몸값을 요구하는 글이 도착하면 비교해볼 수 있었다. 노점상과 웨스턴 유니언 우체국이 모두 할렘 동부 지역에 있었기에, 경찰은 이 지역에서 그레이시나 '하워드'라는 사람의 인상착의에 맞는 남자가 목격되지 않았는지 샅샅이 조사했다. 그러나 용의자는 나오지 않았고 몸값을 요구하는 편지도 날아오지 않았다.

그로부터 4년 반이 지나 그레이시 버드를 찾을 수 있다는 희망은 거의 사라지고 말았다. 하지만 아무리 가능성이 없어 보여도 결코 포기하지 않는 경찰들이 항상 있는 법인데, 뉴욕 경찰국에서는 윌리엄 킹 형사가 그러했다. 킹은 버드 사건을 끈질기게 물고 늘어졌다. 가끔씩은 범인을 유인하기 위해 사실일 수도 있고 아닐 수도 있는 정보를 언론에 슬쩍슬쩍 흘리기도 했다. 1934년 11월 2일, 킹 형사는 유명한 라디오 진행자인 월터 윈첼에게 버드 사건에 대한 정보를 흘렸다. 윈첼은 방송에서 그레이시 버드 사건의 결정적 실마리가 발견되어 범인의 체포를 곧 앞두고 있다고 보도했다.

윈첼의 라디오 방송이 나가고 열흘 뒤, 버드 가족은 앨버트 피시에게 편지를 한 통 받았다. 그는 편지에서 우선 식인에 대한 일반적인 이야기들을 두서없이 늘어놓고, 자신이 인육을 먹게 된 사연을 지어내 들려주었으며, 마지막으로 자신이 그레이시를 어떻게 죽여서 먹었는지를 자세하게 설명했다. 편지는 이렇게 시작했다.

친애하는 버드 부부께.

1928년 6월 3일 일요일 저는 15번가 406번지에 있는 당신네 집을 방문했습니다. 치즈와 딸기를 들고 갔지요. 우리는 점심을 먹었습니다. 그레이스가 제 무릎에 앉아 저에게 입을 맞췄고요. 저는 그때 그레이스를 먹기로 마음을 굳혔습니다.

이미 제정신이 아니었던 피시는 딴에는 버드 가족을 안심시키겠다고 다음과 같은 말을 덧붙였다. "참고로 저는 그레이시를 강간하고 싶었지만 참았습니다. 그러니까 그레이시는 처녀로 죽은 겁니다."

다행인지 불행인지 버드 부인은 글을 읽을 줄 몰랐다. 그러나 당시 23세였던 에드워드는 어머니에게서 편지를 받아들고 분노로 의식을 잃을 지경이 되었다. 에드워드는 경찰서로 달려갔다. 아직 이 사건을 조사하고 있는 사람은 킹 형사 한 명뿐이었기에 곧장 킹 형사를 찾아갔다.

경찰은 편지를 철저하게 조사하고 남아 있는 전보 기록과 비교 분석했다. 필체가 일치했다. 킹 형사는 또한 봉투 안쪽에 'NYPCBA'라고 적혀 있는 것을 발견했는데, 조사 결과 이것은 뉴욕 개인 고용운전사 자선협회(New York Private Chauffeurs' Benevolent Association)의 상호인 것으로 밝혀졌다. 경찰은 일치하는 필체를 찾으려고 협회 회원 카드를 일일이 대조했고, 킹 형사는 협회에서 제작한 문구류를 사용한 회원이 없는지 찾아보았다. 그 결과 협회의 관리인으로 일하던 리 시스코스키가 문구류를 일부 받았고, 그중 봉투 몇 장은 자신이 쓰고 나머지는 52번가에 있는 자기 하숙집에 갖다주었다는 사실이 밝혀졌다.

킹 형사가 시스코스키의 하숙집 주인을 찾아가 용의자와 비슷한 사람을

본 적이 있느냐고 묻자, 하숙집 주인은 알고 있다고 흔쾌히 대답했다. 용의자의 모습은 앨버트 피시였으며 그는 바로 며칠 전까지도 그녀의 하숙집에서 지냈던 터였다. 킹 형사가 상황을 설명하자 하숙집 주인은 충격으로 말을 잇지 못했다. 하지만 그녀는 피시에게서 다시 연락이 올 거라는 희소식을 들려주었다. 피시의 아들이 아버지에게 이따금씩 돈을 부쳐주고 있었던 모양이라, 피시는 자신에게 오는 편지를 맡아달라고 하숙집에 부탁해두었던 것이다. 그로부터 정확히 한 달 뒤인 12월 13일, 하숙집 주인은 킹 형사에게 연락해 앨버트 피시가 자기 집에 와 있다고 알려주었다. 킹 형사가 도착했을 때 피시는 무릎 위에 찻잔을 올려놓고 조용히 앉아 있었다.

킹 형사가 방으로 들어와 당신이 앨버트 피시냐고 묻자 이른바 '회색 남자'는 자리에서 일어서더니 고개를 끄덕했다. 순간 그는 킹 형사가 미처 체포영장을 꺼내기도 전에 주머니에 있던 면도칼을 휘둘러 킹 형사에게 상처를 입혔다. 그러나 킹 형사는 피시의 팔을 비틀어 올려 수갑을 채웠다.

피시를 제일 먼저 심문할 권한은 당연히 윌리엄 킹 형사에게 주어졌다. 피시는 예상외로 매우 협조적이었다. 피시는 애초에 희생자로 점찍은 것은 에드워드 버드였지만 아름다운 소녀 그레이시를 보자 곧바로 마음이 바뀌었다고 진술했다. 또한 사건을 저지른 장소와 사건의 정확한 내막도 설명했다. 킹 형사는 아연실색해서, 세상 모두가 궁금해하던 질문을 던졌다. 도대체 왜 그런 짓을 했습니까? 피시는 조용히 대답했다. "그건 저도 설명할 수 없지요." 피시는 이후 조사를 받고 재판을 받는 내내 이와 같은 차분함과 냉정함을 유지했다. 그는 자신이 저지른 열 건 이상의 살인에 대해 진술할 때도 한결같이 침착했다.

그다음 날 피시는 범죄현장인 웨스트 체스터 카운티의 폐가로 킹 형사와

경찰들을 인도했다. 아주 약간이지만 그레이시 버드의 잔해가 발견되었다. 피시 역시 그레이시의 잔해를 보았지만 감정적 동요를 전혀 보이지 않았다.

경찰은 피시의 배경을 조사하면서 그가 소년 시절부터 식인 범죄를 제외하고도 많은 범죄를 저질렀다는 사실을 알게 되었다. 피시의 범죄기록은 이미 1903년에 중절도죄 판결을 받은 것으로 시작되었으며, 이후로도 여섯 차례나 체포된 적이 있었다. 그중에는 음란 편지를 보낸 혐의도 포함되어 있었는데, 결국 이들 사건은 각각 기각되었다. 게다가 그는 정신병원에 단기나 장기로 여러 차례 입원했었다. 그러나 살인자이자 아동 식인마였던 앨버트 피시는 매번 "회복되었다."는 진단을 받고 퇴원한 것으로 밝혀졌다.

경찰은 앨버트 피시를 그레이시 버드 살인혐의로 정식 고소하기 전에 마지막으로 해야 할 일이 있었다. 바로 버드 가족을 불러 용의자를 공식 확인하는 일이었다. 이 괴로운 작업은 그레이시의 아버지와 에드워드가 맡기로 했다. 버드 부자가 피시가 묶여 있는 대면실로 들어간 순간, 에드워드는 피시에게 덤벼들며 소리쳤다. "이 늙은 살인마, 죽어!" 킹 형사와 경찰들이 재빨리 손을 써 피시가 다치는 일은 막을 수 있었지만, 피시는 놀랍게도 눈앞에서 벌어지는 소란에 미동도 하지 않았다. 그레이시의 아버지는 이 작은 남자를 잠시 동안 뚫어지게 쳐다보며 "나 몰라?"하고 물었다. 피시는 공손하게 대답했다. "아, 알다마다요. 버드씨 아닙니까."

경찰은 피시를 안전하게 구금해두고, 그가 아직까지 해결되지 않은 아동 관련 범죄사건에 연루되어 있는지 알아보고자 목격자를 수소문했다. 며칠 뒤 목격자들이 나타나기 시작했다. 스태튼 아일랜드에서 목격자가 한 명 나왔다. 목격자는 1924년 7월, 피시가 숲속에서 자기 아들을 납치하려 했다고 진술했다. 그가 진술한 장소는 프랜시스 맥도널이 맞아죽은 채 발견된 지점

에서 200~300미터 떨어진 곳이었으며, 시간은 맥도널 사건이 일어난 지 불과 3일 뒤였다. 브루클린에서 전차를 운전하다 은퇴한 운전기사도 목격자로 나섰다. 그는 1927년, 네 살 된 빌리 개프니를 억지로 태웠던 남자가 앨버트 피시였다고 진술했다. 이밖에도 목격자가 여럿 나와 경찰이 그동안 '회색 남자'를 의심하지 않고 그냥 지나친 여러 사건에 피시가 연루되어 있다는 사실이 밝혀졌다. 1932년, 파 라커웨이 숲속에서 15세 소녀 메리 오코너의 시체가 훼손된 채로 발견된 사건이 발생했는데, 당시 이 숲 근방에 살던 한 목격자가 나타나 역시 피시를 용의자로 지목했다. 이쯤 되자 점점 다가오는 앨버트 피시의 재판일은 그저 요식행위에 불과할 지경이 되었다. 이제 단 한 가지 의문은 이 모든 끔찍한 사건에 책임을 물을 수 있을 만큼 그가 제정신인가 하는 점이었다.

법원은 저명한 정신과 의사 프레드릭 위담에게 피시의 정신감정을 의뢰했다. 위담은 피시를 처음 보고 대부분의 사람들과 똑같은 반응을 보였다. "제 아이를 누군가에게 맡겨야 한다면 안심하고 맡겨도 될 만한 사람처럼 보입니다." 피시는 의사에게 협조적이었고, 이야기하는 것을 즐겼으며, 자신이 살아온 인생과 저지른 범죄에 대해 쉴 새 없이 떠들어댔다. 그런데 그는 이처럼 시종일관 떠들면서도 수사 중 단 한순간도 감정적 평정을 잃지 않았다. 말을 하는 게 아니라 마치 전화번호부를 읽는 것 같았다. 그는 어린 시절과 고통에 대한 자신의 생각을 이야기하면서 이렇게 말했다. "저는 옛날부터 다른 사람에게 고통을 주고 싶었어요. 그리고 다른 사람이 저한테 고통을 주었으면 하고도 바랐지요. 늘 고통스러운 게 좋았어요." 피시는 재판에서 자기 인생에 대해서 이렇게 말하기도 했다. "딱히 살고 싶은 마음은 없습니다. 딱히 죽고 싶지도 않고요. 그냥 거기에 별로 관심이 없어요. 제가

꼭 옳다고도 생각하지 않습니다." 위담은 이 마지막 진술에 흥분하며 스스로 자기가 제정신이라고 생각하느냐고 물었다. 그러자 피시는 대답했다. "글쎄요. 저도 저를 정말 모르겠어요." 피시는 결코 자신이 저지른 짓이 잘못이라고 생각하지 않는 것 같았고, 그런 믿음을 종교적 환상과 연결시켰다. "제가 한 일은 옳은 일이었을 겁니다. 그렇지 않았다면 천사가 와서 저를 말렸겠지요. 성경에서 천사가 (아들을 희생제물로 바치려는) 아브라함을 말렸듯이 말입니다."

위담은 피시가 자신을 고문해온 긴 세월에 대해 털어놓는 것을 들으며 자기 귀를 의심했다. 그는 성기 주위에 빼낼 수 없는 바늘이 박혀 있다는 피시의 주장이 맞는지 확인하려고 엑스레이를 찍어보자고 했다. 그러자 모두에게 충격적인 결과가 나왔다. 피시의 골반에 바늘 29개가 깊이 박혀 있었던 것이다. 오직 피시만이 태연했다. 위담의 보고서에는 피시가 그동안 얼마나 끔찍하게 자기를 고문해왔는지가 잘 나타나 있다. "그는 자기 배설물로 우리가 상상할 수 있는 일은 모두 다 했다. 면 솜에 알코올을 적셔 항문에 넣고 불을 붙이기도 했다. 아동 희생자들에게도 똑같이 했다." 축 처진 콧수염에 작은 체구를 가졌으며 온화해 보이던 남자, 앨버트 피시는 페티시즘을 갖고 있었던 듯하다. 당시는 페티시즘이라는 정신의학 용어가 생기기 전이었다.

위담은 피시의 자백에도 귀를 기울였다. 피시는 23개 주에서 100명 이상의 아동을 죽이고 때로 먹기도 했다고 주장했지만, 위담은 사실상 그가 저지른 살인은 최소 15건이며, 희생자가 생존했지만 신체가 훼손된 사건은 100건 이상임을 알아냈다. 피시는 그때까지 오랫동안 잡히지 않을 수 있었던 것은 흑인 아동을 주요 대상으로 삼았기 때문이었다고 말했다. 그에 따르면 경찰은 백인 아이들이 실종되었을 때와는 달리 흑인 아이들이 실종된 경우에는 큰 관심을 기울이지 않았다고 한다. 안타깝지만 피시의 말은 사실이었다.

비록 피시의 악마적인 페티시즘이 그 정도와 양으로 볼 때 이례적으로 심각하기는 하지만, 위담은 조사를 통해 그가 병력이 있는 가정 출신임을 알아냈다. "친삼촌은 종교적 정신착란을 앓다가 병원에서 죽었다. 배다른 형제 역시 병원에서 죽었다. 남동생은 정신박약아였으며 뇌수종(뇌실이나 거미막 밑에 수액이 지나치게 많이 고이는 증상―옮긴이)으로 죽었다. 고모는 '완전히 미친' 사람이었다고 한다. 형은 만성 알코올 중독자였으며, 누나는 '정신 장애'를 앓았다."

위담은 앨버트 피시가 "아동, 특히 소년을 상대로 한 사도마조히즘 증세가 있으며 성적으로 퇴행 증상을 보이고 있다."고 결론내렸다. 위담은 보고서를 이렇게 마무리했다.

> 앨버트 피시는 극도로 내향적인 성격을 갖고 있으며 정신적 수준이 거의 발달하지 않은 것으로 보인다. 나는 그를 중증 편집증 환자로 진단한다. 피시는 환각 증세를 보이며, 특히 처벌과 죄, 속죄와 종교, 고문과 자기 처벌에 대해 혼란을 겪고 있다. 따라서 옳고 그름에 대해 왜곡되고 비정상적인―굳이 말하자면 '정신이상'이라고 할 수 있는―가치관을 갖고 있다고 볼 수 있다.

그레이시 버드 살인에 대해 1급살인죄로 기소된 앨버트 피시는 1935년 3월 11일 월요일, 뉴욕 화이트플레인스에서 재판을 받았다. 피시의 변호는 변호사 제임스 뎀시가 맡았다. 검찰 측에서는 지방 검사 엘버트 갤러거가 변론을 맡았다.

뎀시의 전략은 간단했다. 피시의 혐의를 반박할 생각은 없었으며, 단지 정신이상을 이유로 사형만은 면해볼 요량이었다. 뎀시는 이 목표를 위해 워담 박사의 보고서에 전적으로 의존했으며, 검사 측 주장을 반박하려고 정신의학자 두 명에게 추가로 도움을 청했다. 한편 검사 측에서는 정신의학자 네 명이 피시를 궁지로 몰 작전을 짜고 있었다.

워담 박사는 그동안 조사한 자료를 발표한 뒤, "이 사건에서 의학적으로, 또한 법적으로 '정상'을 어떻게 규정하는지는 중요하지 않습니다. 왜냐하면 이는 분명 그 경계를 넘어서는 사건이기 때문입니다."라고 마무리했다. 다른 한 명의 피고인 측 정신의학자도 예상대로 이와 비슷한 의견을 냈다.

검사 측 정신의학자들은 모두 뎀시에게 반박할 여지를 주지 않았다. 특히 벨 뷰 병원의 찰스 램버트 박사는 피시는 병원에 입원했던 1930년 이후로 죽 "위험하지 않으며 정상"이라고 주장했다. 학계에서 자기 평판이 이 사건에 달린 램버트는 뎀시에게 아무런 여지도 주지 않을 참이었다. 램버트는 피시가 "정신병 없는 사이코패스"라는 매우 난해한 진단을 내렸다.

뎀시는 반대 심문에서 램버트에게 이렇게 물었다. "이 남자가 이 소녀를 죽였을 뿐 아니라 살점을 먹었다고 가정해보십시오. 이 사람이 9년 동안 인육을 먹었는데도 정신병자가 아니라고 말할 수 있겠습니까?" 램버트는 마치 피시의 넥타이 색깔에 대한 질문에 대답하듯 가볍게 대꾸했다. "취향에는 설명이라는 것이 필요 없지요, 변호사님."

뎀시는 또한 피시의 자녀들을 증인으로 세워 피시가 비록 자기 고문과 종교적 착란 증세를 보이긴 했지만, 다른 한편으로는 얼마나 자상한 아버지였는지를 증언하게 했다. 자식들은 한결같이 아버지가 따뜻하고 부드러운 사람이었다고 인정했지만, 감옥에 있는 아버지를 만나기는 거부했다.

뎀시는 또한 피시가 '연독 산통'을 앓았다는 증거를 제시했다. 연독 산통이란 당시 납이 함유된 물감으로 일을 해야 했던 도장공들에게서 발견되는 직업병으로, 납중독으로 신경세포 및 뇌세포가 파괴되는 병을 가리킨다. 뎀시는 최종 변론에서 배심원단에게 다음과 같은 점을 강조했다. 문제는 바로, 앨버트 피시가 그레이시 버드를 살해하고 훼손했는지 안 했는지가 아니라, 한 사람이 아이를 토막내 먹었는데도 그가 제정신이라고 생각할 수 있느냐는 것이었다.

　증거 제시와 대질심문이 이어졌고, 그레이시 버드의 산산조각난 두개골을 비롯한 여러 증거물이 진열되었다. 열흘 뒤, 재판장은 배심원단에게 평결에 신중을 기해줄 것을 당부했다. 배심원단은 한 시간도 채 되지 않아 평결을 가지고 돌아왔다. 배심원장은 분명한 목소리로 다음과 같이 발표했다. "우리는 피고인에게 유죄를 평결합니다." 정신이상을 이유로 무죄를 주장하려던 뎀시의 계획은 수포로 돌아갔다. 64세의 앨버트 피시는 싱싱 교도소의 전기의자에서 죽음을 맞이할 운명이었다.

　피시는 사형선고를 받고 나서 오히려 판사에게 깊은 감사를 표했다. 나중에 앨버트는 워담 박사에게 "전기의자에서 죽게 되다니 얼마나 흥분되는지 몰라요. 궁극의 전율을 느낄 수 있겠죠? 지금까지 내가 못 해본 건 그것뿐이에요."라고 말했다 한다. 1936년 1월 16일, 앨버트 피시는 '궁극의 전율'을 경험했다. 피시는 무척 들뜬 상태였으며, 간수가 자기 다리에 가죽끈을 쉽게 묶을 수 있도록 도와주기까지 했다. 자녀들이 아버지의 시신을 수습해가기를 거부했기에 앨버트 피시의 시신은 싱싱 교도소 묘지에 묻혔다.

　마지막으로 기존 의학계에 대한 대중의 불신을 잘 보여주는 이야기를 덧붙이겠다. 나중에 배심원단 몇 명은 사실 피시를 정신이상자라고 생각했다고 털어놓았다. 그러나 그가 정신병원에 몇 번 입원했다 퇴원한 적이 있는 만큼, 극악무도한 '회색 남자'가 다시 사회에 발을 디딜 수 없도록 자신들이 할 수 있는 일은 유죄평결뿐이라는 의무감을 느꼈다는 것이다.

10장
최악의 살인마 커플:
오티스 툴과 헨리 리 루카스(1951~1983년)

29세의 오티스 툴과 장차 그의 공범이 되는 42세의 헨리 리 루카스는 플로리다 주 잭슨빌의 한 무료 급식소에서 처음 만났다. 이들은 가장 좋지 않은 의미에서 천생연분이었다. 각자 순탄치 않은 삶을 살아온 두 사람은 첫눈에 서로를 알아보았다. 두 사람은 타락한 삶을 살아왔다는 점에서 상상을 뛰어넘을 만큼 비슷한 점이 많았으며, 각자 이미 살인 전과도 있었다. 흔한 경우로, 그들은 혼자 있을 때보다 함께 다님으로써 훨씬 더 나쁜 결과를 가져왔다. 이들을 가치판단을 배제하고 중립적으로 표현하자면 "대안적인 삶의 방식을 실천하는 경제적 빈곤층" 정도로 말할 수 있을 것이다. 미국인들 대다수는 이들을 그저 '백인 쓰레기(white trash, 가난한 백인을 가리키는 속어—옮긴이)'라고 칭하겠지만 말이다.

오티스 툴과 헨리 리 루카스에게는 다른 식인 살인범들과는 다른, 특이한 점이 있다. 바로 그들이 저질렀다고 자백한 범죄 가운데 얼마만큼이 사실인지, 즉 그중 아예 없었던 일을 꾸며낸 것은 얼마만큼이고, 다른 사람이 저지른 범죄를 자기들이 한 짓인 양 이야기한 것은 얼마만큼인지를 알 수 없다는 것이다. 당사자들이 사망했으니 이제 이 의문은 풀 길이 없다. 따라서 이 장의 내용에는 의문스러운 점이나 모순적인 부분도 있을 수 있다. 하지만 여기서 이야기하는 내용은 모두 당시 오티스 툴과 헨리 리 루카스가 사실이라고 주장한 내용이다.

헨리 리 루카스는 미국 경제공황의 막바지에 버지니아 주 블랙스버그의 빈민가에서 태어났다. 1936년이라면 미국 어디를 막론하고 살기 좋은 해는 아니었지만, 블랙스버그에서 삶이 고된 것은 비단 경제공황 때문만은 아니었다. 루카스의 가족은 마을 변두리의 판잣집에서 살았다. 전기가 들어오지 않았고 전화도 없었으며 수돗물도 나오지 않았다. 루카스가 태어났을 때 그의 집에는 성질 고약한 창녀인 어머니 비올라, 밀주쟁이인 아버지 앤더슨(그는 만취한 상태로 화물열차 아래에 넘어진 다음부터 '다리병신'이라는 별명으로 불렸다.), 비올라의 포주 버니, 그리고 어머니가 낳은 형제 여덟 명(그중 적어도 몇 명은 앤더슨의 아이였다.)이 함께 살았다.

비올라는 아이들과 남편에게 끊임없이 욕을 퍼부으며 야만적으로 때리곤 했는데, 특히 헨리를 괴롭히기를 좋아했다. 아버지 앤더슨은 자기가 만드는 밀주를 아내 몰래 마셔서 매일 술에 취한 상태였고, 루카스는 어머니가 고객들과 성관계하는 것을 억지로 봐야 했다. 보기 싫다고 고개를 돌리면 돌아오는 것은 매질뿐이었다. 한번은 너무 심하게 맞은 나머지 사흘간이나 의식을 회복하지 못해 결국 포주인 버니가 들쳐업고 병원에 간 적도 있었다. 계속 학대를 당하던 루카스는 머릿속에서 '목소리'가 들리며 시끄러운 소리가 난다고 주장하기 시작했다. 앤더슨은 루카스를 비올라와 떼어놓으려고 양조장에서 24시간 일하게 했다. 그 결과 루카스는 열 살 때 이미 알코올 중독자가

됐다. 루카스가 학교에 들어갈 나이가 되자 비올라는 아이에게 치마를 입혀 학교에 보내곤 했는데, 그저 아이가 어떤 일을 당할지가 궁금해서였다. 루카스를 맡았던 담임교사가 나중에 회상하기를, 루카스는 지저분하고 영양상태가 형편없었으며 정서가 심각하게 불안한 아이였다고 했다. 루카스가 5학년 때 퇴학을 당한 것도 별로 놀라운 일은 아니었다.

루카스는 할 일이 별로 없었기 때문에 포주 버니와 많은 시간을 같이 지내게 되었다. 버니는 루카스에게 동물을 고문하고 죽이기 전이나 죽인 후에 강간하는 법을 가르쳐주었다. 십대 초반이 되자 이런 성적 관심이 더욱 확대되어 루카스는 그저 심심풀이로 의붓 남동생을 강간하기 시작했다. 아버지가 눈더미 속에서 얼어 죽자 상황은 더욱 나빠졌다. 집에 루카스를 돌봐줄 사람도 아무도 없고 집에서 해야 할 일마저 없어지자 루카스는 동네를 싸돌아다니며 못된 짓을 하기 시작했다. 나중에 자백하길, 그는 15살 때 린치버그에서 한 십대 소녀를 때리고 목 졸라 죽인 다음 강간하고 근처 숲에 시체를 유기했다고 했다. 1983년, 루카스의 이 자백으로 인해 17세 소녀 로라 번리 실종사건의 전모가 급기야 밝혀진 것이다.

루카스는 범죄를 저질러 체포되고 청소년 보호소를 들락거리기를 반복하며 살았는데, 그 사이에 한쪽 눈의 시력을 잃기도 했지만, 삶의 방식이나 겉모습에는 변화가 없었다. 1959년, 당시 23세의 루카스는 누나와 함께 미시간에 살고 있었는데, 어머니가 찾아와 루카스에게 버지니아로 돌아가 함께 살자고 했다. 어머니와 같이 살게 된 루카스는 술을 지나치게 많이 마시고 고함을 지르는 등 끊임없는 갈등을 빚었다. 그러던 어느 날 어머니가 루카스를 빗자루로 때리자 흥분한 루카스는 칼을 가져다 어머니를 찌르고 말았다. 루카스는 74세였던 노모의 시체를 강간한 후 도망쳤다. 루카스는 5일

뒤 오하이오 주 톨레도에서 체포되었으며 범행사실을 전부 자백했다.

어머니를 죽인 죄로 20년에서 40년 징역형을 선고받고 나서 루카스는 간수에게 머릿속에서 다시 '목소리'가 들린다고 말하기 시작했다. 자신을 죽인 죗값을 자살로 치르라고 하는 어머니의 목소리가 들린다는 것이었다. 그는 두 차례 자살을 시도한 뒤 이오나 주립 정신병원으로 이송되어 '자살 사이코패스(suicidal psychopath)', '사디스트', '성도착자'라는 진단을 받는다. 병원에 입원해 4년 반 동안 약을 먹고 전기 충격 치료를 받았지만 상태는 오히려 더 나빠지기만 했다. 1970년 4월, 가석방의 기회를 얻은 루카스는 가석방 위원회로부터 심사를 받았다. 루카스는 당시를 이렇게 회상했다. 가석방위원회 위원들이 "자, 루카스씨 질문 하나 하겠습니다. 만일 가석방되면 다시 살인을 저지르겠습니까?"라고 묻자 그는 "당연하죠! 저를 지금 풀어주신다면 사람을 또 죽이겠습니다."라고 대답했다고 한다. 그러나 석 달 뒤, 루카스는 거리를 활보할 수 있게 되었다.

루카스는 출소하면서 간수들에게 "교도소 문 앞에 선물 두고 갈게요."라는 말을 남겼다. 그는 출소하던 날 여자 두 명을 죽여 시체를 감옥 담장 밑에 놓고 왔다고 나중에 주장했지만, 이러한 범죄에 대한 증거는 발견되지 않았다. 사실 여부는 확인할 수 없지만, 루카스는 일단 풀려나자 강도와 강간, 살인을 저지르기 시작했으며, 이따금씩 철창 신세도 졌다. 그렇게 지내던 1975년 말, 플로리다 주 잭슨빌 지역에 살고 있을 때 그는 오티스 툴을 만난다.

오티스 툴의 고향인 잭슨빌은 대다수 관광객이 플로리다 하면 떠올리는 화창한 느낌과는 정 반대인 곳이었다. 1949년, 툴이 태어났을 때 잭슨빌은 플로리다의 다른 지역과 마찬가지로 아직 시골이었고 가난한 지역이었다.

엄청난 관광수입은 마이애미, 세인트피터스버그, 포트 로더데일에만 해당되는 이야기였다. 잭슨빌은 강경하고 극도로 근본주의적인 그리스도교가 우세한 곳이었다. 이곳 사람들이 믿는 그리스도교는 사랑과 용서의 하느님이 아니라 '분노하는 하느님', '지옥의 유황불로 다스리는 하느님'을 섬겼다. 오티스 툴의 가족은 아주 가난해 굶기를 밥 먹듯 했고 글도 잘 읽지 못했다. 이에 더해 루카스의 가족처럼 툴의 부모 역시 알코올 중독자였기 때문에 상황은 더욱 나빴다.

오티스 툴은 가난과 굶주림 속에서, 그리고 알코올 중독자인 어머니 밑에서 자라며 충분히 성장하지 못했음이 분명하다. 지능검사 결과 그의 지능지수는 정신지체에 가까운 54에서 75 사이로 나왔다. 나중에 조사된 바에 따르면 툴은 주기적인 발작으로 인해 '전두엽 및 변연계 대뇌 손상'을 입었으며 가끔씩 의식을 잃는 일도 있었다고 한다. 특수교육을 받기도 했지만 중도에 포기하고 8학년에서 낙제를 받았다.

이밖에도 오티스 툴이 나쁜 길로 빠질 수밖에 없게 만든 또 다른 요소가 있다면 그것은 식구 중 일부가 종교를 이상한 방식으로 받아들이고 있었다는 점이다. 툴은 종교에 대해 이렇게 말했다. "만일 하느님을 믿는다면 그건 악마도 믿는 거예요. 악마를 믿는다면 신을 믿는 거고요." 툴의 가족은 자기들이 신봉하는 이러한 신성한 힘이 지극히 올바른 것이라고 생각했다. 일부 자료에 따르면 툴의 할머니는 악마 숭배자였으며 예배에 쓸 시체를 찾아다닐 때 어린 오티스를 데리고 다니기를 좋아했다고 한다. 악마 숭배 예배에 참석한 사람들은 시체를 훼손할 뿐 아니라 인육을 먹고 난잡한 섹스 파티를 열었다고 전해진다.

툴은 이처럼 어린 시절에 이상한 종교를 경험했기 때문인지, 아니면 뇌

손상과 관련된 화학적 불균형 때문인지 늘 불을 좋아했다. 처음에는 점점 단지 불에 관심이 많았을 뿐인데 관심이 더욱 커져 급기야 심각한 방화벽을 갖게 되었다. "불이 크게 나면 날수록 그만큼 흥분됐어요." 게다가 툴이 사회에 받아들여지기 더욱 힘들었던 것은 그가 동성애자이자 복장 도착자였기 때문이다. 툴은 한번은 여자에 대한 감정을 이렇게 내뱉었다. "해봤는데, 별로 안 좋더라고요." 잭슨빌의 그리스도교 근본주의적인 분위기에서 이러한 태도는 아마도 받아들여지기 매우 힘들었으리라.

툴은 대다수 사람들의 가치관과는 전혀 다른 가치관을 가진 채 싸구려 술과 마약에 탐닉하게 되었다. 처음에는 어머니의 수면제를 훔쳐먹었고, 그 후로 구하거나 훔칠 수 있는 약이라면 뭐든 가리지 않고 먹기 시작했다. "아, 제기랄! 그러니까 난 다 먹어요. 손에 잡히는 건 뭐든지 먹어요. 뽕 가게 만들어주는 건 다 먹는다고요."

십대 초반 무렵 툴은 아무데나 불을 지르고, 여자 옷을 입고 거리에서 몸을 팔며, 그 돈으로 술과 약에 빠져 문란한 삶을 살고 있었다. 180센티미터의 키에 빼드렁니, 앞으로 튀어나온 귀를 가진 툴이 어떻게 손님을 끌었는지는 도무지 알 수 없지만, 그가 1963년까지도 성매매를 했던 것은 사실이다. 1963년, 그 지역을 여행하던 한 남자가 14살이었던 툴을 차에 태우면서 사건이 발생했다. 툴은 약에 취해 있는 상태에서 지루함을 느꼈기 때문인지, 아니면 그냥 단지 정신이 이상해져서인지, 갑자기 마음을 바꿔 남자를 자기 차로 치어죽였다. 툴은 당시 사건 현장에서는 무사히 도망쳤지만, 몇 년 뒤 몰래 잭슨빌로 돌아왔을 때는 이미 네 건의 살인사건에 대해 용의자로 지목되어 있었다.

1976년 말, 헨리 리 루카스와 오티스 툴은 둘 다 위태위태한 삶을 유지하

며 잭슨빌에 살고 있었다. 그들은 마시는 술값을 치를 돈도, 직업도 없고 돈을 훔치거나 사람을 죽일 여력도 없는 처지가 되자 노숙자 보호소에서 끼니를 때웠다. 어느 날 두 사람은 무료 급식소에서 같은 줄에 서게 되고, 우연히 대화를 나누게 되었으며, 자기들이 너무나 많은 공통점을 갖고 있다는 사실에 놀라게 된다.

루카스는 당시 길바닥이 아니면 노숙자 보호소에서 자는 형편이었기 때문에 툴은 그를 잭슨빌 스프링필드에 있는 자기 집으로 초대한다. 툴은 어머니와 당시 어머니의 동거인, 조카인 프랭크와 베키 파월, 그리고 아내 노벨라와 함께 살고 있었다. 툴이 루카스를 데리고 나타났을 때 놀란 사람은 아무도 없었다. 툴은 언제나 남자를 데려와 성관계를 가졌기 때문이다. 때로는 돈을 받았고, 때로는 받지 않기도 했다. 모두들 루카스의 출현에 잘 적응하는 것 같았다. 노벨라는 밖으로 나가 이웃들과 함께 지냈고 루카스는 약간 정신지체 증상을 보이는 베키 파월과 놀며 툴의 침대에서 시간을 보냈다. 그러나 좋은 생활도 지루해지는 법이어서, 루카스와 툴은 곧 더 재미있는 것을 찾아간다며 집을 떠났다.

그들은 여러 주를 전전하며 차를 훔치고 사람을 죽이고 물건을 훔쳤다. 경비가 허술해 보이는 곳은 어디든 털었다. 가장 쉬운 곳은 편의점이었지만, 가끔은 단순히 재미로 은행을 '싹쓸이' 하기도 했다. 때로는 차를 빼앗으려고 사람을 죽였고 때로는 강간을 하려고 죽였으며 가끔은 그저 재미로 죽이기도 했다. 또 히치하이커들을 차에 태운 다음에 죽이는 것이 너무 더디게 느껴질 때는 그대로 들이받고 계속 차를 몰았다. 모든 것이 그저 재미삼아서였다.

한번은 편의점을 털면서 루카스가 여자 점원을 죽이고, 툴이 시체를 강

간할 동안 기다렸다. 나중에 루카스는 여자 점원이 죽은 것은 자업자득이라고 했다. 시킨 대로 조용히 엎드려 있었으면 좋았을 걸, 말을 듣지 않았다는 것이다. 반면 툴은 루카스와 달라서 총을 쏘기 전에 미리 위협을 주는 절차 따위는 개의치 않았다. 루카스의 말을 그대로 옮기면 이렇다. "자, 보세요. 그게 바로 오티스와 제 차이예요. 오티스는 내키면 그냥 죽여버리죠. 하지만 전 적어도 처음에는 경고를 한다고요. 그 자식은 세상에서 가장 악독한 살인마예요."

가게를 터는 것도 터는 것이었지만, 이 살인자 한 쌍에게 가장 큰 기쁨을 주는 것은 대로변에서 사건을 저지르는 것이었다. 히치하이커를 태우기도 했고, 또 어떤 때는 자기들이 히치하이커로 위장하기도 했다. 툴이 여성 복장을 할 때도 있었고 그렇지 않을 때도 있었다. 희생자를 유인해 경계를 풀게 할 수만 있다면 무슨 짓이든 했다. 툴은 나중에 이렇게 설명했다. "히치하이커를 많이 태웠죠. 그리고 여자일 때는 헨리가 직접 죽였어요. 머리나 가슴에 총을 쏴서 죽이기도 했고 목 졸라 죽이기도 했어요. 둔기로 머리를 내려쳐 죽인 적도 있고요." 루카스는 좀 더 심드렁한 태도를 보였다. "그냥 차에 태운 사람들은 다 죽였어요." 루카스가 사람을 죽인 데는 피해자가 자기들을 알아볼 수 없게 하려는 이유 이외에 또 다른 뜻이 있었다. 그는 섹스를 무척 좋아했는데, 살아 있는 사람이 아니라 시체와 섹스하는 것을 더 좋아했기 때문이다. "살아 있는 여자는 저한테 아무런 의미가 없어요. 살아 있는 여자랑 할 때보다 죽은 여자랑 할 때가 더 좋아요."

하지만 루카스는 점점 여성에게 적응해갔다. 한번은 둘이 텍사스 I-35번 주간 고속도로를 달리던 중 엄지손가락을 치켜들고 있는 젊은 남녀를 발견했다. 젊은 남녀는 차에 기름이 다 떨어져 히치하이킹을 하고 있던 참이었

다. 툴은 차를 세우고 차 밖으로 나와 남자의 머리와 가슴에 총 아홉 발을 쏜 뒤 시체를 하수구로 굴려보냈다. 한편 루카스는 겁에 질린 여자를 뒷좌석에 태운 뒤 강간했다. 툴은 루카스가 자기 이외의 살아 있는 사람과 섹스하는 것이 싫었기 때문에 차를 세우고 여자를 차 밖으로 끌어냈다. 그러고는 여자에게 총을 여섯 발 쏜 뒤 시체를 그 자리에 버려두고 계속 가던 길을 갔다.

피해자가 그들에게 죽임을 당했건, 죽기 전이나 후에 성적인 모욕을 겪었건, 그것은 툴이 가장 즐기던 시체 유기 방식에는 비할 바가 아니었다. 그들은 공식적으로는 식인 혐의를 받지 않았지만, 툴은 인육을 바비큐로 만들어 먹은 은밀한 즐거움을 결코 숨기려 하지 않았다. 루카스도 가끔은 이 역겨운 식사에 동참했지만, 대개는 먹지 않았다. 루카스가 툴의 식인에 동참하지 않은 것은 사람을 먹는 것을 꺼려서가 아니라 툴의 요리법이 마음에 들지 않았기 때문이다. 루카스는 "저는 바비큐 소스가 싫어요."라고 말했다.

오티스 툴은 1996년 사망하기 직전, 빌리 밥 바튼 기자와 인터뷰를 했는데, 대화 도중 그의 식습관이 주제로 나왔다. 기자가 툴이 어린 소년들을 좋아했다는 이야기를 들었다고 말하자, 툴은 신이 나서 설명했다. "전 제가 먹을 건 직접 구했어요. 우선 밖으로 나가서 어린 아이를 구해와요. 아이를 붙잡아서 묶은 다음 재갈을 물리고 차 트렁크에 넣어서 집으로 데려가죠." 그는 소년을 강간한 과정을 자세히 설명한 뒤 피해자를 손질해서 요리해 먹는 과정을 계속 설명했다. "우선 옷을 다 벗겨요. 그리고 발목을 잡고 거꾸로 매달아요. 그다음에 칼로 목을 따죠. 배를 가르고 창자, 간, 심장을 꺼내요. 그리고 머리를 댕강 잘라버려요. 그러면 피가 줄줄 흐르거든요? 그래서 구덩이 위에서 했죠. 바비큐 굽는 구덩이 위에서요. 피가 숯 위로 떨어지면 연기가 많이 나지 않거든요. 그다음엔 시체를 내려놓고 쇠꼬챙이를 가져와요.

꼬챙이를 항문으로 집어넣어서 몸을 통과해 목으로 나오게 하면 되죠. 그렇게 해서 불 위에 얹어놓고 구우면 겁나게 맛있어요."

툴은 어린아이의 고기 맛에 대해 질문을 받자 봇물 터진 듯 대답을 늘어놓았다. "새끼 돼지 구이하고 맛이 똑같아요. 여덟 살에서 열 살 사이의 애들은 남자애들이나 여자애들이나 맛이 거의 차이가 없어요. 하지만 십대가 되면 맛이 조금 달라지죠. 십대 애들의 경우는 남자애들이 여자애들보다 냄새가 나요. 나한테 14살짜리 남자애 고기하고 여자애 고기를 줘봐요. 귀신같이 알아맞힐 수 있다고요. 십대들은 구우면 맛이 끝내주죠. 전 십대 애들 엉덩이 구운 걸 특히 좋아해요. 어린 애들일수록 갈비가 맛있는 거 같아요. 육즙도 많고 아주 맛있죠. 선생님도 한번 먹어봐야 하는데. 사람들은 돼지고기도 먹고 쇠고기도 먹고 말고기도 먹잖아요. 저는 사람고기를 좋아할 뿐이에요. 그것도 좋은 고기예요. 안 먹어봤으면 맛없을 거라고 하지 말아요. 아마 선생님도 좋아할걸요."

툴은 얼마나 많은 사람을 죽여서 먹었냐는 질문을 받자 이렇게 대답했다. "죽여서 저 혼자 다 먹은 거요? 아니면 죽이긴 제가 죽이고 먹기는 헨리랑 같이 먹은 거요?" 기자는 거기까지는 생각지 못했기에 그저 다 합친 숫자가 어떻게 되냐고 물었다. 그러자 툴은 대답했다. "아, 글쎄…… 한 150명 정도?"

루카스와 툴 사이의 대화가 기록되는 동안 다시 식인 이야기가 나오자 툴은 이렇게 말했다. "그리고 너도 기억나겠지만 한번은 네가 뼈에서 살점만 발라내 먹었잖아. 나도 그랬고. 그 위에 바비큐 소스를 뿌려먹으니까 진짜 맛있었어. 그렇지?" 그러자 루카스는 자기는 대체로 바비큐 소스를 싫어하며 특히 툴이 만든 소스는 더 싫어했다고 재차 강조했다.

루카스와 툴이 미국 전역을 돌아다니며 고속도로상에서 사람을 죽이고 먹은 행위가 아직 충분히 혐오스럽지 않다면, 이들이 돈 메테릭이라는 남자를 만나 벌인 일에 대해 들어보자. 툴과 루카스에 따르면 메테릭은 '죽음의 손'이라는 악마 숭배교를 믿었다. 툴과 메테릭이 이미 오래전부터 알고 지내던 사이라고 말한 것을 보면 어린 시절 툴이 참여했던 악마 숭배 의식에 메테릭이 연관되었던 것이 아닌가 하는 생각이 든다. 아무튼 어른이 되어 다시 만난 메테릭은 툴과 루카스에게 자신의 종교의식에 관심이 있으면 1만 달러를 내고 참여할 수 있다고 알려주었다. 툴과 루카스는 이미 순전히 장난으로 그와 비슷한 일을 하고 있었던 터라 흔쾌히 동의했다. 비밀 종교 집단이 대개 그러하듯 '죽음의 손' 역시 모든 의식을 비밀에 붙일 것을 요구했다.

메테릭은 마치 B급 공포영화에서처럼 플로리다 에버글레이즈 습지 깊숙이 툴과 루카스를 데려갔다. 그곳에는 한 무리의 사람들이 모여 악마 숭배식을 거행하고 있었다. 메테릭이 루카스와 툴을 소개하자 누군가가 그들에게 사람을 직접 죽여보게 하라고 요구했다. 그들이 이 의식에 충분히 적응했다는 것을 증명하기 위해서라고 했다. 루카스는 희생자들을 해변으로 끌고 가 가져간 위스키 한 병을 단숨에 비우게 한 다음, 희생자의 한쪽 귀에서 다른 쪽 귀까지 칼로 그어 아주 깨끗하게 목을 땄다. 루카스의 말에 따르면 "그 술이 목에서 막 쏟아져나왔다."고 한다.

희생자가 '죽음의 손' 종교 예식에 준비된 대로 쓰이고 나면 신도들은 시체를 요리해 먹었다. 나중에 툴은 갓 잡은 인육을 먹는 '죽음의 손' 예식에서 자신이 가장 좋아했던 대목을 다음과 같이 이야기했다. "자지하고 불알을 잘라내서 작은 스튜 그릇에 넣어요. 요리하는 사람이 그걸 수프나 스튜

처럼 끓여요. 수천 년 동안 이어져온 비법이죠. 불알은 튀겨먹으면 맛이 정말 끝내줘요. 프라이팬에 밀가루 물을 약간 입혀서 튀겨요. 그게 진짜죠. 얼마나 바삭바삭한지 몰라요. 오독거리는 맛 같아요. 갓 튀긴 불알은 제가 제일 좋아하는 음식이에요……. 저는 원래 갈비 부분을 아주 좋아하지만 예식 때 나오는 것은 가리지 않고 다 먹었어요."

'죽음의 손'은 성차별적인 종교가 아니었으므로 쉽게 상상할 수 있듯 처녀를 제물로 바치는 것이 예식의 핵심이었다. 다시 툴의 생생한 설명을 직접 들어보자. "예식을 하는 중이었어요. 제물로 바치려고 어린아이들을 몇 명 잡아왔어요. 저는 죽음의 손 종교 예식이 좋았어요. 예식이 끝나면 시체를 저한테 주거든요. 그러면 시체와 섹스를 했어요."

툴은 이 모든 기이한 행위가 일어난 곳이 어디냐는 질문을 받자 멕시코의 한 농장이었다고 대답했다. 메테릭의 부탁을 받고 루카스와 같이 멕시코에서 텍사스까지 가서 소녀와 여자들을 납치해오기도 했다고 말했다. '죽음의 손'이라는 종교가 실제로 존재하는지는 공식적으로 입증되지 않았지만, 신기하게도 찰스 맨슨이나 '샘의 아들' 데이비드 버코위츠 같은 유명한 살인마들이 자신들이 저지른 범죄를 이야기하며 이 종교를 언급한 적이 있다.

루카스와 툴이 정확히 언제부터 '죽음의 손'교를 접하게 되었는지는 밝혀지지 않았지만, 그들이 메테릭과 관계를 끊은 것은 툴의 어머니와 누나가 죽은 해인 1981년쯤으로 보인다. 툴은 특히 조카인 프랭크와 베키 파월을 돌봐줄 사람이 아무도 없어 아이들이 소년원에 보내진 것을 알고 무척 괴로워했다. 그들은 플로리다로 돌아가 소년원에서 조카들을 빼낸 뒤 데리고 다니기 시작했다. 그리고 루카스는 얼마 안 가 정신지체 증상이 있는 베키—당시 열두 살이었다.—와 깊은 관계를 맺게 되었다. 루카스는 순전히 정신

적인 관계였다고 주장했는데, 이것이 그가 실제로 아이를 존중했기 때문인지 아니면 그저 살아 있는 사람과는 성관계를 맺지 않는 습성 때문인지는 분명하지 않다. 그러나 어느 쪽이 사실이건 루카스와 베키의 관계는 툴과의 애정 관계에 큰 부담으로 작용했고, 결국 둘은 갈라서기에 이른다. 그리고 루카스는 베키와 함께 캘리포니아로 떠난다.

툴은 가장 친한 친구와 조카에게 배신당했다고 느낀 나머지 광기에 사로잡혀 살인과 방화를 저지르기 시작했다. 1983년, 툴은 고향인 플로리다에서 체포되어 방화 및 살인혐의를 받고 재판을 앞두고 있었다. 툴은 감옥 안에서 전문적인 정신감정을 받았는데, 1985년에 발표된 보고서는 오티스 툴에 대해 다음과 같이 기술했다.

> 이러한 범죄를 미리 계획했을 능력이 없는 것으로 보이며, 충동에 의해 범죄를 저지른 듯하다. 그는 범죄를 저지를 당시 옳고 그름에 대한 일말의 지각도 없이 항상 오직 그 순간의 충동에 따라 행동했다. 그에게 삶이란 무의미 그 자체이며, 살아 있는 사람과 죽은 사람 사이의 구분도 거의 무뎌진 상태다. 따라서 그에게 사람을 죽인다는 것은 보통 사람들이 귀찮게 구는 파리를 때려죽이는 것과 다를 바 없다. 그는 삶과 죽음의 구분을 대수롭지 않게 여기며, 자신도 죽은 상태라고 생각하고 있다. 그는 정신지체자이자 문맹으로, 아주 어릴 적부터 아무런 통제를 받지 않고 자랐다. 약물에 극심하게 의존하고 있으므로, 감옥의 엄중한 보호가 없는 바깥 사회에서는 그 어떤 조건하에서도 안전하지 않을 것이며, 어쩌면 감옥 안에서도 안전이 보장되지 않을 수 있다. 또한 신경에 손상을 입었으며, 전두엽 손상을 입은 것이 명백하고, 정신감정 결과 다른 신경적 결함도 있는 것으로 보인다. 충동을 억제하는 능력

이 심각하게 손상된 경우의 대표적인 예다.

툴은 충동억제능력이 없다는 이유로 사형은 면했다. 그러나 살인과 방화에 대해 6회의 종신형을 선고받았다. 툴은 엄격한 감시를 받고 규칙적인 식사를 하고 소라진이나 다일랜틴 같은 항정신성약물을 복용하며 점차로 균형 감각을 되찾아갔다. 그리하여 결국 물리적인 구속 없이도 규칙적인 생활을 할 수 있을 정도가 되었다. 한편 루카스와 베키는 미국 서부를 떠돌아다니고 있었다.

베키는 루카스가 살인을 저지르는 데 개의치 않았던 모양이지만, 결국 주변으로부터 그리스도교를 권유받고 이해하기 시작하면서 어느새 종교 모임에 나가게 되었다. 루카스는 이에 바로 위협을 느끼고 베키를 들판으로 끌고 가 칼로 찔러 죽였다. 루카스는 베키의 시체를 토막내기 전에 처음으로 성관계를 가졌다. 루카스는 베키가 살아 있을 때는 결코 성관계를 맺지 않았다고 주장했다. 베키와 루카스에게 쉼터를 마련해주었던 나이든 여성들이 베키가 사라진 것을 눈치채자 루카스는 이들에게도 베키와 똑같은 처방을 내렸다. 숲에서 불에 태우는 시체의 수는 점점 더 늘었다.

핏자국은 점점 길어져만 갔지만, 놀랍게도 루카스는 1982년에 두 건의 살인혐의로 구속되어 조사를 받고도 증거 불충분으로 풀려났다. 마침내 1983년 1월, 루카스는 소형 총기 불법 소지 혐의로 구속되었는데, 일단 구속되자 또 자백에 몰두해 자신이 알고 있는 것, 알고 있다고 생각하는 것, 그리고 상상할 수 있는 것을 모조리 털어놓기 시작했다. 처음 털어놓은 것은 베키 파월과 케이트 리치의 죽음에 대한 것이었다. 케이트 리치는 갈 곳 없는 베키와 루카스에게 잘 곳을 마련해준 여성이었다. 루카스는 베키의 살인

에 대해 유죄판결을 받은 뒤에 검사에게 변론이 아주 뛰어났다며 인사치레까지 했다.

 루이지애나 먼로에 있는 감옥에 엄중히 감금된 루카스는 그 이후로 입에 담지 못할 범행사실을 끝없이 자백하기 시작했다. "사람을 목 졸라 죽인 적이 있어요. 차로 치어 죽인 적도 있고요. 총도 쏘고, 돈을 빼앗고, 목을 매달아 죽이기도 했어요. 하여간 안 해본 살인이 없다니까요." 한동안은 모두가 헨리 리 루카스가 정말 기록에 남을 대량학살을 저지른 살인마인지 아니면 그저 말을 지어내는 데 재미가 들린 사람인지 갈팡질팡했다. 그러나 열심히 일하는 경찰이라면 이러한 정보를 그냥 흘려버릴 리 없었다. 결국 헨리 리 루카스는 미국 전역에서 경찰들의 연락을 받기 시작했다. 1983년 10월, 형사들은 루카스와 툴이 적어도 69건의 살인사건에 연루되었음을 확신하게 되었다. 다음 해 1월, 루카스는 열 건의 살인사건에 대한 추가 혐의를 자백했다. 1985년 봄, 루카스의 자백에 따라 90건의 살인사건이 해결되었다. 루카스의 자백에 툴과 함께 저지른 범행까지 더해지자 이들이 저지른 범행의 숫자는 198건으로 늘어났다. 공식적인 유죄판결을 받은 것은 베키와 케이트 리치 살인을 비롯한 30건에 대해서였지만, 헨리 리 루카스가 사형을 선고받은 사건은 '오렌지색 양말—이는 신원이 밝혀지지 않은 희생자가 발견 당시 몸에 걸친 것이 그것뿐이었기 때문에 붙은 가명이다.—'로 알려진 어떤 여성을 살해한 건뿐이었다.

 헨리 리 루카스는 사형이 집행되기 전까지 감옥에 있던 몇 해를 미국 전역에서 자신을 찾아온 경찰과 연방수사국(FBI) 요원들에게 범죄사실을 자백하는 것으로 보냈다. 루카스가 자백한 사건이 600건 정도에 달했을 즈음에는 마치 자백의 그의 전문직처럼 보일 정도였다. 툴이 연루된 사건에 대해서는 멀리 떨어진 플로리다에 있는 툴이 기억을 최대한 되살려 루카스의 이야기를 자세히 보충해주었다.

그러나 루카스는 돌연 모든 것이 거짓말이었다고 선언했다. "자료를 다 훑어봤지요. 사진이며 뭐며 살인사건에 관련된 건 다 봤어요. 여기저기서 찾아온 형사들에게 전 그저 머릿속에 있는 걸 말한 것뿐이에요." 갑자기 지금까지의 자백이 모두 거짓이었다고 주장하는 것은 분명 사형을 앞당기는 짓이었다. 그렇다면 그는 왜 자백을 번복했던 것일까? 루카스 자신의 말에 따르면 바로 종교를 찾았기 때문이라고 한다. "난 성인(聖人)까지는 안 되지만, 그래도 천국에 갈 거라고 믿어요."

한편 플로리다에 있던 툴은 루카스의 변심을 다르게 설명했다. "헨리는 지금 모든 걸 다 부정하고 싶을 거예요. 왜냐하면 죽기 싫으니까. 저도 사형 당하는 게 정말 무섭거든요. 그러니까 전 헨리의 진심을 알 수 있어요. 헨리는 사람을 많이 죽였어요. 제가 알죠. 같이 있었으니까. 제가 살인을 도왔으니까요. 여기 감옥에는 제가 원하는 게 다 있어요. 딱 한 가지 없는 게 있다면 자유겠지요. 고속도로를 내달리며 이 동네 저 동네 들러 돈을 털고 사람을 죽일 수 있는 자유요. 그게 얼마나 짜릿한지 모를 거예요. 입맛이 당길 때 남자아이 하나 잡아서 구워 먹을 수 있으면 좋으련만. 저는 바비큐가 좋아요.······ 저한테 편지 보내고 싶은 사람, 그리고 우리 고향에서 바비큐 소스를 어떻게 만들어 먹는지 궁금한 사람이 있으면 제가 공짜로 적어서 보내줄 게요. 답장할 수 있게 우표만 몇 장 보내라고 해요."

1996년 9월 15일, 오티스 툴은 간경화로 감옥에서 죽었다. 나이 47세였다.

헨리 리 루카스는 당시 텍사스에서 복역 중이었으며, 1998년 6월 30일,

'오렌지색 양말' 여성에 대한 살인죄로 사형날짜를 받아놓은 상태였다. 그런데 절묘하게도 그 사흘 전인 6월 27일에 주지사 조지 W. 부시가 사형집행을 연기했다. 그것도 증거 재조사를 위한 일시적 유예가 아니라 영구적인 연기였다. 부시는 살인이 일어났을 당시 루카스가 현장에서 수백 킬로미터 떨어진 곳에 있었다는 새로운 증거가 나왔기 때문에 이러한 결정을 내렸다고 설명했다. 헨리 리 루카스가 저지른 살인의 숫자를 참고하면, 그리고 부시가 당시 주지사 임기 동안 살인으로 유죄판결을 받은 죄수 152명을 사형에 처한 것을 생각하면 매우 이례적인 결정이 아닐 수 없다. 헨리 리 루카스는 2001년 3월 11일, 64세의 나이로 죽었다. 우리는 루카스와 툴이 실제로 얼마나 많은 사람을 죽였는지, 그리고 오티스 툴이 얼마나 많은 아이들을 먹었는지 영원히 알 수 없을 것이다.

# 11장
할리우드에서 가장 유명한 사이코 킬러:
에드 게인(1954~1957년)

1950년대에 위스콘신 주는 미국의 다른 주들과 마찬가지로 전형적인 소도시였다. 사람들은 아직 농사를 지었고, 교회에 갔으며, 〈나는 루시를 좋아해(I Love Lucy, 당시 인기 있던 미국의 텔레비전 시리즈—옮긴이)〉 같은 텔레비전 프로그램을 즐겨 보았다. 또한 투표에 열심히 참여했으며, 이웃을 도울 일이 있으면 도와주고 그렇지 못할 때는 함께 슬퍼해주었다. 그러나 1957년, 에드 게인 사건이 전국적으로 뉴스에 보도되면서 위스콘신의 한 마을, 나아가 미국의 상황은 달라졌다. 그 이후로 사실상 미국이라는 나라 자체와 미국을 바라보는 시선은 더 이상 전과 같을 수 없었다.

    에드워드 게인은 1906년 위스콘신 주 라크로스에서 아버지 조지와 어머니 어거스타의 둘째 아이로 태어났다. 형 헨리는 게인보다 일곱 살 위였다. 당시 거의 모든 사람들이 그러했듯 게인의 가족 역시 독실한 그리스도교 가족으로서, 많은 사람들과 어울리지 않았다. 그러나 이 집의 경우는 그것이 단지 타인의 사생활을 존중하기 때문만은 아니었다. 지나치게 엄격한 어머

니였던 어거스타는 집안에서 가장 목소리가 컸는데, 당시 많은 이들과 마찬가지로 그녀 역시 바깥세상의 사람들은 돌이킬 수 없는 죄를 지은 사람들이므로 무슨 수를 써서라도 피해야 한다고 굳게 믿었다.

게인의 아버지가 아내만큼 강한 성격의 소유자였다면 아내의 지나친 신앙심을 제어할 수 있었을지 모르지만, 그는 폭군 같은 아내에게 분노를 표현하기보다는 술로 잊으려고 애쓰는 심약한 사람이었다. 그 결과 어거스타는 두 아들을 혼자 기르다시피했다. 그녀는 아들들이 안전하고 순수하게 자라주기를 바라는 마음에 시시때때로 성경 구절을 언급하며 아이들을 심하게, 그것도 거의 쉴 새 없이 나무랐다. 특히 성경 말씀을 어기면 반드시 지옥에 떨어져 천벌을 받는다고 강조했다. 또한 아이들이 죄악으로 가득 찬 바깥 세계를 최대한 접하지 않는 것이 가장 좋다고 생각했다. 그러나 어거스타가 아무리 노력한들 아이들을 '더러운 하수구' 같은 바깥세상에서 완전히 보호할 방법은 없었다.

1914년, 어거스타는 라크로스에 있던 가족 소유의 작은 식료품 가게를 팔고 플레인필드 외곽으로 11킬로미터 떨어진 외진 농가로 이사했다. 농장은 640헥타르나 되는 데다 가장 가까운 이웃과도 3킬로미터도 더 떨어져 있었기에, 헨리와 에드워드는 어머니의 바람대로 '안전'할 수 있었다. 그러나 아무리 외진 곳으로 이사를 한다 해도 아이들을 학교에 보내지 않을 수는 없었으므로, 어거스타의 지나친 꾸짖음과 통제는 늘어만 갔다. 어거스타는 아이들이 나쁜 길로 빠지지 않게 하려고, 헤픈 여자는 악마와 같고, 육체는 죄악의 원천이며, 간음한 사람은 마지막 심판의 날에 끔찍한 결과를 받게 된다고 엄하게 가르쳤다.

동생보다 활달했던 형 헨리는 어머니의 장광설을 반쯤 흘려들었지만, 더

어리고 순진했던 게인에게 삶은 너무나 고달팠다. 학교에서는 '마마보이'나 '계집애 같다'는 놀림을 받고 따돌림을 당했다. 아이들과 잘 어울리지 못하는 다른 아이들은 집에서 위로를 받을 수 있지만, 사랑이 절실히 필요했던 게인은 집에 와도 어머니의 호된 꾸지람이나 술에 찌든 아버지의 무관심밖에 기대할 것이 없었다. 대화를 나눌 수 있는 상대는 형 헨리뿐이었다.

헨리와 에드 게인은 사회에 잘 적응하지 못했고 고립되어 외롭게 살았으며 살면서 여자들과 한 번도 관계를 맺지 못했다. 그러나 수줍음 많은 어린 에드 게인은 형보다 더 심하게 고립된 삶을 살았다. 어거스타는 엄격한 엄마였지만 그래도 에드 게인을 사랑하고 돌봐줄 수 있는 사람은 자신밖에 없다고 강조했다. 그래서 게인은 엄마에게서 달아나고 싶으면서도 동시에 엄마 곁에 붙어 있을 수밖에 없는 딜레마에 빠졌다.

형 헨리는 동생에게 안정감을 주려고 최선을 다했다. 특히 1940년, 아버지가 죽고 농장을 꾸려나가는 것이 너무 힘들어지면서는 더 한층 노력했다. 헨리는 돈을 벌기 위해 가끔 플레인필드 시내로 나가 궂은일을 하곤 했는데, 그럴 때면 항상 동생을 데려갔다. 보통 사람들이 어떻게 살아가는지 직접 보고 느끼게 해서 동생에게 집에서의 불행한 생활만이 전부가 아니라는 것을 알려주고 싶었기 때문이다. 헨리는 심지어 아기를 돌보거나 잔디를 깎는 것 같은 간단한 일을 할 때도 동생을 데려갔다. 에드 게인은 아기 돌보는 일을 가장 좋아했다. 에드는 어른들보다 아기를 더 잘 보았고 아이들은 어른들에게 하는 것과는 달리 게인에게는 경계심을 보이지 않았다.

그러나 집에 오면 상황은 다시 최악이 되었다. 헨리는 나이가 들면서 어머니에 대한 불만을 쏟아놓기 시작했다. 헨리는 어머니에게 동생에게 간섭하지 말고, 어른이 될 수 있게 내버려두라고 말했다. 에드 게인으로서는 이러한 분란이 끔찍했고, 시간이 갈수록 모든 것이 더욱 혼란스럽기만 했다. 헨리 형은 어떻게 우리를 사랑하는 어머니에게 저런 말을 할 수 있을까? 하지만 게인은 형도 물론 사랑했다.

　1944년 5월 16일, 게인의 삶은 갑작스러운 전환점을 맞는다. 헛간 근처 풀밭에서 불이 나 형 헨리가 목숨을 잃은 것이다. 불이 아직 별채 건물에까지 옮겨 붙기 전, 헨리는 게인에게 도와달라고 소리쳤지만, 숨이 막히고 어지러웠던 둘은 연기에 가려 서로를 놓치고 말았다. 그날 저녁 게인은 집으로 돌아왔지만, 헨리는 아무데도 보이지 않았다. 어거스타는 경찰에 연락했고 경찰은 수색대를 조직해 까맣게 탄 들판을 샅샅이 뒤졌다. 게인은 형에게 무슨 일이 일어났는지 모른다고 주장했지만, 신기하게도 경찰을 형의 시신이 놓인 지점으로 정확히 안내했다. 시신 밑의 풀은 불길에 닿지 않은 상태였고 헨리의 머리에는 멍이 들어 있었지만 그 누구도 이러한 상황에 의문을 제기하지 않았다. 검시관은 헨리의 죽음을 질식사로 판명했고, 이제 가엾은 에드 게인은 폭군 같은 어머니와 단둘이 살게 되었다. 그러나 그것도 그리 오래 가지는 않았다.

　몇 달 뒤 어거스타는 뇌졸중으로 쓰러진다. 게인은 어머니를 정성을 다해 보살폈지만, 이제 일을 하기 위해 시내로 나가기가 어려워졌다. 어머니는 게인에게 곧 세상의 전부였다. 게인은 어머니가 낫게 해달라고, 그리고 이 죄 많은 세상에 자신을 홀로 두고 떠나지 않게 해달라고 간절히 기도했다. 그러나 1945년 12월 29일, 2차로 뇌졸중을 일으킨 어거스타 게인은 끝내 세상을 떠난다. 39세였던 에드 게인은 생애 처음으로 혼자가 되었다. 그리고 생전에 항상 어머니가 시키는 대로 살았듯이 이제는 죽은 어머니에게 감정적으로 의존하게 되었다.

에드 게인은 국가지원 토양보전금을 받았기에 일을 할 필요가 없었다. 따라서 이제 그토록 원하던 자신만의 시간을 가질 수 있게 되었다. 그러나 정작 자신이 무엇을 원하는지 알 수 없었던 그는 혼란스럽고 멍한 상태로 황폐한 농가 주변을 어슬렁거릴 뿐이었다. 어머니 혼자 쓰던 방들은 점차 쓰이는 일이 없어졌다. 어머니의 침실은 제일 먼저 판자로 못을 박아 막아버렸고, 다음으로는 2층 방 전부를 막아버렸다. 거실과 식사 공간도 막아버리고 오직 주방과 자기 침실 한 칸만 썼다.

게인은 시간을 어떻게 보내야 할지 몰라 닥치는 대로 책을 읽기 시작했다. 게인은 학창 시절에 책을 잘 읽었다. 책 읽기는 항상 적대적인 세상의 혼돈과 소음에서 벗어날 수 있는 통로가 되어주었기 때문이다. 그러나 지금 그가 고른 책은 상당히 유별난 것들이었다. 그는 남태평양 제도에 살았던 식인종과 사람 사냥꾼에 대한 책을 읽었다. 죽음 숭배 종교에 관련된 글을 읽었고, 아우슈비츠 수용소에서 조지프 맹겔이 감행한 형언할 수 없이 끔찍한 실험들과 나치의 잔학함을 다룬 책을 읽었다. 또한 박제 기술과 저장법, 피부를 무두질해서 가죽으로 만드는 법에 대해 읽었고, 해부학에 대한 책을 읽었으며, 버크와 헤어 같은 도굴꾼에 대한 이야기를 찾아 읽었다.

에드 게인은 점점 자기만의 이상한 세계로 빠져들어 이제는 먹을 것을 사러 가거나 누가 불러서 일거리를 맡길 때를 빼면 시내로 나가는 일이 거의 없었다. 게인이 바깥 세계에 마음을 여는 것은 오직 메리 호건 여인숙에 잠깐 들를 때뿐이었다. 그곳은 게인의 농장에서 플레인필드 시내로 나가는 도로변에 있는 여인숙이었다. 메리는 푸근한 인상의 중년여성이었으며 에드 게인을 아는 다른 모든 사람들이 그러했듯 그를 가엾게 생각하고 있었다. 정이 많은 성격이었던 메리는 그가 마치 아직 어린아이인 양 '가엾은

것', 혹은 '에디'라고 불렀다. 동정심이 없는 사람들이 에드 게인을 '미치광이 에드워드'라고 부르는 것과는 대조적이었다.

게인을 정말로 괴롭히는 것은 동네 아이들이었다. 아이들은 게인을 무자비하게 놀렸다. 아이들 사이에서는 게인의 집에 귀신이 씌었다는 소문이 돌았고, 배짱 있는 남자아이들은 게인의 집 마당까지 들어가서 집에 돌을 던지거나 가까이 가서 창문으로 안을 들여다보는 일도 서슴지 않았다. 그러던 아이들이 집에 '죽은 사람의 머리'가 걸려 있다며 뛰쳐나오는 일이 여러 번 있었다. 한번은 메리 호건 여인숙에 들른 손님이 에드 게인에게 자기 아들이 들려주었다는 이야기를 꺼내자 게인은 껄껄 웃으며 그 말이 맞다고 했다. 사촌동생이 전쟁 중에 태평양 제도에 있었는데, 거기서 마오리족의 말린 머리를 보내줘서 자기 방에 걸어놓았다는 것이다. 이렇게 말하는 에드 게인의 모습이 조금 이상해 보이긴 했을 테지만, 사람들은 원래 그가 약간 제정신이 아니라고 생각하던 터였다. 에드 게인은 그런 비슷한 것이 집에 약간 있다고 말하면서 자신이 읽었던 사람 사냥꾼과 나치의 실험, 성전환 수술을 한 크리스틴 요르겐슨, 그밖에 이상한 이야기들에 대해 두서없이 중얼거렸다. 그러나 그렇다고 해도 게인은 여느 때처럼 조금 '남들과 달랐을' 뿐 남에게 해를 주지는 않았다. 그는 총을 쏘지 못했기에 마을 사람들과 사냥을 가는 일도 없었다. 그는 분명 어머니가 죽기 전과 별로 달라진 것이 없었다. 아니, 달라진 것이 없어 보였다고 하는 편이 더 옳겠다.

에드 게인은 이상한 책들을 읽은 덕분에 난생 처음으로 여자의 몸에 관심을 갖기 시작했다. 그동안은 여성에 대해 성적인 느낌을 가지면 악마의 유혹에 빠지는 것이며 곧장 지옥으로 떨어지리라는 두려움을 갖고 있었다. 따라서 이 새로운, 그러나 성가신 감정을 어떻게 처리해야 할지 알 수 없었

다. 게인은 사실 자기가 아는 한 가장 훌륭하고 순결한 여성인 어머니에게조차 어떻게 다가가야 할지 몰랐다. 아는 것이라고는 오로지 여성이 남성보다 더 강하다는 사실뿐이었다. 그렇게 생각한 이유는 어머니가 자신과 형과 아버지에게 그런 존재였기 때문이다. 그랬던 어머니가 이제는 없으니 그 무엇에 의지해야 할지 알 수 없었다. 만일 자신이 여자라면 모든 것이 달라질 것 같았다. 현실에서 점점 멀어지게 된 에드 게인은 급기야 자신이 여자를 바라보기를 원하는 건지, 아니면 여자를 만지고 싶은 건지, 그도 아니면 여자가 되고 싶은 건지를 구분할 수 없게 되었다. 유방과 질을 갖게 되면 어떤 기분일까? 좀 다르게 느껴질까? 더 강하게?

에드 게인은 얼마 동안은 어머니의 옷을 입고 자기 자신에게 이런저런 지시를 내리면서 지내는 데 만족했다. 다시 어머니가 곁으로 돌아와서 삶의 방향을 일러주며 지금의 혼란스러움을 해결해준 것 같았다. 나중에는 스스로를 거세할까도 생각해보았지만 이내 포기했다. 그런다고 해서 여자가 되는 것은 아니기 때문이었다. 뭔가 다른 게 필요했다.

1947년 어느 날, 에드 게인은 신문을 읽다가 부고란에서 눈에 띄는 기사를 발견했다. 바로 동네에 사는 어떤 여자의 장례식이 치러진다는 부고였다. 게인은 마침내 자신이 무엇을 원하고 있었는지를 깨달았다. 게인은 평소에 알고 지내던 나이든 농부 거스를 불렀다. 그리고 역시 약간 정신지체가 있는 거스에게, 작은 일을 하나 벌이려는데 도움이 필요하다고 말했다. 의학적인 실험을 하려는데 시체가 필요하다는 것이었다. 무덤을 파헤치는 것은 힘이 드는 일이었기에, 게인은 거스가 선뜻 도와준다고 나설지 자신이 없었다. 그러나 거스는 반대하지 않았고, 둘은 장례식 다음 날 무덤을 파헤쳐 시체를 게인의 집으로 가져왔다. 게인은 이후 몇 해 동안 필요할 때마다 거스에게 도움을 받았다. 게인은 심지어 어머니의 무덤까지 파헤쳤다. 거스는 게인이 시체를 어디에 쓰는지 전혀 몰랐고, 짐작컨대 아마 묻지도 않았던 모양이다. 거스는 그저 에드 게인이 실험에 쓰는 것이라고만 생각했다. 이런 식으로 도굴을 반복해오다, 어느 날 거스가 양로원에 들어가자 게인을 도와줄 사람이 없어지고 말았다. 무덤을 파는 일은 힘들었기 때문에 게인 혼자서 하기는 무리였다. 여자의 몸을 구할 다른 방법을 찾아야 했다.

1954년 12월 8일 오후, 경찰은 메리 호건 여인숙에 들른 손님에게서 전화를 받았다. 메리는 온데간데없고 문이 활짝 열려 있더라고 했다. 경찰은 1층 바에서 뒷문으로 핏자국이 나 있는 것을 발견했다. 핏자국은 주차장까지 이어져 있었고, 1층 바닥에서는 32구경 권총의 탄약통이 발견되었다. 그러나 그밖에 그 어떤 증거도 목격자도 없었기에, 경찰이 잡을 수 있는 단서는 별로 없었다. 이러한 실종이 위스콘신 주 플레인필드 지역에서 처음 일어난 것은 아니었다. 과거 7년간 소녀 두 명이 감쪽같이 사라진 일이 있었다. 1947년 6월 1일, 8살 난 조지아 웨클러가 제퍼슨 시에 있는 학교가 끝나고 집으로 오는 길에 사라진 뒤로 감감무소식이었다. 6년 뒤에는 라크로스에 살던 15세 소녀 에벌린 하틀리가 아이를 보다 말고 사라졌다. 경찰은 집에서 에벌린의 안경과 신발을 찾았고 몇 킬로미터 떨어진 곳에서 에벌린의 옷가지를 발견했지만, 에벌린은 어디서도 찾을 수 없었다. 메리의 죽음도 이러한 사건의 연장선상에 있는 것 같았지만, 그렇게 추측하기에는 증거가 충분치 않았다.

한편 플레인필드의 삶에 큰 변화는 일어나지 않았다. 새로운 주인이 메리 호건의 여인숙을 맡았고, 에드 게인 역시 먹을 것을 사거나 철물점에 들를 때만 시내를 다녀갔으며, 가끔 여인숙에 잠깐 들렀다 가곤 했을 뿐이다.

그의 집은 점점 더 폐가와 같은 꼴로 변해갔다.

그러던 중 1957년 11월 15일, 에드 게인이 시내에 나갔을 때 이례적인 일이 발생했다. 게인은 여느 때와 같이 워든 철물점에 들러 몇 년 전 남편이 죽고 홀몸이 된 가게 여주인 버니스 워든과 이야기를 나누고 있었다. 때로 버니스의 아들 프랭크가 나와서 가게를 돕곤 했는데, 지역 보안관으로 일하고 있었기 때문에 항상 나와 있지는 못했다. 마침 그날은 프랭크가 가게에 있었고, 프랭크와 버니스 워든은 이 딱한 청년 게인과 이야기를 나누었다. 한담을 나누던 중 게인이 프랭크에게 그해에 사슴 사냥을 갔다왔냐고 물었다. 프랭크는 아직 안 갔고 바로 다음 날 간다고 말했다. 에드 게인은 버니스에게 자동차에 쓸 부동액이 필요하다고 중얼대긴 했지만 아무것도 사지 않고 자리를 떴다.

그 이튿날 늦은 오후, 프랭크는 사냥을 마치고 돌아오는 길에 철물점에 전화를 걸었다. 동물을 한 마리도 잡지 못한데다 춥고 지쳐 있었지만, 그래도 집으로 가기 전에 어머니에게 잠깐 들렀다 가야겠다고 생각했다. 가게에 가보니 문이 열리고 불이 켜져 있었지만 어머니는 보이지 않았다. 프랭크는 어머니를 부르며 주위를 둘러보다가 금고가 사라진 것을 깨달았다. 카운터 뒤편 바닥에는 홍건하게 흐른 피가 굳어가고 있었다. 금고가 있어야 할 자리에는 2리터짜리 부동액 영수증만이 남아 있었다. 바로 에드 게인의 영수증이었다.

프랭크는 게인이 자신이 사냥을 나갔는지 보려고 오후에 가게에 왔던 것이 틀림없으며, 자기가 없는 것을 확인하고 가게를 털었다고 생각했다. 분명 버니스와 드잡이를 벌인 것 같았고, 그 후 끔찍한 일이 일어난 것 같았다. 프랭크는 즉시 아트 슐리 보안관에게 연락해 현장에서 발견한 것들과 자신의 추측에 대해 말해주었다. 슐리는 자신은 프랭크와 함께 게인의 농장으로 가기로 하고, 부보안관 체이스와 스피즈에게 주변을 샅샅이 뒤져 에드 게인을 찾아보고 만일 발견하면 체포하라고 일러두었다. 체이스와 스피즈는 슐리가 게인의 농장에 도착하기도 전에 힐즈 식료품점 주차장에서 낡은 픽업트럭을 주차하고 있는 에드 게인을 발견했다. 체이스와 스피즈가 게인의 트럭 뒤에 차를 주차했을 때, 게인은 아무런 저항도 하지 않았지만 "누가 나한테 뒤집어씌우려고 해요."라고 중얼거렸다. "뭘 뒤집어씌우려고 해요?"라고 체이스가 묻자 게인은 혼란스럽다는 듯 체이스를 바라보며 "그러니까……워든 부인에 대한 거 말이에요."라고 대답했다. 체이스가 "워든 부인에게 무슨 일이 일어났길래 그래요?"라고 되묻자 게인은 "부인은 죽었잖아요. 아니에요?"라고 대답했다. 체이스와 스피즈는 더는 대답하지 않고 에드 게인을 연행했다.

그때 슐리와 프랭크는 에드 게인의 집으로 가고 있었다. 집 안팎에는 이미 어둠이 드리워져 있었다. 문을 두드려보았지만 에드 게인은 집에 없었다. 현관문이 잠겨 있었지만, 게인이 헛간으로 썼던 낡은 별채 주방문이 살짝 열려 있는 덕분에 집안으로 들어갈 수 있었다. 집에는 전기가 들어오지 않았기에 두 사람은 가져간 손전등을 켜야 했다. 어두컴컴한 곳에서 더듬거리던 슐리는 어깨 쪽에 무엇이 부딪히는 것을 느꼈다. 그쪽으로 전등을 비추자 처음에 뭔가 응급처치를 한 사슴 같은 것이 보였다. 시체는 천장에 매달려 네 다리가 벌어져 있었고 몸통은 골반부터 목까지 갈라져 있었으며 내장과 생식기, 항문이 제거되어 있었다. 그러나 그들은 곧 자신들이 보고 있는 것이 사람임을 깨달았다. 바로 버니스 워든의 시체였다. 근처에는 상자가 하나 있었는데, 안에 내장이 담겨 있었다. 머리는 온데간데없었다.

순간 공포로 얼어붙었던 두 사람은 몇 분 견디지 못하고 극심한 메스꺼움을 느끼며 집 밖으로 뛰쳐나왔다. 정신을 차린 슐리는 사무실에 전화를 걸어 병력을 요청했다. 몇 분 뒤 긴급호출을 받은 경찰이 10명 남짓 도착했다. 일부는 부지와 별채를 조사했고, 슐리와 프랭크를 비롯한 나머지 경찰들은 집안으로 들어갔다. 그들의 눈앞에 벌어진 광경은 살인마 잭(Jack the Ripper, 19세기 영국의 악명 높은 토막 살인범—옮긴이)조차 풋내기로 느껴질 만큼 끔찍했다.

　경찰들은 전등과 남포등을 들고 역겨운 악취와 수북이 쌓인 쓰레기 더미 사이를 비집고 다녔다. 잡동사니가 든 상자, 신문 더미, 잡지와 썩은 음식물 찌꺼기가 도처에 널렸지만, 그동안 에드 게인이 어떤 짓을 했는지를 여실히 드러내주는 것은 따로 있었다. 가스레인지 위에 프라이팬이 하나 있었는데 사람의 염통이 들어 있었고, 냉장고에는 사람의 내장과 살점, 그리고 썩어가는 다른 부위들이 들어 있었다. 부엌 의자는 사람 가죽으로 씌워져 있었고, 전등 덮개나 쓰레기통도 마찬가지로 사람 가죽으로 만든 것이었다. 900그램짜리 커피 깡통 위에 사람 가죽을 붙여 만든 인디언 풍의 북도 있었다. 식탁 위에는 기묘하게 생긴 대접이 하나 있었는데, 그것은 사람 두개골의 윗부분이었다. 게인의 침실에서 발견된 것은 더욱 끔찍했다. 다리가 부러진 탁자는 사람의 정강이뼈로 대신 기대놓았고, 침대 기둥 위에서는 두개골들이 경찰들을 향해 웃고 있었다. 침대 밑에서는 여성의 성기를 모아놓은 상자가 발견되었는데, 나중에 보니 어거스타 게인의 것에는 은색 물감이 칠해져 있었다. 벽에는 할로윈 때 쓰는 주름 진 가면들이 걸려 있었는데, 그것은 게인이 죽인 아홉 명의 얼굴 가죽이었다. 제일 넓은 벽면은 사람의 머리로 장식되어 있었다. 그 누구도 믿지 않았지만 아이들이 떠들고 다니던 그대로였다.

혼란에 빠진 경찰관들이 집을 수색하면 할수록, 악몽 같은 사실들은 꼬리에 꼬리를 물고 밝혀졌다. 화장대가 있는 옷방에는 게인이 입었던 '옷'들이 바닥에 흩어져 있었다. 그중에는 사람 가죽으로 만든 조끼도 있었는데, 유방이 그대로 붙어 있었다. 역시 사람 살로 만든, 엉덩이까지 오는 스타킹도 있었으며, 피부를 엮어 만든 목걸이도 있었다. 마지막으로 머리부터 발끝까지 덮어쓰는 옷도 발견되었다. 그것은 해부학적으로 완벽했다. 가슴과 질 등 모든 기관이 갖추어져 있었다. 여기에 맞추어 쓸 수 있도록 정성껏 만든 가면도 있었다. 역시 사람 얼굴로 만든 것으로, 그것은 어거스타 게인의 얼굴이었다. 결국 새벽 4시 30분쯤, 경찰은 삼베 가방 속에서 프랭크의 어머니 버니스 워든의 머리를 찾아냈다. 귀에 못이 박혀 있었고, 양쪽에 끈이 달려 있었던 것으로 보아 다른 장식품과 같이 벽에 전시하려던 모양이었다. 이 돼지우리 같이 더러운 집에서 발견된 여성의 시체는 도합 열 구가 넘었다.

이후 이 사건에 투입된 사람들은 악몽 같은 시간을 보내야 했다. 지역 보안관과 주 경찰들은 새로운 사건의 흔적을 찾아 게인의 농장을 샅샅이 뒤졌고, 주도(州都) 매디슨에서 파견된 법의학 전문가들은 게인에게 살해당한 피해자의 정확한 인원을 파악하려고 증거들을 조합하느라 여념이 없었다. 결국 그들은 총 열다섯 건의 살인이 발생한 것으로 결론을 지었으나, 이것이 "가장 근사하게 추정한 수치"일 뿐임을 시인했다. 총 몇 명의 희생자가 발생했는지는 그 누구도 알 수 없었다.

일군의 경찰들이 와토마 카운티 교도소에서 에드 게인을 심문하고 있는 동안, 다른 경찰들은 오래전에 실종된 두 소녀 조지아 웨클러와 에벌린 하틀리 사건, 그리고 여인숙 주인 메리 호건의 실종이 에드 게인과, 혹은 그의 '전리품'들과 연관이 있는지를 밝혀내려 애쓰고 있었다.

처음에 게인은 그 어떤 혐의에 대해서도 입을 열지 않다가 결국 강도 높은 심문을 받으면서 버니스 워든을 죽였다는 사실을 인정했다. 철물점에 간 것은 기억이 나지만 워든 부인을 죽인 기억은 없다고 말했다. 게인은 살인을 저지르기 전과 저지르는 동안에 혼란스럽고 머리가 멍했다고 말했다. 그리고 금고를 가져간 것은 기억이 나지만 금고 때문에 가게를 턴 것은 아니고, 그저 금고 작동법과, 그리고 금고에 있는 41달러를 도로 갖다주면 프랭크가 고마워할지가 궁금했을 뿐이라고 했다.

게인은 자기 집에서 발견된 잔해들에 관해서는 무덤을 파헤쳐서 주워온 것들일 뿐이며, 어머니의 것만 빼고 나머지는 누구의 시체인지 하나도 모른다고 주장했다. 그러나 그는 자신이 기억하는 모든 이름을 경찰관에게 쉽게 털어놓았다. 그의 입에서 나온 사실들은 밝혀진 증거들과 모두 정확히 들어맞았다. 게인은 때에 따라서는 자백을 즐기는 것처럼 보이기도 했다. 자신이 저지른 일이 얼마나 극악무도한 짓인지 전혀 모르는 것 같았다. 슐리 보안관은 게인의 이야기가 사실인지를 검증하고자, 지방 판사에게 연락해 게인이 언급한 무덤을 공개하도록 조치를 부탁했다. 그 결과 게인이 언급한 시체들은 모두 훼손된 것으로 밝혀졌고, 시체 자체가 없어진 경우도 있었으며, 개중에는 몸의 일부만 없어진 경우도 있었다.

결국 에드 게인은 메리 호건을 죽인 사실을 시인했으며, 메리 호건과 버니스 워든을 보았을 때 어머니가 생각났다고 털어놓았다. 에드 게인은 약간 살이 찐 중년 여성에게만 관심이 있었던 것 같다. 어거스타 게인과 비슷해 보였기 때문이다. 에드 게인의 형 헨리의 정확한 사인에 대해 다시금 의문이 제기되었지만, 에드 게인은 모든 혐의를 강력하게 부정했다. 결국 수사관들은 두 소녀의 실종이나 헨리의 죽음을 게인에게 연루시키는 것은 포기하기로 하고, 게인을 위스콘신 정신병원으로 넘겼다. 병원에서는 더 정밀한 조사를 위해 게인을 정신이상 범죄자 전용병원인 워편 중앙주립병원으로 보냈다.

플레인필드 지역 사람들과 그 주변 지역 사람들이야 며칠 지나지 않아 에드 게인의 농장에서 어떤 일이 일어났는지를 모조리 알게 되었지만, 며칠 뒤 지역 신문『샤와노 석간신문』에 에드 게인의 이야기가 실리자 전국의 이목이 이 이야기에 쏠렸다. 이제 기자와 사진가, 텔레비전과 라디오 관계자들이 플레인필드로 몰려들었다. 미국에서 이런 일이 발생한 것은 처음이었는데, 당시 미국인들은 이 끔찍한 이야기에 혐오감과 동시에 호기심을 보였다. 1957년 12월, 사건이 발표되고 난 지 몇 주 뒤, 미국의 3대 잡지에 속하는『라이프』지와『타임』지가 에드 게인의 '공포의 집' 이야기를 실었다.

플레인필드 지역 사람들은 몰려드는 파파라치에게 인내심을 가지려고 노력했지만, 속으로는 그들이 얼른 사라져주기만을 바라고 있었다. 특히 이 작은 마을의 악명을 높인 것은 어린아이들의 떠벌리는 듯한 태도였다. 아이들은 시시한 '게인' 농담들을 지어내기 시작했고, 이는 곧 전국으로 퍼졌다. 게인 농담은 이런 식이었다.

물음: 에드 게인이 체포될 때 보안관에게 뭐라고 했게?
대답: 봐주세요(Have a heart., 이는 직역하면 '심장 드세요.'라는 뜻이기도 하다.—옮긴이).

물음: 경찰이 12월 마지막 날 왜 에드 게인을 풀어줬게?
대답: 그래야 여자를 찾지('dig up'은 데이트 상대를 찾는다는 뜻이지만, 직

역하면 땅을 판다는 뜻으로, 시체를 파낸다는 것을 의미한다.—옮긴이).

심지어 다음과 같은 5행시도 생겼다.

> 옛날에 에드라는 남자가 살았어
> 그는 여자를 침대로 안 데려가
> 대신 심심할 때는
> 여자의 배를 갈라서
> 집에 걸어놓았다네

전부 너무나 소름끼치는 내용이었지만, 이 모든 일이 실제로 일어났다는 것을 이해하지 못하는 아이들에게는 그저 재미있는 놀이일 뿐이었다. 플레인필드 사람들이 이러한 상황에 유독 눈살을 찌푸린 데도 이유가 있었다. 게인의 집과 농장 부지가 경매에 붙여졌을뿐더러, 경매인들이 농장을 둘러보는 사람에게 50센트씩 요금을 받겠다고 주장했기 때문이다. 마을 사람들은 격분했다. 그들이 가장 싫어하는 것은 병적인 호기심으로 '살인자의 집'을 구경하러 왔다며 온 마을을 헤집고 다니는 사람들 무리였다. 슐리는 게인의 집을 경매에 붙이는 것을 허가하지 않았지만, 세인들의 관심을 막을 방법은 없었다.

그래서인지 1958년 3월 20일 이른 새벽, 게인의 농장에 불이 나 소방대원들이 출동했을 때도 사람들은 놀라기보다는 차라리 잘 되었다고 생각했다. 불이 난 뒤 많은 이들이 잘 됐다며 고개를 끄덕였을 뿐 누가 불을 질렀는지 굳이 알아내려 하지도 않았다. 에드 게인은 의사에게 집이 불타 없어졌다는 소식을 전해 듣고는 "잘 됐네요."라고만 대답했다.

경매인들은 에드 게인의 집과 더러운 내용물들이 없어진 데 개의치 않고 계획대로 판매를 추진했다. 지역의 한 부동산업자가 부지와 별채를 사들여 크리스마스트리 농장으로 개조했고, 낡은 농기구들은 따로따로 팔려갔다. 그러나 에드 게인이 몰던 1949년형 포드 자동차가 또 다른 화근이었다. 게인이 차에 메리 호건과 버니스 워든을 싣고 다녔다는 사실이 사람들의 입에 오르내렸다. 이 차가 처음 경매에 나왔을 때 입찰자는 14명이나 되었고, 최종 낙찰가는 760달러였다. 차를 산 사람은 일리노이 주 록포드에서 온 버니 기번스라는 축제 여흥 행사 제작자였다.

기번스는 1958년 7월, 위스콘신 주 시모어에서 열린 아웃게이미 카운티 박람회에서 '에드 게인의 시체 차'라는 이름으로 애장품을 처음으로 선보였다. 전람회 텐트 바깥에는 "에드 게인이 범죄를 저질렀던 바로 그 차! 무덤에서 파낸 시체를 싣고 다녔던 그 차를 구경하세요!"라고 쓴 커다란 현수막이 걸려 있었다. 첫 주에만 2000명 넘는 사람들이 25센트씩을 내고 낡은 포드 자동차를 구경하러 왔다. 지역 기관에서는 즉시 전시를 중단시켰고 결국 차는 자취를 감추었다. 한편 밖에서 이런 일이 벌어지고 있는 동안 에드 게인은 아직도 중앙주립병원에서 온갖 검진을 받고 있었다.

정신감정위원회의 최종 감정 결과 에드 게인은 정신분열증과 섹슈얼 사이코패스(sexual psychopath)를 동시에 갖고 있으며, 어머니를 향한 애증 때문에 여성에 대해 혼란스러운 감정을 가진 것으로 밝혀졌다. 에드 게인은 의사들에게 시간증, 복장도착, 식인에다 페티시즘 관련 사건으로 가장 호기심을 끄는 인물이었다. 당시 에드 게인은 심신상실로 재판에 회부할 수 없다고 판단되었다.

그러나 1968년 1월, 에드 게인은 버니스 워든의 살해에 대한 법적인 책임을 질 수 있을 만큼 정상이라는 판정을 받았다. 체포된 지 무려 10년이 지난 뒤였다. 그는 변호사와 정신의학자들의 권고에 따라 심신상실항변으로 무죄를 호소했다.

그해 11월에 열린 재판에는 목격자 7명만 증인으로 참석했으며, 그중 대다수는 게인의 집에서 발견된 시체 잔해를 확인하는 소름끼치는 작업을 맡았던 법의학자들과 정신의학자들이었다. 목격자의 수는 적었으나 증언은 길고 복잡했으며 그 특성상 매우 과학적이었기에, 증언을 모두 마치는 데 일주일이 걸렸다. 누구나 예상했듯이 에드 게인은 정신이상으로 인해 무죄판결을 받았고, 정신이상 범죄자 전용 병원인 중앙주립병원으로 이송되었다.

게인은 몇 년 사이에 상태가 매우 좋아지는 것 같았다. 병원 관계자 섹터 박사는 게인이 항정신병약물이나 진정제를 써 진정시킬 필요가 없는 모범적인 환자라고 노상 칭찬했다. 그는 치료 시간에 의사들에게 언제나 협조적이었고 석재 연마나 덮개 짜기 같은 공예 시간 및 기타 작업 치료(치료의 목적으로 일, 놀이 등을 하는 것—옮긴이) 시간을 무척 좋아했다고 한다. 그러나 가죽을 이용한 작업은 금지되었다. 게인은 대체로 과묵한 생활을 했지만, 병원 직원이나 다른 환자들과 함께 있을 때는 곧잘 어울렸다. 다만 가끔 여자 환자나 간호사, 특히 살집이 있는 중년 여자들을 뚫어지게 쳐다보곤 했다고 한다.

1978년, 에드 게인은 72세의 나이에 멘도타 정신병원으로 이송되었고, 그로부터 6년 뒤 자연사했다.

세상은 이후 에드 게인을 잊어버렸지만, 그래도 일각에서는 미국에서 가장 널리 알려진 변태 살인마 에드 게인에게 여전히 관심을 보였다. 1957년,

에드 게인이 체포된 지 몇 달 뒤, 세계적인 공포소설 작가 로버트 블록은 에드 게인의 사건을 바탕으로 작품을 쓰기 시작했다. 세상은 피비린내 나는 실화를 생생하게 묘사한 이 책을 읽을 준비가 아직 되어 있지 않았기에, 그의 이야기는 애초의 방향을 수정해 사실적이고 생생한 묘사를 자제하고 심리에 치중하는 쪽으로 다시 쓰였다. 1959년, 책이 『사이코』라는 제목으로 출간되자 거장 알프레드 히치콕 감독은 이 책의 영화 판권을 곧장 사들였다. 그다음 해 배우 안소니 퍼킨스는 어머니에게 집착하는 살인범 노먼 베이츠를 연기해 전 세계 관객을 공포에 떨게 만들었다.

1967년, 에드 게인은 영화 〈잇〉의 주인공에도 모델이 되었다. 배우 로디 맥도웰은 정신병을 앓고 있는 박물관 큐레이터로 분해 침대에 어머니의 썩어가는 시신을 두고 사는 인물을 연기했다. 에드 게인은 1974년, 톱 후퍼의 전형적인 스플래터 영화 〈텍사스 전기톱 연쇄살인사건〉의 주인공 '가죽얼굴'로 다시 스크린에 등장한다. 할리우드는 에드 게인을 잠시도 가만히 두지 않았다. 이번에 게인은 여자의 가죽을 옷으로 만들어 입고 다니는 성도착자 살인범으로 둔갑했다. 바로 토머스 해리스의 1988년 소설 『양들의 침묵』의 주인공 버팔로 빌이었다. 그로부터 3년 뒤에는 조너선 뎀이 이 소설을 영화로 만들었다. 에드 게인은 그가 파헤쳤던 무덤 속 희생자들과 마찬가지로 앞으로도 계속해서 세상에 들춰내질 모양이다.

12장
러시아 최초의 연쇄살인마: 안드레이 치카틸로(1978~1990년)

구소련 국가들에서는 생활이 불안정한 것이 그리 이상한 일도 아니지만, 특히 안드레이 치카틸로가 태어난 1936년, 우크라이나의 야블로치노이예라는 마을에서는 더욱 그러했다. 한때 비옥한 우크라이나 대초원에서 일했던 농부들은 연이어 5년째 기근에 시달렸다. 그런데 이번 기근은 대다수 기근과는 달리 사람에 의한 것으로, 우크라이나 사람들이 러시아의 집단농장 체제에 저항하자 러시아가 단순 보복으로 조장한 것이었다. 러시아 병사들은 해마다 가축과 농작물을 몰수했고, 심지어 밭에 심을 씨앗까지 가져갔다. 때로는 농민들의 부엌에까지 직접 들어가 상당한 양의 식량을 빼앗아갔다. 1936년에는 굶어죽은 인구가 1000만 명 가량에 이르렀다. 기근의 가장 심각한 결과는 전염병처럼 퍼져나가는 식인 현상이었다. 배고픔에 이성을 잃은 사람들은 죽은 가족을 먹을 것인가, 아니면 아이들이 앙상하게 말라가는 것을 지켜볼 것인가를 선택해야 하는 상황에 놓였다. 치카틸로네 집에서도 큰 아들 슈테판이 실종되었는데, 식구들은 그가 누군가에게 납치되어 고기로 둔갑해 시장에 팔렸으려니 생각하고 있었다.

안드레이 치카틸로가 어린 시절에 경험한 불행은 이게 전부가 아니었다. 그는 태어날 때부터 뇌수종(한때 '뇌에 물이 차는' 병이라고 불렸다)을 앓았는데, 이는 전두 피질에 손상을 줄 수 있으며 여러 신체적 장애를 수반할 수 있는 병이었다. 뇌수종의 즉각적인 증상은 밤에 오줌을 못 가리는 것이었다. 당시 농가에서는 온 가족이 한 방에서 함께 잤기 때문에 이불에 오줌을 싸면 온 가족이 알게 될 수밖에 없었다. 치카틸로의 아버지와 여동생은 이 문제를 대수롭지 않게 넘기려고 했지만, 성질이 고약했던 어머니 안나는 계속해서 아이를 놀렸다. 몇 년 뒤 치카틸로의 여동생 타탸나는 이렇게 회상했다. "어머니는 아주 거칠고 난폭했어요. 우리에게 매일 소리를 지르고 혼내기만 했지요. 따뜻한 말 한마디 해준 적이 없었어요."

치카틸로가 5살이 되던 1940년, 나치 군대가 소련을 침략하면서 우크라이나의 경제 상황은 더욱 악화되었다. 독일군은 전쟁 무기의 원료가 되는 광대한 유전을 손에 넣으려고 우크라이나를 집중 공격했다. 다른 나치 관련 사건에서도 그러했듯, 학살과 테러는 상상 이상이었다. 다른 사람들과 마찬가지로 치카틸로 역시 어디를 가나 죽은 사람들과 토막 난 시체들이 널부러진 것을 보았으며, 독일군의 지시를 아주 조금만 어겨도 대량학살의 참극을 목도해야만 했다. 어떤 이유에서인지는 알려지지 않았지만 치카틸로의 아버지도 독일군에 체포되어 수용소로 끌려갔고, 그리하여 더욱 난폭해진 어머니 혼자 아이들을 키우게 되었다.

마침내 독일군이 소련에서 물러나자 치카틸로의 아버지도 집에 돌아왔다. 그런데 이때 치카틸로에게는 새로운 문제가 생겼다. 아버지가 돌아왔을 때 사춘기였던 치카틸로는 더 이상 이불에 오줌을 싸지는 않았지만 사정을

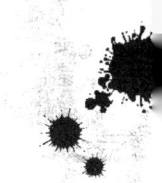

통제하지 못했다. 치카틸로는 밤에 몽정을 하는 대다수 소년들과 달리 발기되지 않은 상태에서 거의 끊임없이 사정을 했다.

　치카틸로는 집에서 놀림감이 되었고, 심하게 부끄럼을 타고 적응을 못했기 때문에 학교에서도 놀림감이 되기는 마찬가지였다. 그러다 보니 일종의 방어기제로서 폭력과 사디즘으로 점철된 자기만의 공상의 세계로 점점 빠져들었다. 그는 어렸을 때부터 사람들이 잔인하게 고통받는 모습을 많이 보았고, 자신의 신체적 문제 때문에 아주 강한 수치심과 소외감을 느꼈던 터라 이처럼 불결한 공상의 세계에서만 우월감을 느낄 수 있다고 생각했다. 한번은 여동생의 친구가 집으로 놀러왔는데 치카틸로가 현실과 공상의 세계를 혼동하는 일이 벌어졌다. 당시 16살이었던 치카틸로는 열 살이나 열한 살밖에 안 된 여동생의 친구를 붙잡고 옷을 찢으며 강간하려 했다. 하지만 그는 폭력적인 상황에서 엄청난 흥분을 느끼자 그만 사정을 하고 말았고 결국 발기는 되지 않았다. 치카틸로는 겁에 질린 소녀 앞에서 수치심을 감출 수 없었다.

　치카틸로는 머리가 나쁜 편은 아니었지만 모스크바 국립대학 입학시험에서 떨어졌고 그 후 우크라이나로 도피했다. 고등교육을 받지 못한 다른 소년들과 마찬가지로 치카틸로 역시 군에 복무했다. 휴가 때는 여자들을 만나 성관계를 가지려고 시도해보았지만 번번이 실패했고, 그럴 때마다 자신의 발기부전과 조루증 때문에 심한 수치심을 느꼈다.

　1960년, 다시 민간인이 된 치카틸로는 우크라이나 전화회사에 취직했다. 최대한 평범하게 살고 싶어서 애를 쓰던 치카틸로는 자기를 불쌍하게 생각하는 여동생에게 자신의 수줍음과 성적인 문제를 참을 수 있는 여자를 소개시켜 달라고 부탁했다. 여동생은 놀랍게도 그에게 맞는 여자를 소개시켜주

었다. 페오도시아라는 이름의 그 여자는 1963년에 치카틸로와 결혼해 안드레이 치카틸로 부인이 되었다. 어떻게 가능했는지는 그저 상상에 맡겨야겠지만, 어쨌든 치카틸로 부부는 딸과 아들을 하나씩 낳았다. 이제 때가 되면 손자 손녀를 볼 수도 있을 터였다. 치카틸로는 처한 환경에서 최선을 다하기로 결심하고 통신교육으로 러시아 문학 수업을 듣기 시작했다. 그리하여 1971년에는 졸업장을 땄을 뿐더러 로스토프 온 돈 시 근처의 노보 샤틴스크 기숙학교에서 교사직을 얻게 된다.

가족과 이웃, 친구들과 학교 동료들은 안드레이 치카틸로를 약간 소극적일 뿐 지극히 정상적인 사람으로 보았다. 대다수 러시아 사람들과 마찬가지로 그 역시 체스를 무척 좋아했고, 가족과도 사이가 좋았으며, 영화도 즐겨 보았다. 그러나 치카틸로의 머릿속에서는 훨씬 무시무시한 일이 벌어지고 있었다. 그 첫 징후로 그가 자기 반 여학생들을 성추행하려 했다는 소문이 학교에 나돌기 시작했다. 교사들은 처음에는 소문을 무시하려 했지만, 결국 1978년, 치카틸로는 조용히 학교를 떠나달라는 부탁을 받았다. 그러나 그가 충성스러운 공산당원이었기 때문에, 학교에서는 의무적으로 추천장을 써주어야 했다. 결국 치카틸로는 얼마 떨어지지 않은 샤크티 탄광촌에서 다시 교사직을 맡게 되었다.

치카틸로는 정부에서 적절한 집을 지정해주기까지 짧은 기간을 샤크티 빈민가에서 사들인 낡은 오두막집에서 지냈다. 그는 아파트를 구해 가족이 새 집으로 이사를 온 뒤에도 오두막집을 처분하지 않았다. 그리고 오두막에 대해서는 그 누구에게도 말하지 않았다. 그가 이 오두막으로 처음 사람을 데려온 날은 1978년 12월 22일이었다. 치카틸로는 아홉 살 난 소녀 옐레나 자코트노바를 이곳으로 끌고 왔다. 나중에 자백할 때 그는 옐레나를 데려와

서 죽이기까지의 모든 순간을 기억했다. "저는 불을 켜고 문을 닫자마자 아이를 덮쳤습니다. 아이는 겁에 질려서 울며 비명을 지르더군요. 손으로 아이 입을 틀어막았어요. 발기가 되지 않았고 삽입도 할 수 없었죠. 하지만 오르가즘을 느끼고 싶다는 생각에 사로잡혀 있었고 무슨 수를 써서라도 꼭 하고 싶다는 마음뿐이었습니다. 아이가 비명을 지를수록 더욱 흥분되더군요. 전 아이 위에 누워서 관계를 하는 것 같은 흉내를 내면서 칼을 꺼내 아이를 찌르기 시작했어요. 그리고 진짜 섹스를 할 때처럼 절정에도 도달했습니다." 치카틸로는 이러한 행위가 실제로 성관계를 맺을 때만큼 강렬한 흥분을 준다는 사실을 깨달았다. 그리고 그 대가로 어린아이의 생명이 필요하다는 것도 알게 되었다.

놀랍게도 그가 어린 엘레나와 걸어가는 것을 본 목격자가 있었다. 치카틸로는 소녀의 실종 사건과 관련해 경찰에게 심문을 받았지만, 그의 아내가 남편은 범행이 일어난 시각에 자신과 함께 있었다고 증언하여 무혐의로 풀려났다. 나중에 알렉산드르 크라브첸코라는 이름의 남자가 엘레나를 죽인 혐의로 체포되어 재판을 받고 사형까지 당했다.

치카틸로는 이후 3년 정도 짐승 같은 공상을 머릿속에만 담고 지냈지만, 1981년 로스토프 온 돈에 있는 로스토프네룬트 건설회사에서 새로운 일자리를 얻은 직후 또다시 본성을 드러냈다. 회사의 물품관리자였던 치카틸로는 작업에 필요한 자재와 장비를 구하려고 출장을 다니는 일이 매우 잦았다. 9월 3일, 느보프샨크틴스크 역 버스 정류장에 내린 그는 17세 소녀 라리사 트카첸코가 서 있는 것을 보았다. 치카틸로는 트카첸코에게 접근했고, 소녀는 결국 얼마 안 되는 돈을 받고 성관계를 갖기로 하고 치카틸로를 따라갔다. 상대가 너무 많은 것을 요구한다는 것을 깨달았을 때는 이미 너무

늦은 다음이었다.

그들은 들판 사이에 흔히 바람막이로 조성되어 있는 작은 숲을 따라 걸었다. 치카틸로는 사람들의 눈길이 닿지 않는 으슥한 곳에 이르자 소녀의 목을 조르고 그 부드러운 목을 물어뜯었다. 결국 소녀는 의식을 잃었고, 치카틸로는 상처에서 뿜어나오는 피를 빨아먹었다. 그의 관심은 곧 가슴으로 향했다. 그는 소녀의 젖꼭지를 입으로 물어뜯어 통째로 삼킨 다음 성기를 칼로 난자했다. 살점과 피 맛은 아홉 살짜리 소녀를 목 졸라 죽였을 때보다 훨씬 더 큰 흥분을 안겨주었다. 그가 다음 범행을 저지른 것은 9개월 정도가 지나서였지만, 그의 주장에 따르면 1982년 후반에 죽인 희생자는 다섯 명이었다. 이번에는 어린 소년도 희생자 목록에 있었다.

1982년, 초가을에 발견된 시체는 숲길에 너무 오랫동안 방치된 후라 피부 일부와 머리칼, 옷가지를 빼면 전부 부패해 있었다. 경찰 조사 결과 희생자는 13세 소녀 류보프 비류크인 것으로 드러났다. 비류크는 6월 12일에 실종되었고, 바로 이날 치카틸로를 만났다. 경찰들이 범죄현장에서 가장 놀란 것은 시체가 매우 노출된 곳에 있었다는 점이다. 시체는 숲에서 발견되기는 했지만, 그 숲길은 폭이 45미터밖에 되지 않았고, 바로 20미터 뒤로 주요 도로가 나 있었다. 시체에서 한 발 정도 떨어진 곳에는 흐릿한 발자국이 하나 남아 있었다. 이곳은 살인을 저지르기에는 너무 트인 곳이었는데도, 검시 결과 살인은 유독 잔인했던 것으로 드러났다. 아이의 작은 몸은 적어도 22군데를 칼로 찔렸고, 눈이 심하게 난도질되어 있었으며, 비록 시체가 극심하게 부패하긴 했지만 골반 뼈에도 선명한 칼자국이 난 것이 보였다.

지역 경찰은 대다수 살인사건이 가족이나 친구와 다툰 후에 벌어지는 소위 '치정사건'이거나, 아니면 돈을 빼앗다가 잘못되어 벌어지는 사건이라고

알고 있었다. 그러나 이 사건은 두 가지 시나리오가 다 들어맞지 않았기에, 경찰은 이것을 우발적 폭력으로 인한 단순한 사건으로 추정했다. 따라서 범인이 너무 서툴러서 살인현장에 물리적 증거를 남겨놓고 가지 않은 이상, 사건을 해결하는 것은 거의 불가능해 보였다. 더욱이 사체 근처에는 증거가 전혀 없었다. 범죄의 잔학성을 감안할 때, 만일 서구 국가의 경찰이었다면 즉시 연쇄살인범의 가능성을 염두에 두었겠지만, 구소련은 공식적으로 연쇄살인이라는 개념 자체가 없었다. 연쇄살인이란 실업, 동성애, 매춘과 같이 퇴폐 자본주의 사회인 서구 문화에서만 나타나는 질병으로 여겼기 때문이다. 따라서 이제 경찰들이 할 수 있는 것은 정신병원에 감금되어 있지 않은 정신이상자들과 성범죄 전과가 있는 이들을 모두 잡아들이는 것이었다. 유일하게 확신할 수 있는 점은 범인이 남성이라는 것뿐이었다. 그러나 다음으로 소년의 사체가 발견되자 수사는 또 한차례 극심한 혼선을 겪었다. 이 사건의 범행수법이 이전 사건과 동일한데도, 경찰은 똑같은 남자가 여자와 남자를 동시에 강간할 수 있다고는 생각하지 못했다. 이러한 일련의 사건에 연루된 범인은 분명 두 명이며, 그중 한 명은 정신이상의 동성애자여야만 했다. 그리하여 전에 정신이상 증세를 보인 사람들과 성범죄 전과가 있는 사람들, 게이 공동체에서 활발하게 활동하던 사람들이 도매금으로 묶여 철창 신세를 지며 끝없는 심문을 당했다. 결국 심문을 당하던 남자가 자살하는 일까지 벌어졌는데, 이밖에도 로스토프의 게이 공동체에서 자살한 사람은 셋이나 더 있었다.

훼손된 신체가 늘어감에 따라 더욱 커져만 가는 의혹을 풀려고 경찰이 애쓰는 동안, 치카틸로는 자신의 끝없는 욕망을 충족시킬 더욱 새로운 방법을 궁리하고 있었다. 이제 범행 대상에는 소년도 포함되었으며, 그가 어떻게 하면 더욱 특이하고 실제 성교에 가장 가까운 쾌감을 느낄 수 있을지를 궁리하면서 범행수법은 더욱 기괴해졌다. 그때부터 발견된 희생자들의 입은 모두 흙과 풀로 틀어막혀 있었다. 이것이 단순히 소리를 내지 못하게 하기 위해서였는지 아니면 더 미묘한 이유가 있는지는 밝혀지지 않았다. 이전 범행들이 순식간에 매우 폭력적으로 이루어졌다면, 이제는 범행 시간이 더욱 길어졌다. 치카틸로는 희생자의 고통과 자신의 성적인 흥분을 더 오래 지속시킬 수 있도록, 더 많이, 그리고 더 깊숙이 칼로 찔렀다. 초기 사건의 희생자들은 남녀 모두 성기가 도려내어져 있었는데, 나중에 그는 성기를 집으로 가져가 씹어먹으면 마음이 진정되는 효과를 느꼈다고 진술했다. 경찰은 또한 시체 주변에 조그맣게 불 탄 흔적이 있는 것을 눈치채기 시작했지만, 이것이 살인과 어떤 관련이 있는지는 상상하지 못했다. 치카틸로는 언제인가부터 '출장'을 다닐 때 작은 단지를 가지고 다니기 시작했는데, 희생자의 성기를 요리해 먹기 위해서였다. 애초부터 그럴 마음은 아니었을지 몰라도, 식인은 곧 범행에서 빠뜨릴 수 없는 부분이 되었다. 후기 범행들에서는 희생자들의 혀가 잘려나간 경우가 많았는데, 혀 역시 인육 스튜로 만들어졌다. 치카틸로는 희생자를 죽일 때나 죽인 후에, 희생자의 몸을 더 많이 훼손하면 할수록 자기가 더 강해지는 기분을 느꼈다.

경찰은 상황을 통제하려고 최선을 다하고 있었지만 사건은 분명 그들의 능력 범위를 벗어났고, 사라진 아이들과 청소년들에게 일어난 일은 로스토프 지역을 넘어 외부 지역으로까지 급속하게 전해졌다. 1984년 5월까지 실종된 아이들이 15명에 이르렀다는 사실은 비밀에 붙여졌지만, 심문이 계속되고 있다는 사실은 숨기려야 숨길 수 없었다. 이제는 무려 15만 명이 넘는 사람들이 경찰서로 불려가 심문을 받는 형국이었다. 언론은 드물게 살인사

건과 어린이 실종을 보도하면서도 그나마 실종사건과 살인이 어떤 연관이 있을지 모른다는 단서는 전혀 제시하지 않았다. 소련에는 연쇄살인범이라는 것이 있을 수 없었기 때문이다.

결국 로스토프 경찰국장은 두 손을 들고 모스크바에 도움을 요청했다. 모스크바 경찰청 강력반에서 빅토르 부라코프 형사가 투입되었다. 37세의 부라코프는 물증 분석에 관한 한 소련에서 가장 뛰어난 형사였으며, 포기를 모르는 집요함으로 유명했다. 로스토프 경찰에게 도움이 절실히 필요하다는 사실은 의심할 여지가 없었다. 1984년 1월부터 8월까지 아동 사체 여덟 구가 더 발견되었으며, 신원 확인이 되지 않은 성인 여성 사체 두 구가 추가로 발견되었다. 이전에 발견된 사체와 달리 이번에 발견된 것들은 안구는 손상되지 않은 상태였으나, 성적인 훼손은 이전보다 훨씬 더 극심했다. 희생자 가운데 14세 소년은 검시 결과 칼로 70번 넘게 찔린 것으로 드러났다. 각 사건 수법은 더욱 더 비슷해졌을뿐더러 오래전에 시체가 발견된 장소에서 새로운 시체가 발견되기 시작했다. 살인마는 옛 범행 장소를 다시 찾고 있었다.

범행이 너무나 잔혹했기에, 부라코프 형사조차 범인은 극심한 정신적 문제를 가졌으리라고 확신했다. 경미한 정신지체가 있는 십대 소년들을 두 차례 체포하여 억지로 자백을 받아내는 데 성공하기도 했으나, 부라코프는 억지 자백은 아무런 가치가 없음을 잘 알았다. 두 소년이 희생자들과 연관된 점이 있다면 단 하나, 소년들이 대중교통을 이용했고, 거의 모든 희생자들이 버스나 기차역 근처에서 발견되었다는 점이었다. 그러나 이것은 유죄를 입증하기에는 턱없이 부족한 증거였다. 또다시 새로운 시체가 발견되자 부라코프 형사는 용의자들을 풀어주었다. 희생자는 두 소년이 구금되어 있을

때 죽은 것이 분명하기 때문이었다.

법의학 전문가가 한 젊은 남성 희생자의 직장 주위에 정액이 묻어 있는 것을 찾아내자, 부라코프는 드디어 확실한 첫 물증을 얻을 수 있었다. 정액에 들어 있는 항원은 혈액에 들어 있는 항원과 동일하다고 알려져 있으므로, 이제 '로스토프 살인마'라고 알려진 범인은 혈액형이 AB형임이 틀림없다는 단서를 얻게 된 것이다. 그러나 불행히도 구금된 용의자 중에는 혈액형이 AB형인 사람이 아무도 없었고, 가능한 용의자 목록에도 없었다. 그러나 적어도 앞으로의 조사에서는 중요한 단서가 될 수 있을 것 같았다.

내무부장관은 부라코프 형사의 요청에 따라 이 사건에 경관 약 열 명을 추가 투입하고, 각 분야 전문가 200여 명으로 구성된 특별전담반을 꾸려 구소련 역사상 가장 큰 규모의 수색작업에 들어갔다.

부라코프는 로스토프 살인마가 거의 모든 희생자를 버스정류장과 기차역에서 구했으리라는 가설을 세우고, 사체가 발견된 지역의 모든 대중교통 터미널에 사복경찰을 배치했다. 그들은 의심스러워 보이거나 젊은 여성 및 아이들에게 접근하는 사람은 누구든 주시하라는 명령을 받았다. 경찰들은 용의자의 특징을 기록했고, 용의자가 눈치채지 못하게 하는 선에서 가능한 경우 이름도 물었다.

결국 로스토프 온 돈 중앙기차역에 배치된 한 경관의 눈에 마르고 머리가 잿빛인 한 남자가 들어왔다. 40대 후반으로 보이는 이 남자는 끊임없이 십대 소녀들과 젊은 여성들에게 접근했다. 그들과 안면이 없는 것은 분명해 보였다. 그러나 단지 그 이유만으로 체포영장을 발부할 수는 없었으므로, 경관은 침착하게 몇 가지 질문을 던졌다. 남자의 이름은 안드레이 치카틸로였고, 근무처는 로스토프네룬트 건설사였으며, 로스토프 안팎으로 출장을

자주 다녔다. 남자는 자신이 젊은 사람들에게 말을 건 것을 순순히 시인했다. 그러나 그 이유는 자기가 전직 학교 교사여서, 어린 사람들과 같이 있으면 옛날 생각이 나기 때문이라고 대답했다. 치카틸로의 설명은 완벽하게 논리적이고 무고해 보였으므로 경관은 그를 풀어주었다. 그러나 풀려나서도 계속 주변을 둘러보는 치카틸로의 모습이 어딘가 이상하고 미심쩍어 보여서, 경관은 뒤를 밟았다.

치카틸로가 기차역 모퉁이에서 여성에게 돈을 주고 구강 성교를 요구하자, 경관은 그를 공공외설행위죄로 체포했다. 치카틸로는 심문을 받으며 자기가 여성을 돈으로 자주 산다는 사실을 순순히 인정했다. 그것은 불미스러운 일임이 분명했지만 그리 심각한 범죄로 분류되지는 않았다. 그래서 경관은 용의자의 가방 내용물만 검사하고 풀어주기로 했다. 가방에서는 바셀린 한 통과 긴 부엌칼, 밧줄과 더러운 수건이 나왔다. 보통 건축회사 직원이 출장을 갈 때 가방에 갖고 다닐 만한 물건들은 아니었다.

치카틸로는 부라코프 형사에게 넘겨져 심문을 받았다. 치카틸로의 혈액형이 희생자의 정액에서 채취한 혈액형과 일치하는지 확인하려고 혈액검사도 받았다. 치카틸로는 검사 결과가 나오기까지 감방에서 오래 기다려야 했고, 그동안 그럴듯한 알리바이를 꾸며내며 시간을 보냈다. 부라코프는 치카틸로에 대해 두 가지 사실을 알아냈다. 그는 열렬한 공산당원이었고, 혈액형은 AB형이 아니라 A형이었다. 그로부터 몇 달 뒤 부라코프는 안드레이 치카틸로가 리놀륨 세 롤을 훔친 전과 기록이 있으며 그로 인해 3개월간 복역했다는 사실을 알게 되었다. 가벼운 절도는 그의 공산당원 자격을 박탈하거나 일자리를 잃게 만들 수는 있겠지만, 이 남자가 로스토프의 살인마임을 입증하기에는 역부족이었다.

1984년 8월 이후로 살인사건은 갑자기 멈춘 듯했다. 끔찍하게 훼손된 시체 몇 구가 더 발견되긴 했지만 훨씬 이전에 일어난 범행임이 명백했다. 치카틸로는 경찰에게 심문을 받고 절도죄로 체포된 이후로 자중하며 이제 훨씬 자유로워진 러시아 언론이 로스토프 살인마를 다루는 추이를 지켜보고 있었다. 그는 영리했고 조심성 있었으며 자제심도 강했기에, 다시 범행을 저지르기까지 2년 반이 넘는 시간을 기다릴 수 있었다.

한편 부라코프 형사는 러시아 경찰사에 그 선례가 없는 족적을 남겼다. 바로 서구적인 방법으로 연쇄살인범을 분석하는 정신의학자와 접촉한 것이다. 알렉산드르 부카노프스키 박사는 6쪽짜리 보고서를 내놓았는데, 이 보고서는 부라코프 형사의 흥미를 끌긴 했지만 수사망을 좁히는 데 도움이 되지는 않았다. 1987년 5월까지도 이 사건은 부라코프가 처음 맡았던 3년 전에 비해 이렇다 할 진전을 보지 못했다. 그런데 드디어 부라코프의 끈질긴 관심에 활기를 불어넣어주는 사건이 터졌다. 모스크바 경찰로부터 소년 살인사건에 대한 보고가 올라오기 시작한 것이었다. 이들은 모두 수차례 칼로 찔렸으며 성적으로 훼손되어 있었다. 부라코프는 로스토프에서 일어난 살인사건들이 이 새로운 사건과 관련이 있음을 깨닫고 부카노프스키 박사를 다시 찾아갔다. 이번에 박사는 로스토프 살인마에 관련된 모든 사건에 대한 경찰 보고서를 전부 접할 수 있었다. 그리하여 부카노프스키 박사가 작성한 새로운 보고서는 무려 65쪽에 달했으며, 미지의 용의자를 아주 자세히 설명했다. 박사에 따르면 용의자는 자신이 하는 일을 정확히 통제하는 것으로 보아 정신이상자가 아니었다. 그는 양성애자이며 사디스트이고 아마도 발기불능일 가능성이 컸다. 희생자의 성기에 삽입한 칼은 자기 성기의 대용물로 추측되었다. 살인이 전부 주중에 일어난 점으로 보아 용

의자는 출장을 다니는 직업을 갖고 있을 테고, 나이는 45세에서 50세 사이로 추정되었다. 그러나 가장 우려스러운 부분은, 범인은 살인 욕구를 대단히 오랫동안 참을 수 있지만, 언젠가는 반드시 범행을 재개하게 되어 있고, 일단 시작하고 나면 붙잡힐 때까지 멈추지 않으리라는 점이었다. 이것은 훌륭한 보고서였지만, 수천 명의 용의자 가운데 40대 후반이고 출장을 자주 다니며 발기부전인 한 사람을 집어낸다는 것은 부라코프의 능력을 벗어나는 일이었다.

 1990년대 중반, 치카틸로는 범행을 재개했다. 오랫동안 참았기 때문인지 광적인 굶주림은 전보다 더 강해져 있었고, 일단 시작하자 살인과 신체훼손의 보폭은 전에 없이 빨라졌다. 그해 7월, 로스토프와 모스크바 경찰은 로스토프 살인마가 총 32명을 살해했다고 추산했다. 부카노프스키 박사가 설명한 용의자를 찾아야 한다는 압박을 더욱 심하게 느낀 부라코프 형사는 범인을 공개된 장소로 끌어들일 새로운 계획을 짰다. 지금까지는 로스토프 지역의 모든 기차역과 버스 정류장에 사복경찰을 배치했지만, 이제는 주요 역에서 근무하는 경찰들에게 경찰복을 입혀 경찰의 존재를 분명히 드러냈다. 나머지 역의 경찰들은 계속 사복을 입혀 마치 일부 역에서만 경찰 감시가 이루어지고 있는 것처럼 보이게 했다. 범인이 경찰복을 입은 경찰들이 배치된 역을 피하게 함으로써 범인의 활동범위를 나머지 역으로 좁히려는 계획이었다. 범죄가 일어날 수 있는 모든 통로를 막기 위해 기차역이나 버스정류장 근처의 숲에도 경찰을 배치했다. 숲속에 배치된 경찰은 농부나 나무꾼으로 위장해 가능한 한 눈에 뜨이지 않게 했다. 무려 350명이 넘는 경찰 병력이 동원된 대규모 작전이었다.

 돈레스코즈 마을의 한 기차역에도 사복경찰이 배치되었다. 그러나 부라코프의 계획이 실행되는 동안 범인은 또다시 살인을 저질렀다. 돈레스코즈에서 16세의 정신지체 소년이 납치되어 칼에 27군데를 찔리고 성폭행을 당했다. 그리고 이 살인사건이 일어난 거의 직후에 동일한 수법의 살인이 샤크티 역 근처에서 일어났다. 부라코프는 격분하여 경찰 병력을 현장으로 파견했지만, 현장에서 그들이 할 수 있는 것은 그저 기다리며 "용의자로 의심되는" 사람들의 정보를 수집하는 것뿐이었다. 경찰에서 주목하는 용의자 중에는 54세의 안드레이 치카틸로도 있었다. 치카틸로는 11월 6일 돈레스코즈역에 모습을 나타냈는데, 그날은 바로 정신지체 소년이 납치되어 살해당한 날이었다. 부라코프는 치카틸로의 이름을 즉각 알아보고 그날 돈레스코즈 역에 있었던 모든 사람들을 탐문 수사하라고 명령했다. 부라코프는 탐문을 통해 그동안 알고 싶었던 모든 사실을 알게 되었다. 사건 발생일, 치카틸로가 버스 정류장 근처에 있는 숲길에서 코트에 검불을 묻힌 채 걸어나오는 것을 본 목격자가 나온 것이다. 당시 그의 볼에는 붉은 자국이 묻어 있었다고 했다. 그 후에는 역 근처 양수기에서 손을 씻는 것이 목격되었다. 부라코프는 즉시 치카틸로를 감시하라는 명령을 내렸다.

부라코프는 치카틸로를 감시하는 한편 용의자의 배경과 활동을 더 깊이 조사했다. 치카틸로가 교사직에서 해고된 이유를 밝혀내고, 회사 출장을 다니는 경로가 살인사건 발생 지역과 일치한다는 사실도 알아냈다.

1990년 11월 20일, 안드레이 치카틸로는 용의자로 체포되었다. 그다음 날, 경찰은 법원 선임 변호사가 참석한 가운데 그를 심문했다. 코스토예프라는 수사관은 아무리 까다로운 용의자에게서도 자백을 받아내기로 유명했는데, 그가 치카틸로의 심문을 맡았다.

치카틸로는 1984년에 있었던 일과 마찬가지로 모든 것이 착오라고 주장

했다. 심문 사흘째, 치카틸로는 일종의 '성적인 약점' 때문에 돈을 주고 여성을 샀고, 구체적인 설명은 거부했지만 '비정상적인 성행위'를 했다고 인정했다. 하지만 결국은 자신이 발기부전임을 시인했다. 이는 부카노프스키 박사가 지목한 용의자의 주요 특징이었다. 부라코프는 치카틸로가 범인임을 확신하고 부카노프스키 박사에게 로스토프로 와서 안드레이를 심문해달라고 요청했다. 부라코프는 박사가 도착하기까지 기다리는 동안 첫 난제에 손을 댔다. 1984년 혈액검사에서도 나왔듯 치카틸로의 혈액형이 AB형이 아닌 A형이라는 점이 풀리지 않는 의문이었던 것이다. 그러나 지난 6년 사이 혈액검사 기술이 더욱 진보했기에, 부라코프는 치카틸로를 모스크바로 보내 새로 검사를 받게 했다. 그 결과 치카틸로의 혈액에 들어 있는 B형 항원의 개수가 적어, 때에 따라 AB형으로도 A형으로도 읽힐 수 있다는 결과가 나왔다. 이는 100만 명 중에 한 명꼴로도 보기 힘든 경우였지만, 얄궂은 운명의 장난이었던지, 치카틸로는 6년 전 이러한 결과 덕분에 무사히 풀려날 수 있었던 것이다.

부카노프스키 박사가 로스코프에 도착했을 때 이미 부라코프의 마음속에는 치카틸로가 범인이라는 확신이 있었다. 이제 해야 할 일은 단 하나, 자백을 받아내는 것뿐이었고, 그것은 부카노프스키 박사의 몫이었다. 박사는 범죄심리학 전문가들이 쓰는 '비대립적인' 접근법을 쓰면서 천천히 진행했다. 박사는 단순히 치카틸로에게 그가 지정한 '유력 용의자'의 특징을 읽어주는 것으로 심문을 시작했다. 그랬더니 놀라운 일이 벌어졌다. 12년 동안 형언할 수 없이 끔찍한 살인과 성폭행, 식인을 자행해온 치카틸로가 입을 연 것이다.

치카틸로는 1978년 12월, 옐레나 자코트노바의 이야기부터 시작했다.

이 사건에 대해서는 다른 사람이 범인으로 지목되어 사형까지 당했기 때문에 자백은 적잖은 당혹감을 불러일으켰다. 치카틸로는 자백을 계속하며 자신이 저지른 범죄를 하나하나 늘어놓았고 범행동기가 무엇이었는지도 설명했다. "비명소리, 피, 고통, 이 모든 것들에서 안도감과 일종의 쾌락을 느꼈습니다." 치카틸로는 여성의 젖꼭지를 물어뜯고 질, 음경, 고환을 날로 먹거나 요리해 먹으며 "동물적인 만족"을 느꼈다고 설명했다. 특히 갓 도려낸 질에 자기 정액을 묻혀 씹어먹는 것이 좋았다고 했다.

치카틸로는 대상자를 고르는 여러 수법에 대해서도 설명했다. 며칠이나 몇 주간 대상자를 미행하기도 했고, 때로는 그저 눈에 뜨이는 사람을 무작위로 공격하기도 했다. 치카틸로는 희생자의 성기를 칼로 난자한 것은 삽입을 대신한 행위임을 시인했고, 몸에 피가 묻는 것을 피하려고 항상 희생자의 옆에 무릎을 꿇고 앉아서 범행을 저지른 상황을 몸소 재연해 보였다. 그의 자백 가운데 사람들이 가장 경악한 부분은 범행의 수였다. 경찰이 밝혀낸 희생자는 36명이었으나, 치카틸로의 자백에 따르면 경찰이 밝혀내지 못한 희생자가 19명이나 더 있었다.

차마 입에 담을 수 없을 만큼 끔찍한 내용의 자백과 심문이 18개월이나 계속되었다. 그 사이에 치카틸로는 모스크바에 있는 세르브스키 정신병원으로 옮겨져 안드레이 트카첸코 박사에게 정신감정을 받았다. 트카첸코 박사는 보고서에서 치카틸로의 문제는 부분적으로 태아기의 뇌수종과 관련이 있다고 주장했다. "검사 결과 치카틸로는 출생 이전 혹은 출생 동안에 발달과 관계된 뇌 특정부위가 손상되었음을 암시하는 신경적인, 혹은 전체적인 증상을 보였습니다. 특히 뇌기능을 영상으로 진찰한 결과 우뇌 전두엽의 기능장애 징후를 발견했습니다."

로스토프 살인마 안드레이 치카틸로의 재판은 1992년 4월 14일, 법정에 사람이 빽빽하게 들어찬 가운데 시작되었다. 전체 250석이 희생자의 가족들로 거의 다 채워지다시피했다. 치카틸로가 커다란 철제 우리에 갇힌 채 법정으로 입장하자 청중은 치카틸로에게 사형을 언도하라고 소리치기 시작했다. 치카틸로는 이러한 소란에도 전혀 겁먹지 않고 오히려 그들에게 되받아치기까지 했다. 치카틸로는 재판 내내 파괴적인 행동을 보였으며 음란한 행동까지 서슴지 않았다. 고함을 지르고 공산당 당가인 〈인터내셔널가〉를 부르며 바지를 내리고 청중과 판사에게 성기를 흔들어 보이기도 했다. 그리고 자신이 "방사능에 노출"되었으며 희생자들을 두고 "나는 적군의 항공기를 총으로 쏴서 떨어뜨린 것뿐이다."라고 말하는가 하면, 웃옷을 찢어버리며 "이제 내가 아기를 낳을 때다."라고 소리치기도 했다.

이러한 행위는 재판장에게 아무런 영향을 주지 못했다. 증거가 225건이나 되었고, 정신의학자들은 검사를 통해 비록 범죄의 정도가 극악무도하기는 하나 치카틸로는 범죄를 저지르고자 하는 욕구가 생길 때 그 욕구를 통제할 만한 분별력이 있었던 것으로 보인다고 판단했다. 뿐만 아니라 재판에서 제시된 물증은 너무나 끔찍하고 생생해서, 치카틸로를 가둔 우리를 지키던 군인 한 사람이 기절을 할 정도였다.

유죄판결은 거의 필연적인 결과였고, 치카틸로는 10월 14일, 재판이 시작된 지 6개월 만에 살인 52건에 대해 유죄판결을 받았다. 항소가 즉시 제기되었으나 기각되었다. 1994년 2월 15일, 치카틸로는 감옥 지하 방음실에서 머리에 총 한 발을 맞고 사망했다.

1995년에는 치카틸로 사건을 다룬 텔레비전 영화 〈시티즌 엑스〉가 제작되었으며, 배우 스티븐 레아가 빅토르 부라코프 경관 역을 맡았다. 1999년

『뉴스위크』지는 이 사건을 다루며 로스토프 온 돈을 세계 연쇄살인의 수도로 지칭했다. 그 기사에 따르면 "지난 10년간 이 지역에서만 29명의 살인 및 강간범이 체포되었다."

13장
살아 있는 시체를 갖고 싶었던 남자: 제프리 다머(1978~1991년)

제프리 다머를 본 사람들은 누구나 거리에서 매일 볼 수 있는 지극히 평범한 보통 사람이라고 생각할 것이다. 제프리 다머는 1960년 5월, 위스콘신 주 중심부인 밀워키의 한 전형적인 미국인 가정에서 태어났다.

인구 70만의 밀워키는 근면한 독일계 이주민이 많이 살고, 미국에서 생산되는 맥주 총량의 20퍼센트를 생산하는 것으로도 유명하며, 할리데이비슨 오토바이의 본고장이기도 하다. 다머 가족은 밀워키의 전형적인 가족이었다. 화학 박사였던 아버지 라이어넬은 가족과 떨어져 지내는 시간이 많았지만, 시간이 허락하는 한 가족과 단란한 시간을 가지려고 노력하는 아버지였다. 어머니 조이스는 건강을 지나치게 걱정하고 약간 신경증이 있는 가정주부였다. 다른 아이들과 마찬가지로 제프리 다머 역시 개를 길렀으며, 때로는 날개가 부러진 새를 주워와서 아버지에게 고쳐달라고 하기도 했다. 다머의 말에 따르면 자신도 "어렸을 때는 다른 사람들하고 다를 것이 없었다."고 한다. 그러나 이 말이 그다지 사실이었던 것 같지는 않다.

다머가 4살 되던 어느 해 여름, 아버지 라이어넬이 현관 밑에서 쓰레기를 쓸어내는데 검불 속에 죽은 새들이 여러 마리 섞여 나왔다. 그런데 다머는 죽은 새의 뼛조각에 병적일 정도로 집착하며 무척 즐겨 가지고 놀았다. 당시 라이오넬은 '아이의 장난기'라고 생각하며 웃어넘겼지만, 나중에 회상할 때는 그것이 다머에 대한 '지배적인 기억'이라고 말했다.

1966년에 둘째 아들 데이비드가 태어났을 때 라이어넬은 새로운 연구직을 맡게 되었고, 다머 가족은 밀워키에서 오하이오 주 애크런으로 이사했다. 라이어넬은 과거를 회상하며 동생의 출생으로 인한 소외감, 이사, 그리고 학교에 들어간 첫해의 경험이 다머에게 특히 큰 영향을 준 것 같다고 말했다. 라이어넬은 나중에 아들에 관한 책을 한 권 썼는데, 그 책에서 "이상한 두려움이 다머의 성격을 엄습하기 시작했다. 사람들에 대한 두려움과 전반적인 자신감 부족이었다. 한때 너무나 행복한 것 같았던 이 아이는 이제 지독히도 수줍음을 타고 낯을 가리며 거의 말이 없는 아이가 되었다."고 적었다. 다머의 부모는 걱정이 되었지만 갓 태어난 아기와 새로운 직업, 새로운 집과 낯선 도시에 적응하느라 다머에게만 관심을 쏟을 수는 없었다. 게다가 아이들은 여러 시기를 지나게 마련이었다. 그러나 다머의 '어두운 시기'는 한 번 지나가버리고 마는 것이 아니었다. 아버지는 앞서 말한 책에서 "아이의 겉모습과 전반적인 행동 방식이 열 살에서 열다섯 살 사이에 갑작스럽게 바뀌었다. 거의 늘 지독하게 수줍음을 탔고, 다른 사람이 다가오면 극도로 긴장했다. 집에만 있으려고 하는 성향은 더욱 강해졌고, 집에 있을 때도 방에 혼자 있거나 텔레비전에만 빠져 있었다. 멍하게 아무런 감정이 없는 듯한 표정을 지을 때가 많았다."고 회상했다.

사실 다머가 자기만의 세계에 빠지게 된 것은 다머 부부의 소원한 관계,

그리고 자신이 동성애자일지 모른다는 어렴풋한 두려움에 부분적인 원인이 있었다. 특히 동성애 문제는 근본주의적인 그리스도교를 믿는 다머 가족의 가풍에서는 이해될 수 없는 것이었다. 다머는 이러한 문제에 어떻게 대처해야 할지 알 수 없었기 때문에 자기만의 세계로 빠져들고 만 것이다. 그래도 고등학교에 들어가서는 열심히 학교생활을 하려고 노력했다. 교지를 만들기도 했고 4H 클럽(일종의 학생 활동으로 시골 지역에 가서 농사를 짓고 가축을 기르는 활동)에 가입해 활동하기도 했다. 하지만 친구들이 보기에 다머는 항상 고독한 아이였으며, 그가 이미 알코올 중독이라는 것을 아는 아이들도 적지 않았다. 다머는 때로 교실로 맥주를 몰래 가지고 들어와 점심때마다 조금씩 마시고는 했다.

다머의 18살 생일과 고등학교 졸업식이 다가올 무렵, 다머의 부모는 격렬한 싸움 끝에 이혼을 결정한다. 부부는 살던 집은 나중에 처분하자며 이혼을 결정함과 거의 동시에 이사를 했다. 어머니는 11살 된 아들 데이비드를 데려갔다. 부부는 이미 의사소통이 단절되어 있었기에, 서로 상대편이 다머를 맡으리라고 생각했다. 그래서 어느 날 학교에서 돌아온 다머는 돈도, 먹을 것도 없고 고장난 냉장고만 덩그러니 놓인 집에 아무도 없이 혼자 남은 처지가 되었다. 다머의 부모는 다머가 혼자 남겨진 것을 알고 나중에 사태를 수습했지만, 다머는 이날의 충격을 마음속에 영원히 담아두었다. 그는 이 버려진 기억 때문에 평생을 고통스러워했다.

다머는 1978년 7월, 고등학교를 졸업한 지 며칠 뒤 우연히 스티브 힉스라는 동갑내기를 알게 된다. 스티브는 자기 여자친구의 집에 가려고 히치하이킹을 하다 다머의 차를 얻어 타게 되었다. 다머는 힉스에게 동네 술집에서 맥주를 사겠다고 제안했고, 서두를 것이 없었던 스티브는 흔쾌히 받아들였다. 그들은 맥주를 몇 잔 마시고 다머의 할머니 집으로 갔다. 그런데 이곳에서 다머는 다시 혼자 남겨지는 것이 너무나 두려웠던 나머지 스티브를 둔기로 내려쳐 죽이고 만다. 그리고 시체는 마룻바닥의 빈 공간에 밀어넣었다. 일주일 뒤, 다머는 밤늦게 집으로 돌아와 스티브의 시체를 토막내 비닐봉지에 담아 차 트렁크 안에 실었다. 그리고 근처 숲으로 가서 시체를 땅에 묻었다. 당시 다머는 맥주를 몇 잔 마신 상태였는데, 난폭하게 운전을 하다가 경찰의 단속에 걸렸다. 경찰이 다머에게 이 지독한 악취가 어디서 나는 것이냐고 묻자 다머는 쓰레기장에 쓰레기를 버리고 오는 길이라고 설명했다. 경찰은 음주운전에 대해 주의를 주고 검문을 마쳤다.

다머는 시간이 좀 지나고 나서야 스티브 힉스를 살해하면서 돌이킬 수 없는 길로 들어섰음을 깨달았다. 그는 정신감정에서 이렇게 말했다. "그날 밤, 오하이오에서 한 일은 충동적으로 저지른 짓이었어요. 하지만 그날 이후로 제 삶에 정상적인 것은 하나도 없었어요. 인생이 완전히 망가졌습니다. 그 일이 일어난 뒤로 저는 되도록이면 정상적으로 살려고 노력했고, 그 일은 묻어두고 싶었지만, 그런 일이 잊혀질 리가 없었지요."

아버지는 아들이 점점 목적 없이 세월을 허송하는 것을 걱정했고, 걱정되기는 새어머니 샤리도 마찬가지였다. 그들은 다머에게 술을 끊고 인생에 방향을 세워보라고 충고했다. 그 무엇이라도, 어떤 것이라도 좋으니 목적을 가져보라고 했다. 그리하여 다머는 오하이오 주립대학교에 입학했으나, 학교에 들어가서는 학교 앞 술집에서 시간을 보내다가 결국 첫 학기에 낙제점을 받고 퇴학당한다. 아버지는 이제 완전히 포기하고 일자리를 구하든지 아니면 군대에 가라고 아들에게 종용했다. 다머는 군대를 택했다.

1979년 1월, 군입대 후 다머의 상태는 점점 좋아지는 듯했다. 기초 훈련

을 문제없이 통과하고, 위생병이 되어 독일에 있는 미군기지에 배치를 받았다. 그러나 음주벽이 또다시 문제가 되었다. 결국 1981년 초에 다머는 알코올 중독을 이유로 강제 제대를 당했다. 다시 오하이오로 돌아온 다머는 땅에 묻어둔 스티브 힉스의 뼈를 파내어 망치로 뼈를 갈아 숲속에 뿌렸다. 그리고 그 몇 달 뒤인 10월에는 음주 및 풍기문란죄로 체포되었다. 아버지는 방탕한 생활을 하는 아들을 더 이상 참지 못하고 할머니 집으로 보냈다. 할머니는 밀워키 근교인 웨스트 앨리스에 빈 아파트를 한 채 갖고 있었다. 새 집으로 이사 온 다머는 이제 스스로 생계를 책임져야 했다.

고향 밀워키로 돌아온 다머는 미국 중서부의 다른 젊은이들과 전혀 다를 것이 없어 보였다. 키 180센티미터에 몸무게 86킬로그램, 짙은 금발머리에 안경을 쓴 그는 예의 바른 청년이었고, 점잖은 말씨에 외모도 썩 나쁘지 않았다. 친구를 사귀지는 못했지만, 사람들에게 좋은 인상을 주었다. 다머는 앰브로시아 초콜릿 회사 공장에서 일자리를 얻었으며, 많은 이들이 그러듯 일이 끝나고 나면 술을 마시는 것을 즐겼다. 게다가 밀워키 사람들은 누구나 맥주를 마셨다. 다머가 술집에서 바지를 내려 경찰에게 주의를 받아도 사람들은 그저 웃어넘겼다. 그러나 1986년 9월, 다머가 두 소년 앞에서 자위를 하다가 적발되었을 때는 상황이 조금 달랐다. 그는 공연음란죄로 집행유예 1년을 선고받았다. 그러나 언제나 그랬듯이 아버지가 달려와 변호사 비용을 대고 문제를 처리했다. 아버지는 아들에게 음주벽을 고치라고 다시 한 번 애원했지만 다머는 듣지 않았다.

1987년 9월, 다머는 밀워키 게이 바에서 술을 마시다가 스티브 투오미라는 청년과 대화를 나누게 되었다. 다머는 투오미를 호텔로 데려와 살해한 뒤 의식을 잃었다. 깨어나 보니 다머의 입가에는 피가 묻어 있었다. 다머는

서둘러 커다란 가방을 구해다 투오미의 시신을 담고 가방을 할머니 집 지하실로 가져갔다. 그리고 시체를 쓰레기장에 버리기 전에 시체와 섹스를 했다. 다머는 자신이 두 번이나 사람을 죽였다는 사실에 매우 놀랐다. "또다시 이런 일이 일어났다는 사실을 믿을 수가 없었습니다. 도대체 무슨 생각으로 그런 짓을 저질렀는지 저 자신도 알 수가 없었어요. 왜 그랬는지 알아내려고 애써봤지만, 아무것도 기억나지 않았습니다." 어쨌든 스티브 투오미의 죽음으로 다머의 머릿속에 있던 장벽은 무너졌다. 억누르려 했던 욕망의 봇물이 드디어 터지고 만 것이다.

그로부터 4개월 뒤, 다머는 다시 사람을 죽이고 신체를 훼손하고 싶은 욕구를 느꼈다. 그리하여 1988년 1월에는 열네 살짜리 소년 제이미 독스테이터를 데려와 죽인다. 소년은 게이 바를 전전하며 자기를 사랑해줄 사람을 애타게 찾고 있었다. 그리고 다머는 그 뒤 3개월도 채 지나지 않아 리처드 게레로 역시 같은 수법으로 죽였다. 처음에는 엄청난 일탈행위로 느껴지던 것이 이제는 기벽쯤으로 변해 있었다.

다머의 할머니는 손자가 그처럼 입에 담지 못할 욕구를 가졌다는 사실은 전혀 눈치채지 못했지만, 손자의 방탕하고 술에 찌든 생활에는 진력이 난 터였다. 1988년 여름, 할머니에게 집에서 나가달라는 부탁을 받고, 다머는 9월 말에 밀워키의 한 아파트로 이사를 했다. 그리고 마치 방탕한 생활을 옭아매던 마지막 족쇄에서 풀려나기라도 한 듯, 이사한 바로 다음 날 범죄를 저질렀다.

9월 26일, 다머는 13세의 라오스계 소년에게 접근해 50달러를 줄 테니 누드 사진에 포즈를 취해달라고 제안했다. 소년은 승낙했지만, 그래도 안심이 되지 않았는지 다머는 소년에게 약을 먹이고 나서 성관계를 가졌다. 나

중에 소년이 몽롱한 상태로 비틀거리며 집에 들어오자 소년의 부모는 무슨 일이 벌어졌다는 사실을 알아차렸다. 병원에서 검사를 받은 결과 소년이 약을 먹었다는 것이 밝혀졌고, 신고를 받은 경찰이 초콜릿 공장에서 일하고 있던 다머를 체포했다. 다머는 미성년자 착취 및 2급 성폭행 혐의로 기소되어 다음 해 1월까지 징역형을 선고받았지만, 보석으로 풀려났다.

재판 결과가 나오기까지 기다리는 동안 긴장감을 해소하고자, 다머는 앤서니 시어스라는 청년을 집으로 데려왔다. 다머는 대담하게도 시어스 친구의 차를 얻어타고 자기 집까지 온 다음, 집에서 시어스를 살해했다.

그해 5월, 법원은 다머에게 판결이 나기 전에 정신의학자 세 명에게 검사를 받으라는 명령을 내린다. 의사들은 만장일치로 다머가 사실을 말하지 않으며 대답을 회피하고 있어 병원에서 집중 치료를 받아야 한다고 진단했다. 이번에도 역시 아버지는 변호사를 고용했고, 다머의 변호를 맡은 제럴드 보일 변호사는 이것이 다머의 첫 범법행위이기 때문에 감옥행은 과한 처벌이라고 주장했다. 변호사는 법정에서 당당하게 이렇게 말했다. "여기 있는 피고인은 재범이 아닙니다. 피고인은 구속될 때까지도 자신이 어떠한 일을 저질렀는지 알지 못했을 것입니다." 다머는 피고인 진술에서 변호사의 주장에 동의했다. "제가 저지른 범죄는 아주 심각한 것이 맞습니다. 저도 이런 경우는 처음입니다. 이건 정말 악몽 같습니다……. 선처를 부탁드립니다. 제 인생의 방향을 돌려놓고 싶습니다." 재판장은 다머의 호소를 들어주어 집행유예 5년을 선고하며, 첫해는 낮에 일하고 저녁에 감옥으로 퇴근하는 '노동석방제(수형자를 매일 출근시켜 노동하게 하는 갱생 제도—옮긴이)'에 복역하게 했다. 그리고 10개월 뒤, 재판장은 대단히 모범적인 품행을 보인 다머를 조기 석방했다. 다머가 노동석방제에 복역하는 동안 법원은 전문 상담을 받으라

는 명령을 하지 않았다. 심지어 다머의 아버지가 전문가의 도움을 받기 전에는 다머를 석방하지 말아달라고 호소하는 편지를 보냈는데도, 판사는 이를 무시했다. 다머에게 심각한 문제가 있음을 알고 있는 사람은 아버지 한 사람뿐이었다. 그는 편지에서 아들이 걱정된다며 이렇게 썼다. "제 아들은 더 이상 예전 같지 않습니다. 거짓말을 일삼고 도둑질을 하고 알코올 중독에 노출증 환자가 되었으며, 아이들을 성추행하고 있습니다. 저는 제 아들이 이렇게 망쳐질 줄 상상도 못했습니다. 제 아들에게는 없는 것이 하나 있습니다. 바로 양심입니다."

다머는 잠시 동안 다시 할머니 집에서 지냈지만 1990년 5월, 밀워키 시 25번가 북쪽 924번지에 있는 옥스퍼드 아파트 213호에 방을 얻는다. 다머는 자신이 위험한 생활을 하고 있음을 잘 알았다. 따라서 아파트 건물 출입문에 있는 보안장치만으로는 만족하지 못하고, 추가로 자기 방에 비상경보장치와 잠금장치를 달았다. 앞으로 하려는 일을 생각하면 별도 장치가 반드시 필요했다.

다머는 이제 광란 상태가 되어 범죄의 빈도수와 강도를 한층 높였다. 7월에는 에드워드 스미스를 살해했고, 한 달 뒤에는 리키 빅스를 살해했다. 9월에는 두 명이나 죽였다. 첫 희생자는 어니스트 밀러였고 둘째 희생자는 데이비드 토머스였다. 이제 다머의 범행수법은 한층 노련해졌다. 다머는 매번 불안정한 생활을 하는 젊은 남자들을 골랐고, 또한 자신처럼 알코올 중독이거나 범법행위를 자주 저지른 사람들을 고르는 일이 많아졌다. 희생자 가운데 상당수는 유색인종이었다. 경찰이 유색인종의 실종에 그다지 관심을 기울이지 않는다는 사실을 잘 알았기 때문이다.

희생자에게 접근하는 방식 역시 쉽게 예측할 수 있는 것이었다. 다머는

게이 바나 서점에서 후보들을 찍어 자연스럽게 대화를 시도했다. 다머는 조리있는 말솜씨에 준수한 외모를 갖추었기에 상대를 유혹해 아파트로 데려오는 데 별 어려움이 없었다. 주로 집에서 함께 '포르노' 영화를 보자고 하거나 사진을 찍게 포즈를 취해달라고 부탁했다. 상대가 그의 말에 넘어가 일단 집으로 들어오면 다머는 수면제를 섞은 술을 주었다. 그래서 상대가 저항할 힘을 잃으면 허리띠나 맨손으로 목 졸라 죽인 뒤 날카로운 칼로 목을 땄다. 그리고 나서 희생자의 옷을 벗겨 사진을 찍고 시체와 섹스를 했다. 이제 다머는 익숙한 솜씨로 내장에서 뿜어나오는 온기를 즐기며 시체를 토막냈고 전 과정을 사진으로 찍어두었다. 마지막 단계는 시체를 해부하며 가장 좋은 부위를 따로 발라내는 것이었다. 팔의 이두근, 심장, 허벅짓살 같이 맛이 좋은 부위는 비닐로 싸서 냉장고에 넣어두거나 두었다 먹으려고 냉동시켰다. 성기는 도려내 포름알데히드 용액에 담가두고, 두개골은 삶아서 회색 스프레이 페인트를 뿌려 보관했다. 가끔은 나날이 늘어가는 두개골을 모두 꺼내 그 앞에서 자위를 하기도 했다. 시체의 나머지 부분은 200리터짜리 통에 넣어 산을 부었다. 근육과 뼈가 산에 녹아 액화되면 변기에 넣어 흘려보냈다. 물론 희생자를 처리하는 방법은 다양했다. 어니스트 밀러의 경우는 두개골을 깨끗하게 삶아서 나중에 재활용하려고 표백해두었다. 나중에 죽임을 당한 어떤 희생자는 피부를 벗겨 무두질해 가죽처럼 만들었다.

다머는 식인 범죄자 가운데서는 이례적으로 자신의 식인 행위에 대해 해명했는데, 바로 희생자를 먹음으로써 그들이 자신의 일부가 되고 항상 같이 있는 것 같은 느낌을 받았다는 것이다. 뜻밖에도 그는 그렇게 함으로써 일회용 연인들이 자기를 영원히 버리지 않을 것이고, 관계의 결정권이 자기 수중에 들어온다고 확신하고 있었다. 사실 다머는 관계를 통제하고자 하는 욕망과 버려짐에 대한 두려움 때문에 식인보다 더 끔찍한 짓도 저질렀다. 그 일은 너무 끔찍했는지 다머 자신조차도 말하기를 망설였다. "사람을 계속 죽여도 결국 남는 건 해골밖에 없다는 것이 싫었습니다. 이런 말을 하면 이상하게 들리겠지만…… 말을 해도 될지…… 전 상대가 잠들면 송곳을 가져와서…" 다머가 차마 설명하지 못했던 행동은 바로 좀비(살아 있는 시체—옮긴이) 같은 섹스노예를 만들려고 했던 것이었다. 그는 약에 취한 희생자의 머리에 2밀리미터 정도의 구멍을 뚫고 뇌에 염산을 부어, 희생자가 말 그대로 "죽지 않았지만 죽어 있는" 좀비 상태가 되기를 원했다. 그러면 좀비는 다머가 외출했을 때는 얌전히 기다리고 있다가 다머가 집에 돌아오면 언제든 다머와 섹스를 할 수 있었다. 그러나 다머의 예상은 빗나갔다. 희생자 대부분은 작업을 시작하자마자 죽었기 때문이다. 개중에는 뇌가 천천히 녹는 바람에 며칠간 의식을 유지하는 경우도 있기는 했다. 다머는 결과가 좋지 않은데도 노력을 멈추지 않았다.

1991년 2월, 다머는 커티스 스트라우터를 죽였다. 그다음 달에는 에롤 린지를, 그다음 달에는 토니 휴를 죽였다. 휴의 사건은 특히 비극적이었는데, 말하지도 듣지도 못했던 그는 누군가 자신과 같이 있어 주었다는 데 대해 매우 고마워했기 때문이다. 그러나 휴가 죽지 않았다면 다머가 자신의 몸을 3일간 바닥에 방치해둔 데 대해 그리 고마워하지는 않았으리라. 다머는 자기가 생각해도 살인에 엄청난 속도가 붙었다는 것을 느낄 수 있었다. "한 달쯤 지나면 제가 한 짓에 대한 두려움과 공포가 사라졌어요. 그러면 또 다시 시작했죠. 그쯤 되니 사람을 죽이는 것은 그저 일종의 갈증과 굶주림에서 나온 행동일 뿐이었어요. 어떻게 설명해야 할지 모르겠습니다만, 그냥 충동이었죠. 닥치는 대로 죽이고 또 죽였습니다." 토니 휴를 죽였을 무렵,

다머는 거의 일주일에 한 번꼴로 살인을 저지르고 있었다. 다머는 이처럼 가공할 속도로 범행을 계속하다 결국 실수를 저지르고 말았다.

  5월 27일, 토니 휴의 시체를 처리한 바로 그날 저녁, 다머는 또 죽일 사람을 찾아나섰다. 그리고 14세인 동양계 소년 코네락 신서솜폰을 만났다. 다머는 사진 모델을 해달라는 말로 속여 소년을 아파트로 데려왔다. 다머는 소년에게 약을 먹여 강간하고 머리에 구멍을 뚫었다. 그런데 다머가 소년의 머리에 부을 염산을 가지러 간 사이에 정신을 되찾은 소년이 휘청거리며 아파트를 빠져나가버렸다. 몇 분 뒤인 새벽 두 시, 18세의 흑인 소녀 두 명이 알아들을 수 없는 말을 중얼거리며 머리 꼭대기에서 다리까지 피투성이로 알몸인 채 거리를 헤매는 신서솜폰을 발견했다. 한 흑인 소녀가 신서솜폰에게 달려갔고, 다른 소녀는 911을 불렀다. 다머는 경찰이 도착하기 전에 신서솜폰을 찾아 거리로 나왔다. 흑인 소녀 두 명은 경찰이 나타날 때까지 소년이 다머에게 발각되지 않도록 소년을 숨겨주었다가, 경찰이 도착하자 자신들이 본 광경을 격분해서 설명했다. 그런데 그때 다머가 끼어들어 소년은 어려 보이지만 사실은 열아홉 살이고 자기 애인이라고 설명했다. 경찰은 굳이 번거롭게 다머의 신원을 확인하려 하지 않았다. 만일 신원을 조회했다면 다머가 아동성추행으로 구속되었다가 가석방된 적이 있다는 것을 알 수 있었을 테고, 그때 성추행을 당한 사람이 코네락 신서솜폰의 형이라는 것도 알 수 있었으리라. 그들은 소년의 머리와 다리가 피투성이라는 것도 눈여겨보지 않았다. 그들의 눈에 보인 것은 조리있게 설명하는 31세의 백인 남자와 십대 흑인소녀 두 명이었다. 경찰이 누구의 말을 믿었겠는가? 그들은 이 모든 것은 "게이 연인들의 사랑싸움"이라고 웃어넘기며 오히려 신서솜폰을 다머의 집까지 데려다주었다. 신서솜폰은 그 몇 분 후 살해당했고 그의 살코기는 냉

장고에 보관되었으며, 두개골은 다머의 수집품 목록에 포함되었다.

나중에 이 사건이 밝혀지자 코네락을 죽음으로 이끈 경찰들은 즉각 해고되었지만, 소송을 걸었고, 승소하여 감봉 없이 복직되었으며, 나중에는 오명을 씻고자 '정당한' 투쟁을 했다 하여 밀워키 경찰연맹 선정 올해의 경찰관으로 표창까지 받았다.

이제 다머의 광기는 극에 달했다. 지금까지 모은 두개골로 무엇인가를 해야겠다고 결심했다. 현실감각을 점점 잃어가던 다머는 악마에게 바치는 성전을 지으면 악마를 불러낼 수 있으며, 그러면 악마에게서 "사회적으로, 그리고 금전적으로 도움이 될 특별한 힘과 에너지"를 받게 되리라고 생각했다. 다머는 긴 검은색 탁자 양끝에 두개골을 여섯 개씩 두고, 탁자의 양쪽 끝에는 해골을 걸어놓아 성전을 완성했다. 다머에게는 이미 두개골이 충분히 있었고, 따로 표백해둔 어니스트 밀러의 두개골도 있었으니, 이렇게 활용하지 않을 까닭이 없었다. 나중에 다머는 악마를 숭배하는 제단을 지은 이 일에 대해 복잡한 심경을 토로했다. "제가 그저 극악한 사람인 걸까요? 아니면 악마의 꾐에 넘어가거나 했던 걸까요? 전 이 세상에 악마가 있는지 없는지, 그리고 제가 악마의 영향을 받아서 그런 짓을 한 것인지 알고 싶습니다. 전 모르겠어요. 영혼에게 영향을 받는다는 게 가능할까요? 저도 알아요. 책임을 회피하려는 소리로 들리겠죠. 하지만 성경에 보면 사람의 행동에 영향을 주는 그럼 힘들이 있잖아요. 성경에선 사탄이라고 부르는 것 말이에요. 전 그런 일은 일어날 수 있다고 생각해요. 제 것이 아닌 생각들이 머릿속에서 아우성을 치거든요. 그 생각들이 떠나질 않아요."

악마에게 사주를 받았든 안 받았든 다머는 최고 속도로 살인을 저지르고 있었다. 코네락 신서솜폰을 죽인 지 겨우 2주 만에 시카고 게이 프라이드 쇼

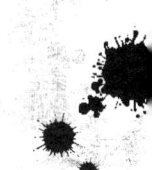

에 참석했다. 그리고 거기서 맷 터너라는 남자를 만나 함께 밀워키로 돌아왔다. 몇 주 뒤인 7월 5일, 다머는 다시 시카고로 와 제러마이어 와인버거라는 남자를 만난다. 다머는 와인버거 역시 밀워키로 데리고 왔지만, 이번에는 특이하게도 와인버거를 죽이기 전에 나흘을 함께 지냈다. 아마 와인버거가 냉장고에서 인육을 보고 다머의 집에서 도망치려 했고, 다머는 또다시 버려지는 것을 견딜 수 없었던 모양이다.

다머는 일주일 뒤 올리버 레이시를 데려와 죽였고, 나흘 뒤에는 조지프 브라데호프트를 죽였다. 브라데호프트는 다머의 침대 위에 이틀간 방치되어 있다가 절단되었다. 그러나 아무리 재미있는 일에도 끝이 있는 법이었고, 다머에게 그것은 바로 7월 22일, 트레이시 에드워즈를 집으로 데려온 날이었다. 에드워즈는 32세에 체격이 다머 못잖은 흑인남자로, 다머가 지금까지 데려왔던 남자들보다 훨씬 힘이 셌다.

25번가 북쪽 거리를 차로 순찰하던 경관들은 한 흑인 남자가 벌거벗은 채 거리로 뛰쳐나오는 것을 보고 무슨 일이 벌어졌음을 알 수 있었다. 흑인 남자의 한쪽 손목에는 수갑이 채워져 흔들리고 있었다. 남자는 경찰차를 보고 미친 듯이 팔을 휘저었다. 경찰이 차를 세우자 남자는 '미친 놈'에게서 막 도망쳐나왔다며, 그놈이 자기에게 약을 먹이고 수갑을 채우고 칼로 죽이려 하길래 주먹을 한방 먹이고 빠져나왔다고 했다. 수갑을 보고 뭔가를 느꼈을까? 아무튼 경찰들은 결국 남자의 말을 믿기로 했다. 경찰은 에드워즈에게 용의자의 집이 어디냐고 물었다. 그리하여 아무것도 모르는 경관 둘은 벌거벗은 흑인 남자와 함께 다머의 아파트로 올라갔다.

잘생긴 백인 남자가 문을 열고 경찰들을 정중히 맞았다. 남자는 초콜릿 공장에서 일했는데 일자리를 잃어 우울했고, 그래서 술을 많이 마시는 바람

에 약간 제정신이 아니었던 것 같다고 설명했다. 남자는 사과하며 수갑을 풀어주겠다고 말했다. 경찰관 한 명은 트레이시 에드워즈를 보호하고 서 있고, 나머지 한 명은 수갑 열쇠를 가져오겠다는 다머를 침실까지 따라갔다. 다머가 서랍을 열자 경관 눈에 사람 몸을 찍은 폴라로이드 사진 더미가 보였다. 정확히 말하면 몸의 일부분을 찍은 사진이었다. 사진에 찍힌 냉장고가 지금 다머의 집 주방에 있는 것과 동일하다는 것도 눈치챘다. 흑인 남자도 맥주를 마시려고 냉장고 문을 열었는데 '역겨운' 것이 있더라고 말하지 않았던가? 경찰은 다른 한 사람에게 다머 감시를 맡기고 부엌으로 가서 냉장고를 열었다. 냉장고 선반에 놓인 것이 경찰을 바라보고 있었다. "제기랄, 여기 사람 머리가 있어!" 경찰은 비명을 질렀다. 머리는 올리버 레이시의 것이었고, 그 옆에는 "나중에 먹을 것"이라는 메모가 붙은 비닐봉지가 있었다. 그것은 레이시의 염통이었다.

다머는 완전히 이성을 잃었다. 경찰은 사납게 저항하는 다머에게 수갑을 채우고 경찰차에 태워 경찰서로 데려갔다. 얼마 후, 다머의 아파트를 조사하러 온 형사들과 법의학자들은 태어나서 가장 소름끼치는, 그리고 다시는 보고 싶지 않은 광경을 맞닥뜨렸다. 냉장고에는 올리버 레이시의 머리통과 염통뿐 아니라 인육이 든 봉지가 있었다. 냉동실에는 제리 와인버거, 맷 터너, 조지프 브라데호프트의 머리통이 있었다. 또 다른 냉장고에는 맷 터너와 제리 와인버거의 몸통이 있었다. 찬장에는 냄비가 하나 있었는데 그 안에는 손 두 개와 안토니 시어스의 성기가 있었다. 다머의 침실에 있는 철제 수납함에서는 코네락 신서솜폰, 레이먼드 스미스, 커티스 스트라우터, 앤서니 시어스의 두개골, 에롤 린지의 살가죽과 어니스트 밀러의 해골, 그리고 토막낸 신체를 찍은 폴라로이드 사진 74장이 나왔다. 다머가 죽인 17명 중

모두 합쳐 13명의 시신이 아파트에서 발견되었다. 사람 기름이 가득 든 200리터짜리 통과, 성노예를 만드는 데 쓴 염산, 피하주사바늘, 전기 드릴, 2밀리미터짜리 송곳 날, 그리고 시체를 토막낼 때 쓴 전기톱도 나왔다.

연구원들과 법의학자들이 다머가 남긴 소름끼치는 흔적을 조사하는 동안, 다머는 경찰에게 모든 것을 털어놓았다. 다머의 자백은 무려 160쪽에 달했고, 그 내용은 역사상 가장 기괴한 성격을 보여주었다.

저로서도 이게 과연 인간의 소행인가 믿기지 않지만, 이게 제가 한 짓이란 건 압니다.

대체 제가 왜 이런 짓을 시작하게 됐는지, 그 진짜 이유를 알았다면 아마 이런 짓을 저지르지 않았을 겁니다.

이성적으로 생각할 수 있었다면 이 짓을 멈췄겠지요. 하지만 전 이성적으로 생각하지 못했고, 일은 계속 커져만 갔습니다. 몇 년간 정말 마음 졸이며 살았습니다. 범죄의 흔적이 남지 않을까 노심초사하며 살았죠. 하지만 요 몇 달간은 그런 생각도 안 들더군요.

경찰에 붙잡히지 않았거나 일자리를 잃지 않았다면 아마 아직도 그 짓을 하고 있었을 겁니다. 분명 그랬을 겁니다. 그냥 아무 생각 없이 그렇게 할 수밖에 없었어요…… 마치 아무 일도 아니라는 듯 감쪽같이 이런 짓을 하고 다녔다니 제가 얼마나 뻔뻔하고 어리석었는지 모르겠습니다.

대학에 갈 걸 그랬어요. 그러면 집도 사고 수족관도 샀겠죠. 그렇게 살았어야 했는데.

3년 전 아동성추행 사건 때 다머의 변호를 맡았던 제럴드 보일 변호사가

다시 변호를 맡았다. 다머는 심신상실항변(미국 형사법정에서 범행 당시 이성을 잃은 상태였다고 항변하는 것―옮긴이)을 주장하라는 변호사의 충고를 무시하고 유죄지만 정신이상으로 탄원 내용을 바꾼다. 이제 보일은 피고인이 17명의 남자와 소년들을 죽였다는 사실이 명백한 상태에서, 그가 실제로 얼마나 심각한 정신이상자인지를 배심원단에게 증명해야 했다.

다머 사건의 재판이 있던 날 법원에서는 미국 역사상 유례없는 진풍경이 벌어졌다. 법정에 들어가는 사람들은 무기를 소지하지 않았는지 전부 몸수색을 받았고 전자 장치도 통과해야 했다. 법정 안에서도 수색견과 전자장치로 폭탄 소지 여부가 끊임없이 확인되었으며, 피고인이 죽기만을 바라는 청중에게서 피고인을 보호하기 위해 높이 2.5미터의 방탄 유리벽이 세워졌다. 배심원단은 "실제로 일어날 수 있다고 생각하지 못했던 일을 듣게 될 겁니다."라는 예고를 받았다. 그리고 이 섬뜩한 사건의 전말은 미국 전역에 텔레비전 방송으로 중계되었다.

검사는 배심원단에게 다머의 범죄가 아무리 비정상적이라 할지라도 다머 개인은 정신적으로 아무 이상이 없음을 납득시키려 했다. 결국 이러한 재판에서 대개 그렇듯이, 범죄를 저지를 당시 피고인의 정신상태를 감정하는 것은 정신의학자들의 몫이 되었다. 전문가들은 다머가 왜 이러한 범행을 저질렀는지에 대해 매우 다양한 의견을 내놓았다. 보스턴에 있는 노스이스턴 대학교의 형사사법대학장 제임스 폭스 교수는 "그는 자신의 성적 지향에 불편함을 느껴 그것을 희생자들에게 투사했고, 그로써 그들을 벌주고, 간접적으로는 자기 자신을 처벌하려 했음을 쉽게 짐작할 수 있다."고 말했다. 다들 열변을 펼쳤지만 배심원단의 판단에는 전혀 참작되지 않았다. 공판 3주 후, 배심원단이 평결을 내리는 데는 5시간밖에 걸리지 않았다. 제프리 다머는 정상이며 모든 사건에 대해 유죄라는 평결이었다.

　다머는 유죄평결이 나자 희생자 가족에게 보내는 4쪽의 사과문을 읽었다. 물론 그의 형량을 줄이는 데는 도움이 되지 않았다. "제가 여러분께 어떤 해를 끼쳤는지 압니다······. 이제 더는 그런 짓을 저지를 수 없게 되었으니 하느님께 감사드립니다······. 저를 이해해달라는 부탁은 하지 않겠습니다." 다머의 말대로 아무도 이해해주지 않았다. 다머는 그가 저지른 범죄 15건에 대해 가석방 없는 종신형을 선고받았다. 다머가 받은 총 형량은 957년이었다.

　다머는 형을 선고받고 이렇게 말했다. "밖에서 살 때도 저는 삶에 아무런 의미가 없었습니다. 감옥에서도 물론 삶의 의미 같은 것은 찾을 수 없겠죠. 되는 대로 산 제 인생이 이렇게 대단원의 막을 내리는군요. 결과는 너무도 참담합니다······. 정말 역겹고, 불쌍하고, 비참하고, 불행한 인생입니다. 이 말밖에 할 말이 없습니다." 나중에 그는 변호사에게 이렇게 말했다. "제가 감옥에서 죽임을 당한다면 그게 가장 큰 축복일 겁니다." 다머의 소망 중 적어도 이것만은 이루어졌다. 1994년 11월 28일, 다머는 동료 죄수 두 명과 화장실 청소를 하던 중에 정신분열증을 앓고 있으며 자신을 예수라고 생각하던 죄수 크리스토퍼 스카버에게 살해당했다. 다머의 나이 34세 때였다.

　1996년 밀워키 시는 다머의 아파트에서 발견된 증거물 전체를 40만 달러를 주고 매입해 모조리 소각했다. 누군가 이것을 사들여 제프리 다머 박물관을 만드는 일을 막기 위해서였다. 지금까지 일어난 이러한 범죄사건의 경우를 고려해보면 그것은 현명한 판단이었다.

14장
식인을 꿈꾼 일본인: 잇세이 사가와(1981년)

잇세이 사가와가 태어난 해인 1949년, 일본은 힘겨운 갱생의 길을 걷고 있었다. 1945년에 미국이 히로시마와 나가사키에 원자폭탄을 투하하면서 일본에서 조국에 대한 자긍심, 전통적 가족관, 천황에 대한 충성심은 사실상 사라져버렸다. 그리고 새로운 일본—유치한 퀴즈 프로그램에 대한 병적 몰두, 왕따 현상, 어린아이처럼 차려입은 성매매 여성, 여자가 입던 팬티를 판매하는 자판기—의 모습은 아직 나타나기 전이었다. 당시 일본과 마찬가지로 잇세이 사가와 역시 기묘한 결과로 이어질 불안한 첫걸음을 내딛고 있었다.

사가와의 어머니는 맏아들은 큰 어려움 없이 낳았지만, 사가와를 낳을 때는 우여곡절을 겪었다. 사가와는 미숙아로 태어나 말 그대로 한 손으로 감싸 안을 수 있을 정도로 작았고 무산소증을 앓는데, 태아기의 극심한 무산소증은 뇌손상을 초래할 수도 있는 위험한 증상이었다. 이처럼 예민한 신체조건 때문에 사가와는 태어나서 바로 어머니의 품에 안기는 다른 아기들과는 달리 생후 2년 동안 병원의 삭막한 환경에서 지내야 했다.

사가와가 가족과 함께 지내도 될 만큼 건강을 회복해 집으로 돌아오자 모든 식구들은 어린 사가와가 소외감을 느끼지 않도록 최선을 다했다. 사가와가 세 살이 되던 새해 첫날, 아버지 아키라와 삼촌 미츠오가 사가와 형제를 데리고 여러 가지 놀이를 하며 놀아주었다. 그중에는 삼촌이 아이를 잡아먹는 괴물 역할을 맡고, 아버지는 아이들을 지키는 용감한 사무라이 역할을 맡는 놀이도 있었다. 삼촌과 아버지는 아이들을 재미있게 해주려고 온 힘을 다해 엎치락뒤치락 뒤엉켰고, 아이들은 무섭고 오싹해하면서도 재미있어 소리를 질렀다. 놀이의 마지막은 괴물이 사무라이를 쓰러뜨리고 아이들을 붙잡아가는 것이었다. 괴물은 냄비에 넣어 요리해 먹겠다며 아이들을 번쩍 들어올려 그네를 태웠다. 물론 이것은 그저 놀이일 뿐이었지만, 사가와는 그 이상으로 깊은 영향을 받았다. 사가와는 나중에 회상하길, 그날부터 자기와 형이 커다란 솥단지에서 요리되는 꿈에 시달렸다고 했다. 꿈은 그의 의식 속으로 침투해 들어왔고, 그의 머릿속은 식인과 인육에 대한 상상으로 가득 찼다. 하지만 이제 역할은 바뀌어 있었다. 사가와는 이제 무력한 희생자가 아니라 먹잇감의 운명을 결정하는 강력한 식인종의 위치에 있었다. 그는 마음속 가장 깊은 곳에 식인의 꿈을 품은 채 식인에 대한 만화책과 공포소설을 쉬지 않고 읽어댔다. 이러한 집착은 사춘기 즈음에 이르자 급기야 성적인 것으로 변했다. 어느 날, 그는 형에게 자신의 이상한 집착증세를 이야기해보려고 했다. "형하고 잠자리에 누워서 제가 말했죠. 예쁜 여자애를 보면 먹고 싶어진다고요. 하지만 형은 이해하지 못했어요. 웃더군요. 너무 창피했어요."

사가와의 내면은 혼란스럽고 불안했는데, 한편 외면도 그리 나을 것은

없었다. 사가와는 머리가 매우 비상했지만, 몸집이 무척 왜소했고 늘 건강이 좋지 않았다. "저는 무척 자주 아팠어요……. (그리고) 학교는 재미가 없었어요. 특히 고등학교 때는요. (다른 아이들은) 가끔 제게 상처를 주는 말을 했어요. '넌 너무 작아' 라든지, 너무 말랐다든지 하는 말이요. 그런 말은 제게 너무 큰 상처가 됐어요." 사실 사가와는 또래 아이들에 비해 눈에 띄게 왜소했다. 한창 자랄 나이에도 키는 150센티미터가 채 되지 않았고, 손과 발은 비정상적으로 작았으며 눈에 띄게 다리를 절었다. 설상가상으로 목소리 톤은 매우 높고 여성스러웠다. 따라서 자아상이 이상에 한참 못 미쳤고, 자신은 결코 여성들이 좋아할 만한 남자가 될 수 없으리라고 생각하게 되었다. 그러나 사가와는, 나폴레옹이나 알렉산드로스 대왕처럼, 몸집은 작아도 야망은 매우 큰 남자였다. 다만 나폴레옹이나 알렉산드로스 대왕이 더 큰 나라를 정복하고자 했다면, 사가와는 큰 여자를 정복하고 싶어했을 뿐이다. 그중에서도 특히 키가 큰 북유럽인 금발여성을 원했다. "전 작고 말랐기 때문에 키 크고 아름다운 여자가 좋습니다. 특히 백인 여자가 더 좋아요." 물론 키 큰 여자를 좋아하는 남자가 사가와 하나뿐은 아니지만, 그의 특이점은 여자를 먹는 것이 관계의 마지막 목표라고 생각했다는 것이다. 일본 여성들로만 둘러싸여 있는 동안은 이런 병적인 환상을 실행에 옮길 마음을 갖지 못했지만, 대학에 들어가자 모든 것이 바뀌었다.

사가와는 고등학교를 졸업하고 도쿄에 있는 와코 대학에 들어가 영문학을 전공했다. 선택과목으로 독일어를 들었는데, 사가와는 장신의 금발 여성인 독일인 교수를 보자마자 한눈에 반하고 말았다. 그는 나중에 영국 기자와 인터뷰할 때 "길에서 선생님을 처음 보았을 때 내가 과연 저 여자를 먹을 수 있을까 생각했습니다."라고 말한 적이 있다. 사가와는 이 의문을 풀지 않

고서는 마음의 안정을 찾을 수 없었다.

어느 여름날 밤, 사가와는 독일인 교수의 집으로 숨어들어갔다. 교수를 죽여서 먹을 셈이었다. 아파트에 잠입한 사가와는 교수가 침대에서 자고 있는 것을 확인하고 집안을 서성거리며 교수를 때려눕힐 둔기를 찾았다. 사가와가 우산을 발견하고 집어들려고 하는 찰나, 소리를 듣고 깨어난 교수가 비명을 지르기 시작했다. 겁에 질린 사가와는 창문으로 도망쳐 달아났. 교수가 사가와를 알아보았는지, 이 사건에 대한 말이 어떻게 퍼졌는지는 밝혀지지 않았다. 그러나 사가와는 기소를 당하지는 않았지만 정신과에 가서 상담을 받아보라는 학교의 권고를 받았다. 정신과 의사가 사가와에게 "극도로 위험하다."고 진단을 내리기까지는 얼마 걸리지 않았다. 사가와의 아버지 아키라는 일본 최대 수자원관리회사인 구리타 워터의 회장이었으므로, 의사가 그밖에 어떤 권고를 했는지는 공개되지 않았다. 아키라는 문제를 덮으려고 사가와를 도쿄에서 빼내 오사카 대학에서 학사와 석사학위를 따게 했다. 1980년 사가와는 파리에서 머물며 영문학 박사학위를 따기 위해 소르본 상시에 대학원에 입학했다.

사가와는 그때까지도 키 크고 아름다운 금발 여성을 먹겠다는 갈망을 마음속에 간직하고 있었다. 그렇게 할 수 있다는 확신도 있었다. 다만 결전의 그날까지 벼르고 있을 뿐이었다. 당시 서른 살이 넘은 사가와는 이제 곧 일을 저지르지 않으면 안 되겠다는 강한 충동을 느꼈다. 이미 필요한 도구까지 마련해둔 터였다. 파리에 집을 구할 때 신변 보호에 필요하다며 22구경 소총을 하나 사둔 것이다. 이제 필요한 것은 단 하나, 바로 여자였다. 가장 손쉬운 대상은 성매매 여성이었다. "낮에는 공부를 했습니다……. 하지만 어두워지면 충동이 밀려왔어요. 그러면 밖으로 나가서 매춘여성을 찾았습

니다. 여자가 내 집으로 들어와 화장실을 쓸 때 총을 쏘려고 해봤지만, 생각처럼 되지 않았어요. 정말 힘들더군요. 양심이나 그런 것이 문제가 아니었어요. 그건 아닌 것 같아요. 그냥 무서웠어요."

오래도록 마음속에 품은 꿈이 좀처럼 이루어지지 않고 있었듯이, 소르본에서의 교우관계 역시 불만족스러웠다. 프랑스 학생들이 이 왜소하고 약한 동양인을 거의 무시하다시피했기 때문에, 사가와는 다시 한 번 자기만의 상상의 세계로 빠져들어 친구를 만들 수밖에 없었다. 그러던 중 사가와의 관심을 한눈에 끄는 여성이 나타났다. 바로 25세의 르네 하르트펠트였다. 뛰어난 미모에 총명한 이 독일인은 그동안 사가와가 꿈꾸던 여성이었다. "너무 놀랐습니다. 르네는 세상에서 제일 예뻤어요. 큰 키에 금발, 새하얀 피부, 게다가 그 우아한 분위기에 감탄을 금할 수 없었지요." 르네는 활달하고 마음이 따뜻한 성격이었기에, 교실에서 근처에 앉는, 항상 혼자 다니는 사가와를 불쌍하게 느꼈다. 르네는 가끔 사가와에게 말을 걸었다. 영어로 이야기할 때도 있었고 프랑스어로 이야기할 때도 있었으며, 가끔은 사가와가 서툰 독일어를 하기도 했다. 두 사람은 셰익스피어에서 프랑스 인상주의 회화에 이르기까지 여러 가지 이야기를 했다. 그림 전시회와 박물관, 콘서트에도 같이 갔고 한번은 르네가 사가와의 아파트까지 가서 차를 마시기도 했다. 르네가 사가와에게 일종의 연민을 느끼고 있었다면, 사가와는 르네에게 전적으로 집착하며 그동안 머릿속에서 그려오던 꿈을 현실로 옮길 계획을 짜고 있었다.

사가와는 르네에게 독일어 과외를 해달라고 말했다. 사가와는 아버지가 거부였으므로 얼마든지 돈을 쓸 수 있었다. 르네 역시 다른 학생들과 마찬가지로 아르바이트가 필요했고, 사가와와는 이미 친구 사이였으니 마다할 이

유가 없었다. 사가와는 일본식 저녁을 대접하겠다며 르네를 집에 초대했다.

"저녁을 먹고 나서 르네에게 제가 제일 좋아하는 독일 표현주의 시인의 시를 읽어달라고 했어요. 르네가 시를 읽는 동안 전 르네에게서 눈을 뗄 수 없었어요. 르네가 간 뒤에는 침대에 남은 르네의 향기를 맡았죠. 바로 르네가 앉아서 시를 읽었던 자리에서요. 저는 르네가 썼던 젓가락과 접시를 혀로 핥았어요. 르네의 입술이 느껴지는 것 같았어요. 격한 감정을 참을 수가 없었어요. 르네를 먹고 싶었어요. 그러면 르네는 영원히 제것이 될 테니까요."

그다음 날인 1981년 7월 11일, 사가와는 르네에게 일본에 있는 독일어 선생에게 녹음해서 보내주려고 한다며 자기 집에 와서 실러의 시를 또 읽어달라고 부탁했다. 르네는 저녁에 약속이 없으니 그때 들르겠다고 대답했다.

르네가 도착하자 사가와는 르네를 일본식으로 마룻바닥에 앉히고 차를 내왔다. 차에는 르네의 감각을 둔하게 하려고 위스키를 타두었다. 그들은 얼마간 정답게 이야기를 나누었다. 그러다가 사가와가 르네에게 진지한 감정을 털어놓기 시작했다. 르네를 사랑하고 있으며 같이 자고 싶다고 말했다. 르네는 당황스러워하며 자신은 사가와를 정말 좋아하지만 친구 이상의 감정은 아니라고 설명했다. 친구를 잃고 싶지 않은 마음도 있었지만, 무엇보다도 르네는 사가와와 잠자리를 같이 하고 싶은 마음이 전혀 없었다. 사가와는 상심한 듯 어깨를 움츠리며 잘 알겠다고 말했다. 사가와는 어색한 침묵을 깨기 위해 시를 읽어달라고 부탁하며 대화의 주제를 바꾸었다. 르네는 한시름 놓으며 흔쾌히 동의했다. 그다음에 일어난 일은 사가와의 입을 통해 들어보자. 그는 나중에 이 사건을 바탕으로 쓴 자전소설 『안갯속에서』를 출간하는데, 이 책에서 살해 장면에 대해 수없이 많이 언급한다. 사건 이후 사가와의 다른 모든 활동과 마찬가지로, 이 책 역시 이 악몽 같은 사건을

회상하고 즐기기 위한 것이었다.

나는 전축을 틀었다. 르네는 시를 읽기 시작했다. 유창한 독일어였다. 서랍에 숨겨둔 소총을 집어들었다. 천천히 다가가 르네의 뒤통수에 총을 겨눴다. 이제는 아무것도 나를 멈출 수 없었다.
총을 겨누고 방아쇠를 당겼다. 커다란 소리가 났고 르네가 의자에서 고꾸라졌다. 마치 르네가 나를 보고 있는 것만 같다. 나는 르네의 뺨과 눈·코·입, 그리고 머리에서 흘러나오는 피를 바라본다. 피가 아주 많이 흘렀고, 르네의 얼굴에는 이제 핏기가 전혀 없다. 말을 걸어보지만, 르네는 아무 대답이 없다.

나중에 사가와는 르네가 총을 맞고 너무 조용해서 놀랐다고 말했다.

순간 경찰이나 구급차를 불러야겠다고 생각했다. 하지만 곧 내가 왜 르네를 죽였는지 생각해냈다.
마룻바닥이 피로 흥건했다. 닦아내려고 해봤지만, 르네의 머리에서 피가 계속 나오고 있으니 손을 쓸 수가 없었다. 사방이 너무 조용했다. 죽음의 침묵뿐이었다. 르네의 옷을 벗겼다. 죽은 사람의 옷을 벗기기란 쉽지 않았다. 드디어 옷을 다 벗기자 르네의 아름다운 하얀 몸이 바로 눈앞에 나타났다. 이 날을 얼마나 기다려왔던가. 바로 지금 이 순간을. 르네의 엉덩이를 만졌다. 너무나 부드러웠다. 어디서부터 먼저 먹어야 할지 알 수 없었다. 가슴부터 먹기로 할까. 그녀의 차가워진 하얀 피부에 코를 대고 숨을 크게 들이마셨다. 힘주어 한입 깨물었지만, 살점이 떨어지지 않았다. 부엌에서 칼을 가져와 깊숙이 찔렀다.

갑자기 상처에서 누런 분비물이 쏟아져나왔다. 계속 나왔다. 그러다 누런 지방층 아래로 드디어 붉은 살점이 보였다. 살점을 잘라내 입에 넣었다. 씹었다. 냄새도 맛도 없었다. 횟집에서 나오는 참치회처럼 혀에서 살살 녹았다. 난 르네의 눈을 보며 말했다. "너는 참 맛있어."

르네의 살점을 잘라내 계속 입으로 가져갔다. 그리고 움푹 움푹 패인 르네의 새하얀 몸을 사진으로 찍어두었다. 르네의 몸과 섹스를 했다. 내가 끌어안자 르네가 숨을 내쉬었는데, 너무나 무서웠다. 마치 살아 있는 것 같았기 때문이다. 나는 르네에게 입을 맞추고 사랑한다고 말했다. 그러고 나서 르네의 몸을 화장실로 끌고 갔다. 이때는 벌써 지쳐 있었지만, 그래도 기운을 차려 르네의 엉덩이를 잘라내 프라이팬에 구웠다. 고기가 다 익자 식탁에 앉았다. 입을 닦는 데 쓰려고 르네의 팬티를 가져왔다. 팬티에서는 아직 르네의 냄새가 났다.

르네가 녹음한 독일 시 테이프를 틀고 고기를 먹었다. 맛은 별로 없었다. 소금과 겨자를 곁들이니 맛이 좋아졌다. 고기는 육질이 아주 좋았다. 다 먹고 나서 다시 화장실로 가 이번에는 가슴을 잘라왔다. 가슴 부위는 익히니까 크게 부풀어올랐다. 익은 가슴 고기를 가져와서 나이프와 포크를 들고 먹었다. 맛은 좋지 않았다. 너무 기름졌기 때문이다. 다른 부위도 먹어보았다. 허벅지 맛은 일품이었다. 이제 드디어 그녀가 내 뱃속에 있다. 이제 그녀는 내것이다. 마침내 나는 아름다운 백인 여자를 먹었다. 그리고 이렇게 맛있는 것은 처음 먹어보았다. 생애 최고의 저녁이었다.

나는 저녁을 다 먹고 나서 르네와 같이 잤다.

다음날 아침 르네는 아직도 그 자리에 있었다. 나쁜 냄새가 나지는 않았지만, 몸을 전부 토막내기로 했다.

차가워진 르네의 몸을 다시 만졌다. 어디서부터 시작해야 좋을지 알 수 없었다. 우선은 살점을 모두 발라내고 나서 팔다리를 잘랐다. 종아리를 잘라내는데 갑자기 맛을 보고 싶은 충동이 일었다. 지방 아래에 붉은 살점이 먹음직스럽게 붙어 있었다. 르네의 무릎과 발목을 잡고 살점을 뜯어먹었다. 맛은 부드러웠다. 천천히 씹으며 음미했다.

종아릿살을 다 먹고 나서 거울을 보았다. 얼굴이 온통 기름투성이였다. 그 뒤로는 닥치는 대로 먹기 시작했다. 조그만 발가락도 먹었는데, 아직도 발냄새가 났다. 발바닥을 칼로 깊숙이 찌르자 깊은 데서 붉은 살이 보였다. 손가락을 집어넣어 살점을 밖으로 끄집어냈다. 입에 넣어 먹어보니 맛은 괜찮았다. 그다음은 겨드랑이를 칼로 찔렀다. 난 르네가 소매 없는 노란 셔츠를 입었을 때 겨드랑이를 한번 본 다음부터는 겨드랑이가 어떤 맛일지 항상 궁금했다. 직접 먹어보기 전까지는 겨드랑이가 그렇게 맛이 있을 줄 상상도 못했다. 겨드랑이 맛이 너무 좋아 신이 난 나머지 겨드랑이에서 팔꿈치까지 모조리 먹어치웠다.

마지막으로는 르네의 은밀한 부위를 도려냈다. 음모를 만지자 고약한 냄새가 났다. 클리토리스를 물었지만, 뜯어지지가 않았다. 늘어나기만 했다. 결국 프라이팬에 익혀 먹었다. 아주 꼭꼭 씹어 삼켰다. 맛은 꽤 달콤했다. 클리토리스를 삼키자 르네가 내 몸속에 있는 것처럼 느껴져 흥분되었다. 르네의 몸을 뒤집고 엉덩이를 벌려 항문을 보았다. 칼로 항문을 도려내 먹어보았는데, 냄새가 너무 역했다. 역시 프라이팬에 익혀 먹었다. 그래도 냄새가 나길래 뱉고 말았다.

그렇게 꼬박 하루가 갔다. 왕파리들이 욕실에 들끓었다. 쫓아버리려고 했지만 소용없었다. 파리가 르네의 얼굴에 새카맣게 달라붙었다. 파리 떼는 "이

제 년 영원히 르네를 잃은 거야."라고 말하는 것 같았다. 그것은 더 이상 르네가 아니었다. 르네는 어디에 있나? 아주 멀리 가버렸다. 나는 전기칼로 르네의 몸을 썰려고 했다. 하지만 시끄러운 소리만 날 뿐 칼이 듣지 않았다. 도끼를 써보았다. 몇 번 내리쳤는데, 여간 힘든 것이 아니었다. 허벅지를 내리치니 몸통이 튀어올랐다. 만일 느낄 수 있었다면 르네는 굉장히 아팠으리라. 가까스로 허벅지를 몸통에서 잘라냈다. 닭다리를 뜯어먹듯 허벅지를 뜯었다. 다음은 팔을 잘랐다. 팔은 허벅지보다 더 힘들었다. 다시 전기칼을 써보았다. 마치 르네의 하이톤 목소리처럼 날카로운 소리가 났다. 이번에는 전기칼이 잘 들었다. 르네의 손에는 아직 반지와 팔찌가 끼워져 있었다. 긴 손가락을 보자 다른 충동이 솟구쳤다. 르네의 손으로 자위를 했다. 르네의 기다란 손가락은 날 흥분시켰다.

그리고 나서 르네의 얼굴을 바라보았다. 여전히 조용했다. 작은 코에 조그맣고 예쁜 입술. 르네가 살아 있을 때 나는 그 입술을 얼마나 물어뜯고 싶어했던가. 이제는 마음껏 그렇게 할 수 있다. 코는 아주 쉽게 뜯겨 나왔다. 물렁뼈를 씹으니 소리가 났다. 칼을 가져와 코뼈를 더 잘라서 입에 넣었다. 맛은 정말 없었다. 칼로 입술을 도려내 입에 넣어보았는데, 거죽이 너무 질겼다. 결국 나중에 튀겨 먹기로 하고 냉장고에 넣었다.

혀가 먹고 싶었다. 르네의 아래턱이 열리지 않아 이 사이로 손가락을 집어넣어야 했다. 마침내 혀가 잡혔다. 혀를 칼로 잘라내 먹어보았다. 씹히지가 않았다. 거울을 보니 르네의 혀와 내 혀가 한데 얽혀 있다. 입을 꼭 다물고 벌리지 않으려고 했지만 르네의 혀가 자꾸 삐져나왔다. 결국 혀 겉부분을 벗겨내고 속살을 먹었다.

눈도 먹어보았다. 얼굴에서 가장 연한 부분이기는 했지만 눈을 칼로 도려내

기란 나로서는 쉽지 않았다. 눈에서 눈물이 나오는 게 보였다. 무서웠다. 이제 르네의 얼굴에 남은 건 눈뿐이었다. 르네의 얼굴은 이제 거의 해골이었다. 마지막으로 머리를 잘라냈다. 나한테는 세상에서 제일 힘든 일이었다. 목에서 뼈가 드러날 때까지 살을 발라냈다. 도끼를 써야 했다. 살이 너무 쉽게 발라내져 깜짝 놀랄 지경이었다. 머리가 없어진 르네의 몸은 그냥 살덩어리에 불과했다. 난 머리채를 휘어잡아 르네의 머리를 들어올렸다. 그때 자신이 식인종이라는 것을 깨달았다. 르네의 머리를 비닐봉지에 넣었다.

냉장고 문을 열었다. 각 부위의 살점이 눈에 들어왔다. 이건 엉덩이, 이건 허벅지. 오븐에 넣고 구웠다. 식탁을 차렸다. 겨자소스와 소금, 후추, 밑반찬을 꺼내놓았다. 접시 옆에는 르네의 팬티를 놓았다. 팬티 냄새를 맡으며 잡지에 나온 벌거벗은 여자를 보았다. 지금 내 입속에 있는 게 몸의 어느 부위인지 생각하려고 애썼지만, 고깃점을 르네의 몸에 연관시키는 건 그리 쉽지 않았다. 하루가 갈수록 고기는 더 부드럽고 달콤하고 맛있어졌다.

나중에 사가와의 이웃은 사가와가 이와 같이 끔찍한 짓을 하고 있는 동안 그가 아파트 벽을 들이받고 울부짖는 소리를 들었다고 이야기했다.

르네 하르트펠트를 죽인 지 나흘 뒤인 7월 15일, 사가와는 급속히 썩어가는 시체를 처리해야 한다는 사실을 깨달았다. 밖으로 나가 바퀴 달린 커다란 여행가방을 두 개 사와서 쓰레기 봉지에 담아놓은 잔해를 가방에 넣었다. 그러고는 택시를 불러 운전사의 도움을 받아 가방을 트렁크에 싣고 블로뉴 숲 공원에 있는 호수로 갔다. 다리를 저는 왜소한 동양 남자가 커다란 여행가방 두 개를 끌고 끝없이 펼쳐진 잔디밭을 가로지르자 공원에 있던 사람들이 일제히 그를 주목했다. 사가와는 너무 당황스럽고 겁이 나서 가방을

그 자리에 놓고 집으로 도망쳐온다. 물론 가방과 그 안에 들어 있는 끔찍한 내용물은 공원에 그냥 버려둔 채였다. 당연히 경찰이 출동해 가방을 열어보았다. 형사들은 그 가방이 어디에서 나온 것이며, 또 누가 구입한 것인지를 이틀 만에 알아냈다.

경찰이 사가와의 아파트에 도달했을 때 사가와는 도망치려고 하지 않았다. 경찰관들이 집을 수색하다 냉장고에서 르네의 잔해를 발견했을 때도 사가와는 자신이 어떤 짓을 했고 왜 그런 짓을 했는지를 상세히 설명했으며, 일본에 있을 때 약간의 문제로 정신과에서 상담 받은 적이 있다는 사실도 말했다. 경찰은 곧 그를 연행해 빌쥐프에 있는 앙리 콜랭 정신병원으로 보냈다. 사가와는 거기서 재판을 받을 자격이 되는지를 알아보기 위해 의사 세 명에게 정신감정을 받았다. 의사 세 명은 의견 일치를 보았다. 사가와의 정신이상은 "치료가 불가능할" 정도이고, 법적으로 무자격자이며, 나아질 가능성은 앞으로도 없어 보인다는 결과가 나왔다. 1983년 재판이 열렸을 때 재판장은 잇세이 사가와가 범행 당시 '일종의 치매' 상태였으며, 따라서 재판에 회부할 수 없다는 결론을 내릴 수밖에 없었다. 사가와는 치료될 가능성이 없는 것으로 진단받았기에 파리에 있는 폴 기로 정신병원에 무기한 구치되었다. 재판장은 사가와를 정신병원에 평생 구금할 생각이었지만, 현실은 재판장의 의도대로 되지 않았다.

사가와는 병원에서 의사들과 한담을 나누며 3년이라는 시간을 보냈다. 그동안 일본의 저급한 지식인들과도 연락했는데, 그들은 사가와에게 식인과 식인종에 대한 책을 계속 보내주었다. 사가와는 이렇게 지내며 놀라운 결론을 얻었다. 바로 자신이 "그렇게 이상한 것이 아니라는 것을 깨달은" 것이다. 한편 사가와의 아버지는 아들이 정신이 이상하든 그렇지 않든 프랑스

의 정신병원에서 인생을 마감하게 둘 생각은 없었다. 그는 사가와를 일본으로 송환하려면 얼마나 많은 돈이 드는지 비밀리에 알아보았다. 프랑스 정부는 앞으로 약 50년간 사가와 잇세이의 숙식비를 지원하고 싶지는 않았기에 사가와 아버지의 제안에 동의했다. 그들은 사가와가 평생 병원에 들어가 있는다는 조건으로 사가와를 일본으로 돌려보내기로 했다. 1984년 5월, 사가와는 고향으로 돌아와 도쿄에 있는 마츠자와 정신병원에서 안락한 나날을 보내기 시작했다.

병원에 있는 동안, 두 가지 일이 한꺼번에 일어났다. 우선 사가와는 일본의 저급한 언론매체로부터 끊임없는 관심을 받았다. 그다음으로는 의사들이 그가 지극히 정상이라고 판단을 내렸다. 병원장 츠구오 카네고는 이렇게 말했다. "제 생각에 사가와씨는 정상이며 범행에 책임이 있습니다. 그는 감옥에 있어야 합니다." 일본 경찰도 이에 동의해 사가와 사건을 다시 조사할 수 있도록 사건 증거와 법적자료를 넘겨달라고 프랑스 정부에 요청했다. 그러나 프랑스 정부는 협조를 완강히 거부했다. 사가와가 정상이라고 판정되어 재판을 받으면 프랑스 정신의학자들과 법체계의 무능력을 증명하는 꼴이 되기 때문이다. 프랑스는 그것을 용인할 수 없었다. 결국 1985년 9월, 병원은 사가와 아버지의 돈과 권력의 압박에 못 이겨 어쩔 수 없이 사가와를 퇴원시켰다.

사가와는 부모님 집 근처에 작은 아파트를 얻어 제2의 삶을 시작했다. 바로 식인종으로서의 새 삶이었다. 사가와는 위에서 발췌했듯 자신의 식인 경험을 바탕으로 소설을 썼는데, 책은 20만 부가 넘게 팔려나갔다. 도쿄의 한 독자는 사가와의 소설 『안개 속에서』를 두고 "최근 일본 문학작품 가운데 단연 눈에 띄는 아름다운 소설"이라고 평했다. 사가와는 첫 소설이 성공을

거둔 경력을 바탕으로 포르노 잡지에 칼럼을 쓰기 시작했으며, 싸구려 포르노 영화에도 출연해 르네를 죽여서 먹은 행위를 재연하기도 했다.

사가와가 마츠자와 정신병원에서 나온 이후, 이 악명 높은 살인마에 대한 일본 대중의 관심은 점차 잦아들었지만, 사가와는 그 관심을 되살리기 위해 수단과 방법을 가리지 않았다. 그는 주로 엄격한 사회적 금기를 깬 자신의 행동을 전혀 후회하지 않는다는 태도를 보이며 관심을 끌고자 했고, 기회가 주어질 때마다 기꺼이 자기 경험을 늘어놓았다. 그러던 그에게 절호의 기회가 찾아온 것은 1989년, 여아 연쇄살인범 츠토무 미야자키가 잡혔을 때였다. 타블로이드 신문이 사가와에게 미야자키 사건에 대한 평을 부탁한 것이다. 사가와는 이 기회를 최대한 활용해 결국 텔레비전 대담 프로그램까지 나가게 된다. 사가와는 그 자리에서 미야자키 사건에 대해서는 짧게 언급하고 자신의 범죄 이야기를 자세히 늘어놓았다.

일본 대중은 이를 기점으로 사가와에게 병적으로 열광하기 시작했고, 사가와는 순식간에 기괴한 '대중의 우상'이 되었다. 1994년에는 '사가와의 세계'라는 일인 세미나를 열어 인육 조리법을 강연하고 강연을 비디오테이프로 녹화해 '먹히고 싶은 욕망'이라는 제목으로 출시했다. 사가와는 일단 이처럼 불건전한 종류의 명성을 얻고 나자, 그림 같은 '고상한' 취미를 시작했다. 대부분은 여자의 엉덩이를 그린다든지 하는 진부한 것이었지만 말이다. 텔레비전 드라마에도 출연해 사이비 종교 교주를 연기했고, 신문에 고정 칼럼을 썼으며, (지금까지) 일곱 권의 책을 썼다. 그중에는 1997년에 14세 소년이 저지른 고베 연쇄살인사건을 다룬 책도 있다. 그는 자신의 범죄행위를 만화책으로 그려 만화전문 출판사인 오쿠라 출판사에서『만화 사가와씨』라는 제목으로 출간했다. 가장 특이한 점은 그가 일본의 고급문화지『스파』의

식당평론가가 되어 웃는 얼굴로 표지를 장식하기도 했다는 점이다. 이밖에도 사가와는 자신의 식인 취향에 대해 가능한 한 많은 독자들에게 알리려고 온라인 웹사이트를 열었다.

르네 하르트펠트를 죽인 지 25년도 더 지난 지금, 잇세이 사가와는 자신의 범행으로 많은 돈을 벌어들이며 범죄를 저지를 때의 환희보다 더 큰 환희를 누리고 있는 것 같다. "대중은 나를 식인의 대부로 만들었다. 나는 그래서 매우 행복하다. 나는 언제나 식인자의 눈으로 세상을 볼 것이다." 오늘날까지 사가와는 자신의 끔찍한 범죄에 대해 후회한다고 말한 적이 단 한번도 없다. 다만 자신이 구원받는 법은 단 하나, 백인 서양 여성에게 먹히는 것이라고 말했을 뿐이다. 사가와가 이처럼 자신이 저지른 범죄에 대해 여유로운 태도를 보이는 것도 이해하기 힘든 일이지만, 이보다 더 불가해한 것은 자기 나라의 식인종에게 쏟아붓는 일본 대중의 열광이다. 한 영국 외신기자는 일본 대중이 사가와를 비난하지 않는 데는 "희생자를 인간 이하로 보는 시각이 깔려 있다."고 주장했다. 만일 이 말이 사실이라면―4장에서 살펴보았듯 제2차 세계대전 당시 일본인의 관점에서는 전쟁 포로를 죽이고 먹는 것이 이상한 일이 아니었던 것을 보면 그럴 법도 하다.―서양에 대한 일본의 변함없는 태도는 유감스럽고도 위험하다고 할 수 있을 것이다.

영국 음악밴드 롤링스톤스는 〈투 머치 블러드(Too Much Blood)〉라는 노래에서 잇세이 사가와 사건의 전말을 다루기도 했다.

15장

식인마 형제:
해든 클라크와 브래드필드 클라크
(1984~1992년)

해든 클라크 시니어와 플라비아 스크랜턴의 결혼은 완벽한 결합이었다. 두 집안은 미국인들이 '좋은 혈통'이라고 말하는 사회적 지위를 갖춘, 영국에서라면 '귀족'이라고 칭해졌을 집안이었다. 플라비아의 선조는 메이플라워호를 타고 미국으로 건너온 청교도로, 후대에는 미국독립전쟁에서 큰 공을 세운 사람들도 있었다. 플라비아의 부모는 당시 코네티컷 주 메리든에 작은 땅을 소유했다. 플라비아의 집안이 이처럼 오랜 전통을 자랑한다면, 해든 클라크 시니어의 집안은 전통은 짧을지언정 영향력은 뒤지지 않았다. 해든의 아버지 사일러스 클라크는 뉴욕 주 화이트플레이스 공화당원으로, 한때는 시장까지 지냈으며 이제는 아내와 함께 코드 곶 웰플리트의 대저택에서 살고 있었다. 해든 클라크 시니어는 경영학으로 석사학위를 받고 화학으로 박사학위를 땄다. 그는 머리만 좋은 것이 아니라 야망도 커서, 음식 포장용 랩을 개발하는 실험을 하는가 하면 내열성 양탄자를 만드는 일에도 참여했다. 해든은 성공을 꿈꾸는 젊은이였다.

클라크 집안은 지극히 안정적이었다. 이웃과도 사이가 좋았고 중요한 사교 모임에는 빠지지 않고 나갔다. 1950년에서 1959년 사이 클라크가에는 네 아이가 태어났다. 첫째로 브래드필드가 태어났고, 그다음 해에 해든 주니어가 태어났으며, 1955년에는 제프리가, 1959년에는 앨리슨이 태어났다. 그러나 이들의 실제 삶은 밖으로 보이는 것만큼 행복하지 않았다. 아버지와 어머니는 술을 많이 마셨고, 큰 소리로 싸우며 주먹다짐까지 하기가 다반사였다. 특히 아버지는 심하게 불안해하는 성격 때문에 여러 직장을 전전해 가족 전체가 불안정한 생활을 해야 했다. 그는 중압감에 시달릴 때면 마당에 있는 창고에 들어가 몇 시간이고 깊은 생각에 빠져 있고는 했다. 이처럼 가정의 분위기가 불안정하자 아이들, 특히 남자아이들은 심각한 정서적 문제를 안게 되었다.

브래드필드와 해든은 아주 어렸을 때부터 말을 잘 듣지 않고 제멋대로 구는 아이였다. 해든은 비열하고 복수심이 강하며 성마른 아이로 자랐다. 아주 사소한 지적을 받아도 불같이 화를 내며 상대에게 상처를 주는 행동을 했다. 그 결과 해든은 친구들이 모두 피하는 아이가 되었다. 한번은 해든과 동생 제프리가 밖에서 자전거를 타고 있었다. 그런데 무슨 이유에서인지 해든이 제프리의 자전거 손잡이를 낚아채 뒤로 밀어버리는 통에 제프리가 땅으로 떨어져 머리를 심하게 다쳤다. 해든은 동생을 그대로 두고 집으로 가서 어머니에게 있었던 일을 말했다. 해든의 말에는 그의 성격이 잘 드러나 있다. "엄마, 큰일날 뻔했어요. 근데 걱정 마세요. 자전거는 멀쩡해요." 해든은 동생이 괜찮은지에 대해서는 전혀 관심이 없었다.

해든의 어머니는 해든이 이상한 행동을 하는 것은 겸자분만(가위처럼 생긴 금속 주걱으로 태아의 머리를 끌어당겨 분만시키는 방법—옮긴이)시에 생긴 이

상 때문이며, 해든이 뇌성마비를 앓았다고 주장했다. 반면 해든의 아버지의 해석은 아내보다 더 솔직했지만, 그렇다고 더 정확한 것은 아니었다. 그는 해든이 말을 더듬고 학교에서 공부를 잘 못한다는 이유로, 술만 마시면 아들을 "저능아"라고 불렀다. 해든의 성격이 이상해진 데는 어머니의 영향도 컸다. 어머니는 둘째 아이가 여자아이였으면 했다. 그래서 어렸을 때부터 해든에게 여자 옷을 입혔고, 특히 술에 만취했을 때는 해든을 크리스틴이라고 부르기도 했다. 양성애자였던 해든은 아들에게 여성성을 바라는 어머니의 취향 때문에 복장 도착자가 되었고, 여자와 일반적인 관계를 맺을 수 없게 되었다. 해든의 어머니는 아들의 이러한 문제에 원인을 제공했으면서도, 한번은 해든이 여자 옷을 입었다고 혼을 내기도 했다. 그러자 해든은 "난 여자 옷 입는 게 좋아요. 날 바꾸려고 하지 마세요."라고 대꾸했다. 하지만 어머니는 벌써 그 이전에 해든을 바꿔놓았으리라.

클라크가의 자녀 셋은 당연히 모두 대학에 갔지만, 언제나 성적이 좋지 않았던 해든은 대학에 가지 못했다. 부모는 아들이 수준 있는 삶을 살아야 한다고 생각했기에 클라크를 뉴욕 하이드파크에 있는 일류 요리대학교인 CIA에 입학시킨다. 그는 놀랍게도 이 학교에서 두각을 나타냈으며, 특히 얼음과 우지로 조각을 만드는 재주가 뛰어났다. 그러나 대학에 들어갔다고 해서 모든 문제가 사라진 것은 아니었다. 해든은 사람들의 말에 극도로 예민했고, 남들이 아주 사소한 지적을 해도 비열하고 음흉한 방식으로 되갚아주곤 했다. 한번은 다른 사람이 해놓은 으깬 감자 요리에 오줌을 누기도 했다. 그러나 1974년 1월, 해든 클라크는 가족 모두가 참석한 가운데 무사히 졸업식을 마쳤다.

해든 클라크의 문제가 폭력적인 행동에 관련된 것이었다면, 형 브래드필

드는 타고난 반항아였다. 브래드필드 역시 다른 십대들처럼 고등학교 때 약과 술을 경험했다. 하지만 대다수 아이들이 약을 끊고 술을 조절하는 법을 배워 일상생활에 지장을 받지 않는 반면, 브래드필드는 그렇지 못했다. 그는 대학에서 학위를 두 개나 받을 정도로 머리가 비상했고, 음주벽과 약물 문제가 있는 와중에도 컴퓨터 엔지니어링 분야에서 일찍이 두각을 나타냈다. 하지만 약물 중독은 매우 심각한 수준이었고, 어린 시절에 풀지 못한 감정적 응어리가 그대로 남아 있었기에 그의 삶은 언제나 위태로웠다. 1984년, 브래드필드는 캘리포니아 샌프란시스코 교외 로스 가토스에서 살며 당시 떠오르던 컴퓨터 산업 분야에서 소프트웨어 개발자로 일하고 있었다. 그해 7월, 그는 29세의 매력적인 여성인 동료 퍼트리샤 마크와 사귀게 되었다. 7월 23일, 브래드필드는 패트리샤를 집으로 초대해 같이 저녁을 먹기로 했다.

그날 저녁, 데이트는 순조롭게 진행되고 있었다. 그런데 술과 마약에 심하게 취한 브래드필드가 그만 자제력을 잃고 말았다. 그가 무례하고 추잡하게 집적대자 퍼트리샤는 그의 따귀를 때렸다. 그러자 브래드필드가 퍼트리샤에게 달려들어 둘은 몸싸움을 하기 시작했다. 그 과정에서 브래드필드는 퍼트리샤를 콘크리트 바닥에 내동댕이쳐 머리를 부딪치게 한 뒤 목을 졸라 죽였다. 이성을 잃고 격분한 그는 퍼트리샤의 시체를 욕실로 끌고 가 커다란 부엌칼로 몸을 열 토막 냈다.

브래드필드는 아직 몸을 움직일 수는 있었지만 완전히 이성을 잃은 상태였다. 그는 퍼트리샤의 가슴을 도려내 테라스로 가지고 나가 바비큐 석쇠에 불을 켰다. 그러고는 살점을 구워 먹고 나서 다시 집안으로 들어와 시체 잔해를 쓰레기 봉지에 나누어 담고 차에 숨겼다. 그리고 이것을 어떻게, 어디

다 버릴지 궁리하기 시작했다. 그는 이즈음부터 약과 술기운에서 깨어나며 자신이 무슨 짓을 했는지 깨닫기 시작했다. 그리고 이틀간 여기저기를 쏘다닌 끝에 결국 자살을 하기로 결심한다. 나중에 병원에서 퍼트리샤 마크 실종에 대한 경찰 심문을 받고 브래드필드는 살인 사실을 자백했다. 경찰이 시체가 어디에 있느냐고 묻자 브래드필드는 "차 트렁크 안에 있어요."라고 대답했다. 약 1년 뒤, 브래드필드 크라크는 징역 18년형을 선고받고 캘리포니아 중급보안 듀얼 직업교육원에 수감되었다.

클라크 가족은 브래드필드의 이러한 행동에 크게 슬퍼하고 염려했지만, 이것이 시작에 불과하다는 사실은 알지 못했다. 앞으로는 더 끔찍한 악몽이 기다리고 있었다.

브래드필드 클라크가 수감되어 있는 동안 동생 해든 클라크는 키 190센티미터에 탄탄하고 다부진 몸매를 가진 32세의 건장한 남자가 되어 있었다. 해든 클라크는 고급요리 분야에서 착실히 이력을 쌓아가고 있었다. 요리학교에서 딴 학위 덕분에 미국 전역에서 보수가 높고 안정된 일자리를 고를 수도 있었다. 그러나 이상하게도 그는 어떤 식당에서도 그리 오래 일하지 못했다. 그는 자기 성격을 통제하지 못했을 뿐더러 동료 직원들까지도 불안에 떨게 만들었다. 일례로 부엌으로 배달된 고깃덩어리에서 배어나오는 신선한 핏물을 컵에 받아 마시기도 했다. 이것은 빙산의 일각에 불과했지만 나중에 일어난 일에 견주어보면 가장 상징적인 사건이기도 했다.

해든 클라크는 그때까지 코드 곶 북단에 위치한 프로빈스타운 휴양지에 있는 최고급 식당과 호텔에서 일했다. 그곳은 독신자나 동성애자들이 애용하는 유명하고 세련된 식당가였고, 그리로 오는 주방장들은 모두 프로빈스타운의 편하고 자유로운 생활방식을 사랑했다. 하지만 해든 클라크는 사람들 속에 섞여들지 못했다. 일하지 않을 때는 그냥 혼자 있거나 코드 곶 해변에서 낚시를 했다. 해든은 시내의 모든 고급 식당을 전전했지만 결국 다른 일자리를 찾아 떠나야 했다. 나중에 해든은 프로빈스타운에 있을 때 여자를 몇 명 죽였고 시체를 모래언덕에 묻었다고 주장했다. 죽인 여자의 손가락을 잘라내어 낚시 미끼로 쓴 적도 몇 번 있다고 했다. 해든 클라크의 삶에서 다른 부분들도 그러하듯 이 이야기 역시 사실 여부는 불투명하다. 한 가지 확실한 것은 그가 프로빈스타운을 떠난 이유는 거기서 아무도 그를 반겨주지 않았기 때문이라는 것이다.

그 후로도 여러 식당에서 주방장을 맡았다. 유람선에서 일하기도 했고 연회장에서 일하기도 했으며, 1980년 뉴욕 레이크 플래시드에서 열린 동계 올림픽에서 조리일을 맡기도 했다. 그러나 그 어떤 자리에도 오래 있지 못했다. 해든 클라크 자신은 떠내기 같은 자기 삶에 대해 어떻게 느꼈을지 모르지만, 다른 사람들은 그가 떠나는 모습을 보며 안도의 한숨을 내쉬었다. 결국 그는 좌절 끝에 해군에 자원했다. 그것은 일자리도 돈도 없는 주방장으로서는 현명한 선택이었지만, 성도착자로서는 최악의 선택이었다. 그는 겉옷으로는 미국 해군에서 배급하는 일반적인 군복을 입었지만, 그 밑에는 여자 속옷을 입고 있었다. 병사들은 당연히 이 사실을 눈치챘고 해든 클라크는 괴짜로 낙인찍혔다. 그리하여 두들겨 맞는 일이 일상사가 되었고, 한 번은 세 시간 동안 고기 냉동고에 갇히기도 했다. 부대를 옮겨보아도 장소만 바뀔 뿐 달라질 것은 없었다.

1985년 3월, 마지막으로 구타를 당했을 때 해든 클라크는 항공모함에 쓰이는 강철로 얻어맞아 머리에 부상을 입고 병원에 입원했다. 진찰하던 군의관은 그의 문제가 단순 부상이 아님을 알아챘다. 그는 편집성 정신분열증

진단을 받고 의가사제대 판정을 받았으며 정신과 약물을 처방받았다. 그러나 해든은 제대하자마자 약을 끊었다. 절망과 혼란에 빠진 그는 동생 제프리에게 가기로 했다. 사실 선택의 여지가 없었다.

해든이 군대에 있는 동안 가족은 뿔뿔이 흩어졌다. 맏형 브래드필드는 감옥에 있었고, 부모는 이혼해 어머니는 로드아일랜드로 이사했으며, 아버지는 그 1년 후 딸 앨리슨과 로드아일랜드에서 함께 살던 중 자살했다. 앨리슨은 일련의 사건들이 터지고 난 뒤 가족과의 인연을 끊었으며 자신은 가족이 없다고 말하고 다녔다. 해든과 사이가 좋았던 할아버지는 세상을 떠났고, 할머니는 웰플리트에 살았지만 지금은 양로원에 있었다. 남은 가족은 동생 제프리뿐이었다. 그러나 제프리에게도 나름대로 문제가 있었다.

제프리와 아내 마샤는 메릴랜드 주 실버스프링에 살고 있었는데, 미생물학자였던 제프리가 미국식품의약청에서 일자리를 얻었다. 실버스프링은 도로를 따라 가로수가 우거진 쾌적하고 조용한 동네인데다 워싱턴 D. C.에 있는 식약청 연구실까지 출퇴근하기에도 너무 멀지 않았다. 제프리의 가족생활은 부모님이 그랬던 것처럼 겉보기에는 무척 평화로웠다. 제프리 부부에게는 세 아이가 있었고, 각자 돈도 잘 벌었다. 그러나 속으로는 항상 문제가 터지기 일보직전이었다. 의견 차이는 말다툼으로 번지고 말다툼은 가정폭력으로 이어지곤 했다. 제프리 부부는 이혼 위기까지 갔었지만 결국 갈등을 해결했고, 해든이 찾아왔을 때는 지하실의 큰방을 선뜻 내줄 정도로 부부관계가 안정되어 있었다.

동생네 도착했을 때 해든 클라크가 가진 것이라고는 옷 몇 벌과 낡은 픽업트럭, 그리고 상으로 받은 주방장 칼 및 조리도구가 전부였다.(칼과 조리도구는 쇠로 된 상자에 넣고 잠가 안전하게 보관 중이었다.) 해든은 동생네 식구들과

잘 지내려고 애썼으며, 메릴랜드 체비 체이스 근처에 있는 고급 컨트리클럽에서 좋은 일자리를 얻기도 했다. 그러나 지금까지 그랬듯 여기서도 안정된 생활은 그리 오래 가지 못했다.

그런데 이번에는 직장이 아니라 집에서 문제가 일어났다. 해든이 지역 백화점에서 여자 속옷을 훔치다 붙잡히는 일이 일어났는데, 그동안 형의 성도착증을 애써 모른 척하려 했던 동생네 부부에게 이는 불편한 일일 수밖에 없었다. 게다가 조카들마저 이렇게 너무나 '다른' 해든 삼촌을 가만히 두지 않았다. 조카들은 삼촌이 '이상한 사람'이라고 생각했고, 여섯 살배기 엘리자는 해든을 마치 해든의 아버지가 어렸을 때 그랬던 것처럼 '저능아'라고 불렀다. 해든은 이 얄미운 조카들, 그리고 모든 어린아이들에게 주체할 수 없는 분노를 쌓아가고 있었다. 어느 날 그는 아이들 앞에서 자위를 하는 것으로 복수했고, 아이들은 당연히 엄마 아빠에게 이 사실을 말했다. 그것으로 모든 것이 끝이었다. 제프리는 해든에게 나가달라고 했다. 격분한 해든은 베데스다에 새 집을 구하고 동생네 집에서 물건을 옮기기 시작했다. 그런데 그는 짐을 한번에 옮기지 않고 퇴근하면서 집에 들러 몇 개씩만 가져갔다. 일부러 짐을 천천히 옮겨 동생부부를 화나게 하려는 것이었다. 1986년 5월 31일, 이제 옮길 상자는 딱 하나밖에 남지 않았다.

오후 한 시였지만 날은 이미 더웠다. 그것도 불쾌지수를 높이는 후텁지근한 날씨였다. 동생네 집에 도착해 보니 다들 나가고 없었다. 해든은 화가 치밀었다. 문이 열려 있어 집안으로 들어갈 수는 있었지만 작별 인사를 할 사람이 아무도 없었던 것이다. 해든이 약이 바짝 오른 채 진입로에 서 있는데 분홍색 수영복을 입은 꼬마아이가 잔디밭을 가로질러 이쪽으로 오는 게 보였다. 해든은 꼬마를 알아보았다. 말더듬증이 있는 미셸 도어라는 여자아이였다. 제프리 집 건너편에 사는 미셸은 이혼한 아버지 칼과 같이 살았지만, 주말에만 와서 아버지와 같이 지냈고, 그때도 해든의 조카 엘리자와 거의 붙어 다니다시피했다.

미셸은 마당에 있는 거북이 모양 간이수영장에서 놀던 중이었고, 아버지 칼은 집안에서 텔레비전을 보고 있었다. 놀다가 지루해진 미셸은 엘리자가 집에 있나 보려고 제프리네 집으로 오던 참이었다. "엘리자 있어요?" 미셸이 해든을 올려다보며 물었다.

그 순간 해든 클라크의 머릿속에서는 코흘리개 조카에게 복수를 해줄 좋은 생각이 올랐다. 그는 미셸에게 엘리자가 2층 자기 방에서 놀고 있으니 올라가보라고 말해주었다. 미셸은 현관 쪽으로 뛰어갔고, 해든 클라크는 차 뒤로 가서 트렁크 문을 열었다. 그러고는 연장 상자를 열고 칼 세트를 내려다보았다. 뾰족한 소형 칼, 푸주칼, 살을 발라내는 칼, 커다란 식칼, 얇은 칼, 고기 자르는 칼이 들어 있었다. 잘 간 칼날은 날카롭게 빛나고 있었다. 해든은 30센티미터짜리 칼을 물끄러미 바라보다가 칼을 집어들고 집안으로 들어가 위층에 있는 조카 방으로 올라갔다.

해든은 미셸이 놀랄 새도 없이 재빠르게 행동했다. 아이를 바닥에 내동댕이치고 그 작은 가슴에 칼을 두 번 내리그었다. 무시무시한 V자 모양이 아이의 가슴에 새겨졌다. 아이가 소리를 지를 거라고 생각했기에 한 손으로는 아이의 입을 틀어막았다. 그러자 미셸은 해든의 손바닥을 깨물었다. 아이가 어떻게 그렇게 대담할 수 있었는지는 몰라도, 아무튼 당황한 해든은 분노로 이성을 잃고 아이의 목에 칼을 깊숙이 꽂았다. 피가 사방으로 뿜어나오기 시작했다. 해든은 무엇을 어떻게 해야 할지 몰라 허둥지둥했다. 죽어가는 이 작은 아이를 강간해야 할까, 아니면 이 소란을 말끔히 지워야 할

까? 강간하는 쪽을 택했지만, 좌절스럽게도 발기가 되지 않았다. 결국 피를 닦아내기로 했다.

해든 클라크는 차에서 구할 수 있는 헝겊 조각을 다 찾아내고, 군대에서 받은 운동 가방을 찾아냈다. 그리고 집으로 다시 들어가는 길에 잠깐 부엌에 들러 검은 쓰레기 봉지를 몇 장 손에 쥐었다. 이윽고 미셸의 축 처진 몸을 쓰레기 봉지에 쑤셔넣고 그것을 다시 운동 가방에 집어넣었다. 바닥에 흥건한 피를 닦아내고 피투성이가 된 그밖의 것들을 또 다른 비닐봉지에 쓸어담았다. 해든은 방을 최대한 평소처럼 보이게 만들어놓고 시계를 보았다. 직장에 20분 늦었기에 서둘러야 했다. 오늘은 늦으면 안 되는 날이었다. 아이가 든 가방을 트렁크에 싣고 급히 출발했다.

해든은 일을 마치고 근처 해군병원으로 가서 손에 난 상처를 치료받고 붕대를 감았다. 손은 일을 하다 다친 것이었을까, 아니면 동생네 집에서 다친 것이었을까? 기억이 나지 않았다. 치료를 다 받았을 때는 거의 자정에 가까웠지만, 집에 가기 전에 처리해야 할 일이 마지막으로 남아 있었다. 볼티모어 쪽으로 차를 몰아 숲속으로 갔다. 트렁크에서 운동 가방과 삽, 전등을 꺼내들고 숲속으로 몇 미터 들어가 구덩이를 파기 시작했다. 그는 시체를 구덩이에 던져넣고 흙을 덮다가 갑자기 손을 멈췄다. 아이를 죽인 것은 엘리자에게 복수를 하기 위해서였다. 하지만 나도 재미를 보아야 하지 않겠는가? 다시 차로 가서 살을 발라내는 칼을 골라 집었다. 그리고는 부드럽고 먹음직스러운 부위로 살점을 한 조각 베어냈다. 살점을 베어먹고 나서 아이를 묻고 옆에 나뒹굴고 있던 담요로 그 위를 덮었다.

해든 클라크가 여느 때처럼 컨트리클럽에서 요리를 하고 있을 때, 미셸의 아버지 칼 도어가 딸을 찾으러 왔다. 미셸의 아버지는 처음에 딸이 간이

수영장에서 보이지 않을 때는 별로 걱정하지 않고, 아마 엘리자네서 놀고 있겠거니 했다. 그러나 저녁때가 되어도 아이가 돌아오지 않자 칼은 딸을 찾아 나서야겠다고 생각했다. 제일 처음으로 제프리의 집에 들렀다. 그러나 가족 모두가 바비큐 파티에 갔던 터라, 여섯 살 난 엘리자는 물론이고 다른 식구들도 아무도 없었다. 칼은 동네를 샅샅이 뒤져보았지만 딸이 보이지 않자 결국 경찰서에 갔다. 딸을 마지막으로 본 것이 오후 2시 10분경이라고 말하고, 그때부터 5시 사이에 없어진 것 같다고 했다. 경찰은 철저한 조사에 들어갔지만, 이내 칼 도어가 딸을 죽였다고 의심하게 되었다. 경찰이 이렇게 가정한 것은 안타깝게도 단지 그들의 실수 때문만은 아니었다. 실제로 아동 실종사건의 경우 범인이 부모인 경우로 밝혀지는 경우가 상당히 많다. 그리하여 일부 경찰관들은 칼 도어를 심문했고, 다른 경찰관들은 그다음 날 도어의 집 주변 지역을 일일이 방문하며 수색을 벌였다. 그들이 심문한 사람 중에는 해든 클라크도 있었다.

해든 클라크가 마침 동생의 집에서 차를 손보고 있는데 웨인 패럴 경관이 찾아왔다. 그는 제프리의 이상한 형에 대해 이미 들어 알고 있던 터라 심문해봐야겠다고 생각하고 있었다. 패럴은 해든 클라크를 경찰서로 연행했다. 해든 클라크는 처음에는 침착을 유지했으며 사건 당일 동생네 집에 몇 분 있기는 했지만 2시 45분에 자신은 직장에 있었다고 말했다. 나중에 컨트리클럽에서 출근카드를 확인한 결과 그의 출근시간은 2시 46분으로 찍혀 있었다. 경찰은 2시 10분에서 2시 46분 사이에 아이를 죽여 시체를 처리하고 서들리 로드에서 체비체이스에 있는 컨트리클럽까지 이동한다는 것은 불가능하다고 생각했다. 그런데 경찰이 미셸의 사진을 보여주자 해든 클라크는 울음을 터뜨리며 화장실로 달려가 격렬하게 토하기 시작했다. 경찰은

그를 바짝 추궁했다. 경찰은 그가 토하고 있는 동안에도 화장실을 향해 소리지르며 연달아 질문을 퍼부었다. 경찰은 해든 클라크의 눈앞에 미셸의 사진을 들이밀었다. 이 아이를 본 적이 있습니까? 이 아이를 어떻게 했습니까? 그는 기억이 나지 않는다고 잡아뗐다. 설사 그런 일이 있었다 해도 어찌되었든 자기는 모른다는 태도로 일관했다. 경찰은 그를 몇 시간 동안 심문했지만 결국 포기했다. 이 남자가 정상이 아니라는 것은 확실했지만, 슈퍼맨이라 해도 41분 만에 아이를 죽여 숨기고 컨트리클럽까지 이동하지는 못했을 터였다. 결국 경찰은 다시 칼 도어에게 관심을 돌렸다.

경찰이 조사를 벌이자 칼 도어가 범인일 가능성을 높이는 정황 증거가 많이 나왔다. 칼은 아내와 순탄치 못한 결혼생활을 했고, 아내를 때린 적도 있으며, 아내가 떠나면 미셸을 납치하겠다고 협박한 적도 있었다. 최근에는 이혼한 아내에게 양육비를 제때 주지 않아 법정에 선 적도 있었다. 칼은 자발적으로 거짓말탐지기 조사를 받았고, 최면 심문을 받았으며, 펜토탈나트륨(자백약)을 먹기도 했다. 검사 결과 모두 혐의가 없는 것으로 나왔지만 실버 스프링 경찰청은 이에 별로 개의치 않았다. 칼 도어는 이미 아내와 이혼하고 딸마저 없어져 마음고생이 심한 가운데 하루가 멀다하고 경찰의 심문을 받자 점점 이성을 잃기 시작했다.

중세의 고문자들은 이미 일찍부터 감정적으로든 육체적으로든 사람이 극한의 고통에 도달하면 결국 무엇이든 털어놓게 되어 있음을 잘 알았다. 이는 칼 도어에게도 마찬가지였다. 자신이 딸을 죽였다는 자백은 하지 않았지만 이미 현실감각을 모조리 잃은 상태였다. 칼은 환각에 사로잡혔다. 텔레비전에 나오는 사람들이 모두 자기 이야기를 하고 있다고 생각했고, 딸을 찾기만 하면, 설사 죽어 있다 하더라도 무슨 수를 써서든 다시 살려낼 수 있

다고 믿게 되었다. 결국 경찰은 칼을 보호관찰하에 사흘간 정신병동에 맡겼다. 칼이 정신병동에서 풀려나자 경찰은 다시 지루한 심문을 시작했다. 그런데 칼이 경찰에게 말하지 않은 사실이 하나 있었다. 그가 마지막으로 미첼을 본 것은 그가 주장했듯 2시 10분이 아니라 12시였다는 것이었다. 그런 거짓말을 한 이유는 단지 딸이 없어졌는데 그렇게 오랫동안 무신경했다는 것이 부끄러워서였다. 그러나 그 사소한 거짓말 때문에 해든 클라크에게는 완벽한 알리바이가 만들어졌다.

해든 클라크의 삶은 순식간에 무너져가고 있었다. 컨트리클럽에서 해고되었고, 살던 아파트에서도 기물 파손으로 쫓겨났다. 해든은 결국 사람과의 접촉을 일체 끊어버리고 숲속으로 들어가 차안에서 살았다. 때로 노숙자 보호소에서 일자리를 소개해주어 정원관리 같은 허드렛일을 하기도 했지만, 그 외의 시간은 혼자 보냈다. 가끔은 정신병원에 가서 정신과 약을 타오기도 했지만, 용무가 끝나면 도망치듯 숲속으로 돌아왔다. 언젠가 담당 의사는 해든 클라크의 진료기록에 "판단력 저하와 자해 성향으로 위험한 행동을 할 가능성이 있음"이라고 적었다. 그러나 자신보다는 타인에게 해를 끼칠 위험이 더 컸다. 그는 한번은 의사에게 "나는 이중인격인 것 같아요."라고 말한 적도 있었다.

1989년, 해든은 성가대 연습 중인 교회에 여자 옷을 입고 들어가 물품보관소에서 여성 15명의 손가방과 겉옷을 훔친 죄로 체포되었다. 대부분의 혐의는 유죄인정협상으로 기각되었다. 그는 3개월에서 2년의 징역형을 받아야 했지만, 판사와 국선변호사의 선처로 보호관찰을 받는 정도로 끝났다. 이미 2개 주에서 각각 보호관찰을 받고 있는 상황이었지만, 국선변호사 도널드 살츠만은 앞으로 경찰에게 체포되면 보여주라며 편지까지 한 장 써주

었다. 편지의 요점은 그가 심각한 정신장애를 앓고 있기 때문에 자신이 저지른 행동에 책임을 물어서는 안 된다는 것이었다. 사회적인 견지로 보면 그의 손에 이런 편지가 들어갔다는 것은 최악의 시나리오였다. 그리 오래지 않아 이 점이 증명되었다.

얼마 뒤 해든 클라크는 노숙자 보호소의 소개로 페니 허틀링의 집에서 정원관리 일을 맡게 된다. 페니는 베데스다에 살고 있는 심리치료사로 '언행일치'가 좌우명이었다. 페니는 정신 및 감정에 장애를 겪고 있는 사람들을 도와주는 전문가였으므로, 가능한 경우 그들에게 일자리를 줌으로써 좌우명을 실천에 옮겼다. 해든 클라크는 페니의 정원을 정성껏 돌보며 열심히 일했고, 페니는 그에게 잘해주었다. 해든 클라크는 곧 페니를 어머니처럼 생각하며 집착하기 시작했다. 그렇다고 페니에게서 물건을 훔치지 않았다는 뜻은 아니다. 특히 페니의 옷가지와 소품을 훔쳤다. 한번은 페니가 없어진 물건에 대해 이것저것 캐묻자 해든은 페니에게 심한 말을 퍼부으며 사납게 맞섰다. 페니는 그처럼 격렬한 반응을 보고 마음속으로는 크게 놀랐지만, 가벼운 질책으로 마무리했다. 이처럼 때로 불협화음이 있었을지언정 페니와 해든 클라크의 사이는 대체로 나쁘지 않았다. 그런데 페니의 딸 리사가 하버드 대학교를 졸업하고 집에 오면서부터 사정이 달라졌다.

23살의 리사 허틀링은 머리가 남달리 비상했을뿐더러 180센티미터의 장신으로 눈에 확 띄는 미인이기도 했다. 그리고 세상 모든 것을 자기 방식대로 하는 성격이었다. 해든 클라크는 리사를 보자마자 주체할 수 없는 질투심에 사로잡혔다. 왜 갑자기 이 낯선 여자가 나타나서 나와 페니 사이를 훼방놓는 거지? 해든은 6년 전에 엘리자에게 따끔한 가르침을 주려고 미첼을 죽였던 것처럼 이번에도 페니에게 따끔한 가르침을 주기 위해 리사를 없애

야겠다고 생각했다. 10월 18일 일요일 밤, 페니가 회의에 가고 집에 없을 때, 해든 클라크는 페니의 집으로 차를 몰았다. 정원 창고에 보조 열쇠가 있다는 것을 알았으므로 쉽게 집으로 들어갈 수 있었다. 그는 페니의 방으로 가서 그녀의 옷을 입어보았다. 그리고 페니의 코트를 입은 채로 22구경 소총을 손에 쥐었다.

해든은 리사의 방으로 몰래 숨어들어가 총으로 찔러 리사를 깨웠다. 그러고는 페니의 진짜 딸은 자신이며, 리사가 자신을 사칭하고 있다면서 윽박질렀다. 그는 리사를 숲속으로 데려가 그렇게 거짓말을 하면 어떤 벌을 받게 되는지 보여주고 거기서 '진짜 해든'을 만나게 해줄 참이었다. 그는 리사의 입을 비닐 테이프로 막았는데, 경황이 없는 나머지 코까지 막아버렸다. 리사가 산소부족으로 의식을 잃자 해든 클라크는 가위를 찾아들고 테이프를 자르기 시작했다. 그러나 그 와중에 목동맥까지 잘라버렸다. 몇 분 뒤 리사는 과다출혈로 숨졌다. 그는 차 트렁크에 시체를 숨기고 은신처인 숲속으로 차를 몰고 가 시체를 묻었다.

페니는 경찰에 딸의 실종을 신고하며 정원사의 이름을 언급했다. 경찰들에게 그 이름은 낯익은 것이었다. 바로 8년 전 미셸 도어 실종사건 때 심문했던 용의자의 이름이었다. 경찰은 피 묻은 베갯잇에서 해든 클라크의 열은 지문을 증거로 채취했으며, 그로부터 한 달간 조사한 끝에 결정적 증거를 손에 쥐었다. 시체는 발견되지 않았지만 1993년 봄, 해든 클라크는 리사 허틀링에 대한 2급살인으로 30년형을 선고받았다. 해든 클라크는 수감되자마자 리사를 묻은 곳을 털어놓았다. 만일 리사를 묻은 장소를 법정에서 말했더라면 1급살인 판정을 받았을 것이다.

해든 클라크는 감옥에 안전하게 수감되자 자기가 저지른 짓을 누구에게

든 털어놓고 떠벌리고 싶어서 안달이 났다. 그리하여 유명한 예수 그림에 나오는 예수와 매우 닮은 어떤 죄수를 선택했다. 해든 클라크는 그가 하느님의 아들이라고 굳게 믿고 자신이 미셸 도어에게 한 일을 모조리 털어놓았으며 미셸 도어의 몸을 어디에 묻었는지도 말했다. 예수로 오인받은 그 죄수는(교도소 관계자들은 그 죄수의 이름을 적시하는 것을 금지했다.) 해든 클라크의 자백을 간수에게 전했다. 그가 자백한 정보는 미셸 살인혐의를 입증하는 것이었지만, 그때는 이미 경찰 법의학자들이 더 많은 것을 밝혀낸 다음이었다. 1999년, DNA 검사로 해든 클라크가 마지막으로 머물렀던 아파트에서 채취한 핏자국 표본과 미셸의 어머니에게서 뽑은 혈액을 비교한 결과가 나왔다. 그 결과가 모든 것을 말해주었다. 미셸의 살점을 먹은 것이 결국 결정적인 증거를 제공한 것이다. 그해 해든은 미셸 도어 살인혐의로 재판을 받고 1급살인으로 종신형을 선고받았다. 2000년 1월, 해든 클라크는 미셸의 잔해를 묻은 곳으로 경찰을 안내했다. 칼 도어는 딸이 없어진 지 14년이 지나서야 마침내 딸의 실종사건의 유력한 용의자 신세를 벗어날 수 있었다.

그러나 해든 클라크는 동료 죄수에게 털어놓을 것이 더 남아 있었다. 그는 그때까지 20명이 넘는 여자들을 죽였으며, 여자의 살을 먹으면 자신도 여자가 될 수 있지 않을까 해서 죽인 여자들을 먹기도 했다고 말했다. 추가 자백에 격분한 경찰이 해든 클라크를 앞세워 다시 미셸이 묻힌 곳으로 가보니 거기에는 그 말대로 더 많은 잔해가 있었다. 2000년 1월에서 4월 사이, 해든 클라크와 간수들, 그리고 해든이 예수라고 오인한 죄수—이 죄수를 데려간 것은 해든이 정신병적 발작을 일으킬 때 이 죄수만이 그를 통제할 수 있기 때문이었다.—는 매사추세츠, 코네티컷, 뉴저지, 로드아일랜드, 펜실베이니아 주를 샅샅이 뒤져 남은 잔해를 수습했다. 해든 클라크가 안정을

찾고 기억을 되살릴 수 있게 하려면 여자 옷을 입혀야 했다. 지금까지 그 이상의 잔해는 더 발견되지 않았다.

16장

지하 감옥을 다스린 폭군: 게리 하이드닉(1986~1987년)

펜실베이니아 주 필라델피아 시는 잠시 미국의 수도였던 18세기 이래 '형제애의 도시'로 알려졌다. 그러나 20세기 말, 필라델피아에 살았던 한 남자의 인생에서는 사랑 같은 것은 흔적조차 보이지 않는다.

태어날 때부터 모든 것을 갖고 태어나는 사람은 얼마 되지 않는다. 비극적이지만 아무것도 없이 태어나는 사람이 훨씬 많으며, 게리 하이드닉도 이 경우에 속했다. 게리 하이드닉은 1943년 11월, 오하이오 주 이스트레이크에서 태어났다. 부모인 마이클 하이드닉과 엘렌 하이드닉은 모두 중증 알코올 중독자였다. 게리가 태어난 지 18개월 후에는 동생 테리가 태어났고, 동생이 태어난 직후 부모는 이혼했다. 두 아들은 어머니가 데려갔지만, 게리가 네 살이 되었을 무렵에는 어머니의 상태가 더욱 악화되어 아이를 돌보기가 불가능했다. 아이들은 결국 아버지와 새어머니와 함께 살았다. 아버지와 새어머니는 서로를 상대로, 그리고 아이들을 상대로 폭력을 휘두르고 괴롭혔다.

게리 하이드닉은 머리가 좋은 아이였지만 이렇게 불안정한 가정에서 자라면서 감정적으로 너무 큰 상처를 입었기 때문에 학교생활을 제대로 하지 못했다. 하이드닉은 사람들과 관계를 맺지 않은 채 오직 두 가지 목표에만 매달렸다. 하나는 큰돈을 버는 것이고, 하나는 직업군인이 되는 것이었다. 하이드닉은 이 두 가지만 달성하면 안정된 삶을 살 수 있으리라고 생각했다. 그동안 아들에게 아무것도 해준 것이 없는 아버지 마이클은 아들이 버지니아에 있는 스턴튼 군인학교에 들어갈 수 있도록 힘써주었다. 이는 직업군인이 되려면 유리한 출발선이었다. 하이드닉은 학교 성적이 좋았지만, 2년 만에 학교를 떠나 집으로 돌아왔다. 이후 일반 고등학교에도 두 군데 다녀보았지만, 1961년에 결국 고등학교도 중퇴했다. 당시 나이 18세였다. 그는 군대에 갔다.

군대에서 실시한 지능검사 결과 하이드닉은 지능지수가 평균 이상인 130이 나왔다. 그리하여 위생병 특별 훈련에 지원할 자격을 얻었다. 위생병 훈련을 마치고 하이드닉은 서독의 야전병원에 배치되어 안정된 나날을 보내고 있었다. 그러나 1962년 여름, 하이드닉은 머리가 아프고 어지럽고 방향감각을 잃어버렸다며 이상한 행동을 하기 시작했다. 그리하여 8월 한 달 동안 의무실 신세를 지다가 결국 의사에게 미국으로 돌아가 정밀검사를 받아보라는 권고를 받았다. 미국 병원에서는 경계성 정신장애 진단을 내렸다. 의사는 "심각한 정신분열증으로 발전할 수도 있다."고 말했다. 하이드닉은 군장애인연금과 사회보장연금을 받고 제대 조치되었고, 3개월의 보호관찰 하에 펜실베이니아 정신병원에 입원했다. 그는 거기서 '인격장애' 진단을 받고 퇴원한 뒤 신경안정제를 처방받았다.

1964년 초, 하이드닉은 건강을 회복하고 간호조무사 수업에 등록했다.

그 1년 뒤에는 간호학교를 졸업하고 필라델피아 종합병원에서 인턴으로 일했다. 여가 시간에는 펜실베이니아 대학교에 시간제 수업 학생(학업과 일을 병행하기 위해 주 2, 3일만 수업을 듣는 학생—옮긴이)으로 등록했으며, 결국 대학병원에서 간호 업무를 맡게 된다. 전에도 그러했듯 처음에는 모든 것이 아주 순조로웠지만, 업무 실적이 점점 저조해지더니 그는 급기야 해고를 당했다. 그다음에는 지역 재향군인병원 정신과에서 주재하는 간호조무사 수업에 등록했으나 태도 불량으로 쫓겨난다. 결국 하이드닉은 심신장애인 훈련기관인 엘윈 재활원에서 일자리를 얻는다.

한동안은 재활원 업무에 잘 적응하는 것 같았다. 훈련원 내 흑인 여성과 히스패닉 여성과 지나치게 가깝게 지낸다는 지적을 가끔 받긴 했지만, 직원 및 재활원 회원들과도 사이가 좋았다. 열심히 일해 돈을 모으고, 봉급에 정부에서 받는 연금까지 합쳐 빈민가에 넓은 집을 한 채 샀다. 1, 2층은 세를 놓고 자신은 3층에서 살았다.

그러나 하이드닉은 그동안 휴직계를 내고 정신병원에 입원하라는 권유를 종종 받고 있었다. 그러던 중 1970년, 하이드닉은 어머니가 자살했다는 소식을 전해 듣고 또다시 신경쇠약증세를 보여 결국 병원에 입원하는 처지가 되었다. 그는 치료를 받던 중 자살을 기도했고, 거의 긴장병에 가까운 상태를 보였다. 말 대신 종이에 글씨를 쓰거나, 가령 방해받고 싶지 않을 때는 한쪽 바지를 걸어올리는 등 자기가 만들어낸 표시만으로 의사소통을 했다. 평소 위생습관 또한 악화되어 직원들이 강제로 씻겨야 했다. 퇴원할 무렵, 전반적인 변화가 필요하다고 느낀 하이드닉은 캘리포니아로 향했다.

캘리포니아는 가장 정상적인 사람들에게조차 이상한 일이 일어날 수 있는 곳이었고, 이곳 생활은 하이드닉에게 매우 큰 영향을 끼쳤다. 그리하여

1971년, 그는 '하느님의 사역 통일교회'라고 이름붙인 독자적인 교회를 세우기로 한다. 하이드닉은 필라델피아로 돌아오는 길에 정식으로 교회를 등록하고 자신을 '목사'로 임명하며 신도 다섯 명을 모았다. 신도 중에는 역시 정신 및 감정적 문제를 갖고 있었던 동생 테리 하이드닉과, 엘윈 재활원에서 훈련을 받던 중에 게리 하이드닉과 가까워진 흑인 여성 한 명이 있었다. 여기에 역시 엘윈 재활원에서 만난 세 명이 더 합류해 결국 교회가 세워졌다. 숱한 거짓 목자들은 자신의 지위를 이용해 신도들에게서 돈을 착취하지만, 하이드닉의 목적은 돈이 아니었다. 돈이 아니라 신도들 위에 군림할 수 있는 권력이 필요했다. 그러나 돈은 하이드닉의 변함없는 관심사 중 하나였고, 미국 세금법에 따르면 교회는 세금을 낼 필요가 없었으니, 교회를 세운다는 것은 그에게 절호의 기회였던 셈이다. 그는 미쳤을지는 몰라도 멍청하거나 둔하지는 않았다.

1975년, 하이드닉은 교회 명의로 투자중개사인 메릴 린치에 계좌를 개설한다. 최초 투자액은 1500달러였는데 그 후 근 10년 동안 자산은 50만 달러까지 불어났다. 신흥 부자가 된 하이드닉은 차에 눈길을 돌려 윤나는 청록색 롤스로이스, 링컨 컨티넨탈, 금 외장 차체에 주문제작한 차바퀴와 앞문에 GMH라는 표식이 달려 있는 은색 캐딜락 쿠페 드빌 등 최고급 차를 사들이기 시작했다. 캐딜락은 하이드닉의 자부심이자 기쁨이며 성공의 상징이었다.

하이드닉의 삶은 이처럼 더없이 안정적인 것 같았지만 기실 한없이 불안정했다. 흑인 여신도를 비롯해 엘윈 재활원에서 데려온 정신장애인들과의 관계가 어디서부턴가 어긋나기 시작했다. 그가 데려온 여성들에게는 공통점이 있었다. 모두 유색인종 여성이었으며 빈곤층에 속했고, 정도차는 있었지만 하나같이 여러 가지 정신장애를 갖고 있었다. 즉 교활한 하이드닉의 손쉬운 희생양이었던 셈이다.

이중 도로시라는 이름의 젊은 여성은 다른 사람들보다 정신지체 정도가 심했는데, 하이드닉은 도로시를 무자비하게 학대했다. 항상 거칠게 대했으며 노골적으로 구타할 때도 많았는데, 그리하여 이웃이 경찰에 신고를 한 적도 적지 않았다. 이웃 사람들은 하이드닉이 집에 여자를 감금하고 있는 것 같다며 신고를 했다. 경찰은 하이드닉에게 주의를 주었지만, 도로시가 정식으로 고소하지 않는 한 경찰이 할 수 있는 일은 별로 없었다. 도로시 문제가 불거지고 나서 1년 반이 지난 뒤, 하이드닉은 도로시를 설득해 34세인 도로시의 언니 앤제닛도 신도로 만든다. 앤제닛 역시 심각한 정신지체로 해리스버그 근처 재활원에서 지내고 있었다. 하이드닉은 도로시를 데리고 재활원으로 가서 12시간 외출허가를 받아내 앤제닛을 필라델피아로 데려온다. 앤제닛을 재활원으로 돌려보낼 생각이 전혀 없던 하이드닉은 앤제닛을 지하실에 가두고 성폭행 및 폭행을 일삼았다. 결국 병원에서 신고를 받은 경찰이 하이드닉의 집으로 찾아가 무력으로 앤제닛을 데려와야 했다. 병원 검사 결과 앤제닛은 구타 및 강간, 항문강간을 당했으며 질과 항문과 구강에 임질균이 감염된 것으로 드러났다. 1978년 6월 6일, 하이드닉은 체포되어 납치, 강간, 부당 억류, 불법 감금, 강제적인 변태 성행위, 입원자 보호 방해죄로 고소되었다.

11월, 재판에서 법원이 지정한 정신과 의사는 피고인이 "남을 조종하려 하며 성심리적으로 미숙하다."고 진술했다. 하이드닉은 유죄판결을 받고 3년에서 7년 징역형을 선고받았지만, 항소심에서 양형이 번복되어 정신병원에 입원했다. 그로부터 3년간 정신병원에서 지냈는데, 그동안 여러 차례 자살을 시도했다. 가장 위험했던 것은 전구를 삼켰을 때였다. 이윽고 체포된 지 4년도 채 지나지 않아 집행유예로 풀려났다. 통원치료로 정신과 치료를 받는다는 전제하에 풀려난 것이었지만, 물론 그는 치료를 받지 않았다.

하이드닉이 병원에 수용되어 있는 동안 도로시가 흔적도 없이 사라지는 일이 벌어졌는데, 경찰은 이것을 하이드닉과 연관시키려 했지만 단서가 없었다. 그리하여 하이드닉은 아무렇지 않게 다시 예전 생활로 돌아갔다. 당연히 이웃과의 관계는 급속도로 악화되었다. 1983년 말, 하이드닉은 집을 팔고 다음 해 4월 필라델피아 교외 빈민가 프랭클린빌의 마셜가 북쪽 3520번지에 새 집을 샀다. 하이드닉은 차를 사는 것으로만 자신의 부를 과시한 것이 아니라 그보다 더 많은 돈을 낡아빠진 집의 내부를 장식하는 데 썼다. 부엌 벽에는 동전을 붙이고 위층 복도에는 1달러와 5달러, 10달러짜리 지폐로 벽을 메웠다. 그러나 그래도 부족한 것이 있었다. 바로 자기 마음대로 부릴 여자들이 없었던 것이다.

그는 세상과 관계 맺는 새로운 방법으로, 동양 여자를 서양 남자에게 소개해주는 일을 시작했다. 2년 동안 이 일을 했는데, 그 사이에—자신이 목사라고 주장하며—22세의 필리핀 여성 베티 디스토를 필라델피아로 초청한다. 베티는 부모의 완강한 반대를 뿌리치고 하이드닉의 제안에 응했다. 베티가 미국에 온 지 4일 뒤인 1985년 10월 3일, 하이드닉은 펜실베이니아 국경을 넘어 메릴랜드로 가서 베티와 결혼한다. 그러나 결혼한 지 2주도 채 지나지 않아, 어느 날 베티가 쇼핑을 마치고 집에 돌아와 보니 하이드닉이 흑인 여성 세 명과 침대에 뒹굴고 있었다. 베티는 당연히 친정으로 돌아가겠다고 주장했지만 하이드닉은 일언지하에 거절했다. 이 집은 자기 집이고 이 집에서는 자기가 왕이며, 집단으로 성관계를 갖는 것은 자신의 생활방식

이라는 것이었다. 뿐만 아니라 베티가 집단성교에 참여하지 않을 때는 그가 여러 여자들과 성관계하는 것을 보고 있도록 시켰다. 싫다고 하면 혹독한 매질이 돌아왔다. 한번은 베티를 닥치는 대로 발로 차며 다른 여자들이 보는 앞에서 항문 강간을 하기도 했다. 결국 1년 넘도록 학대를 당한 베티는 하이드닉의 집에서 탈출해 남편을 배우자 강간, 강제추행, 강제적인 일탈적 성행위 혐의로 고소했다.

하이드닉은 그 2주 후 배우자 학대 혐의로 체포되었는데, 운이 좋게도 전에 여성학대 혐의로 구속된 데 대한 집행유예의 기한이 바로 그 전날이었다. 게다가 베티가 법정에 나타나지 않은 덕분에 교도소행도 면했다.

1986년 추수감사절 전날 밤 늦은 시각, 하이드닉은 캐딜락을 끌고 시내로 나가 먹잇감을 사냥했다. 그는 남자를 찾는 게 분명해 보이는 소녀들 무리 앞에 차를 대고 흑인과 히스패닉 혼혈의 예쁜 소녀를 찾아냈다. 그 소녀, 조세피나 리베라는 커다란 흰색 캐딜락 쪽으로 다가오며 깔끔하게 다듬은 턱수염, 강렬한 푸른 눈, 그리고 값비싼 보석으로 치장한 단단한 체격의 운전자를 보았다. 그녀는 또한 그 남자가 오랫동안 씻지 않았다는 사실도 알 수 있었다. 남자는 나쁜 냄새가 났고 옷이 매우 더러웠다. 조세피나는 언제나 남자를 까다롭게 고른다는 자부심이 있었지만, 차와 반지를 보건대 이 남자는 돈을 많이 줄 것이 분명했다. 결국 그녀는 하이드닉을 따라가기로 결심했다.

프랭클린빌이라는 동네와 그의 집은 하이드닉만큼이나 더럽고 남루했지만, 마당에 줄지어선 값비싼 고급자동차는 조세피나의 눈길을 확 끌었다. 그녀는 이번 선택이 그리 나쁘지만은 않겠다고 생각했다. 그러나 조세피나의 생각은 틀렸다.

하이드닉은 조세피나를 2층으로 데려가 성관계를 가진 후 팔을 묶어 지하실로 끌고 갔다. 그리고 천장을 가로지르는 파이프에 쇠사슬을 고정시킨 다음 그 쇠사슬로 조세피나의 두 손을 묶었다. 그는 기이하게도 조세피나의 옷을 모두 찢어버리고 나서 그녀의 무릎에 머리를 괴고 잠이 들었다. 이윽고 잠에서 깨어난 그는 지하실 한구석에서 삽을 가져오더니 바닥에 놓여 있던 커다란 합판 쪽으로 걸어갔다. 합판을 옆으로 밀자 콘크리트 바닥을 파헤쳐 만든 구덩이가 하나 나왔다. 구덩이 안으로 들어간 남자는 흙을 퍼내며 구덩이를 더 깊게 파기 시작했다. 하이드닉은 삽질을 하며 자신의 계획을 말해주었다. 자신은 그저 대가족을 갖고 싶을 뿐이며, 그 꿈을 이루는 가장 좋은 방법으로 10명의 여자를 모아 지하실에 가둬놓고 모두 임신시킬 참이라고 했다. 그리고 아이가 태어나면 모두 함께 이 어둠 속에서 살 거라고 했다. 그리고 빈말이 아님을 보여주려는 듯 조세피나를 강간하고 일을 계속했다.

겁에 질린 조세피나는 이 미치광이가 계속 지껄이는 동안 사방을 둘러보았다. 주변에는 낡은 세탁기, 당구대, 소형 냉장고를 제외하고는 아무것도 없었다. 판자로 막아버린 창문 틈으로 새어들어오는 한줄기 빛 외에는 빛도 없었다. 도움을 청할 도구도 하나 없었고, 맞붙어 싸우기에도 하이드닉은 몸집이 너무 컸다. 더군다나 그녀는 쇠사슬에 묶여 있었다.

하이드닉은 삽질을 하면서 지금 파는 이 구덩이는 '처벌의 구덩이'이고, 조세피나의 행실이 마음에 들지 않으면 언제든지 거기다 처넣겠다고 설명했다. 그는 만족스러울 만큼 구덩이를 판 뒤 조세피나를 어둠 속에 혼자 남겨놓고 위층으로 올라갔다. 하이드닉은 그렇게 약 일주일 동안 조세피나를 계속 강간했으며 기분이 내킬 때만 음식을 주었다. 한편 조세피나는 그동안

한쪽 손목에 묶인 사슬을 느슨하게 푸는 데 성공했다. 그리하여 몸이 가까스로 창문까지 닿자 창문을 막은 판자를 밀어내고 틈새로 몸을 들이밀었다. 급기야 머리와 어깨까지 밖으로 나오자 도와달라고 소리를 지르기 시작했다. 그러나 그녀의 목소리를 들은 사람은, 아니 듣고 반응한 사람은 하이드닉뿐이었다. 그는 조세피나를 거칠게 끌어내려 판자로 두들겨 패고 구덩이로 밀어넣은 뒤 판자를 덮고 무거운 쓰레기 더미로 위를 막아놓았다. 하이드닉은 조세피나의 비명소리가 밖으로 새어나가지 못하도록 라디오를 아주 크게 틀어놓았다. 그런 뒤 다음번 성노예가 될 여자를 찾으러 나갔다.

25세의 산드라 린지는 정신지체 정도가 심하지는 않았지만 언어장애가 있는데다 절름발이여서 세상살이가 결코 쉽지 않았다. 그러나 엘윈 재활원에서 열심히 재활수업을 들은 덕에 일자리까지 얻어 가족에게 손 벌리지 않고 살아갈 형편은 되었다. 그해 11월 저녁, 산드라는 집 근처 약국에 가는 길이었다. 그때 엘윈 재활원 직원 한 명이 차를 몰고 나타나더니 태워주겠다고 했다. 낯익은 얼굴을 보고 반가운 마음에 차에 탄 그녀는 그 뒤로 동네에서 모습을 감췄다.

하이드닉은 집에 도착하자 산드라를 지하실로 끌고 가 블라우스만 빼고 옷을 다 벗긴 다음 천장에 달린 쇠사슬에 묶었다. 그리고는 구덩이로 가 판자를 치우고 조세피나를 나오게 해 산드라 옆에 쇠사슬로 묶어 서로 인사를 시키고 자리를 떴다. 조세피나가 산드라가 왜 이렇게 '정신이 나가' 보이는지를 깨닫기까지는 몇 분이 걸렸다. 이 여자는 정신지체아였던 것이다. 산드라는 하이드닉이 엘윈 재활원에서 알고 지내던 사람이며 예전에 성관계를 가진 적도 몇 번 있다고 천천히 설명했다. 한번은 산드라가 임신을 했는데 낙태하자 하이드닉이 불같이 화를 냈으며 그때부터 산드라에게 자기 아기를 낳으라고 강요했다고도 말해주었다. 그녀는 바로 그 이유로 하이드닉이 자신을 이곳에 데려왔을 거라고 짐작했다. 그녀는 침착하게 이야기를 했지만 이야기를 끝마쳤을 때는 울음을 터뜨리고 말았다. 집에 가고 싶은 마음뿐이었다.

하이드닉은 며칠 동안 두 여자를 계속 강간하고, 이들에게 줄 먹을 것이 마땅치 않자 기르던 개에게 주던 개 먹이를 조금씩 주기 시작했다. 산드라의 실종 소식은 금세 경찰의 귀에 들어갔다. 경찰은 산드라의 어머니에게 신고를 받고 산드라의 집 주변을 수색하기 시작했다. 하이드닉은 정신지체 여성이 실종되었다는 소식이 지역 방송과 신문에 나자 산드라를 협박해 잠시 멀리 다녀올 것이며 곧 전화하겠다는 내용의 편지를 집에 쓰게 했다.

하이드닉은 그것이 현명한 행동이었다고 생각했을지 모르지만 필사적으로 딸을 찾고 있던 산드라의 어머니는 경찰에게 하이드닉 이야기를 했다. 딸이 엘윈 재활원에서 알게 된 게리 하이드닉이란 남자 이야기를 여러 번 했으며, 그가 마셜가에 살고 있노라고 일러주었다. 경찰은 단서를 찾으려고 하이드닉의 집을 여러 차례 방문했지만 인기척이 없었다. 수색영장을 발부할 마땅한 근거도 없었기에, 경찰은 결국 조사의 방향을 바꾸어 다른 곳을 수색하기 시작했다.

그해 12월 22일, 또 한 명의 흑인 여성이 사라졌다. 19세의 고등학교 낙제생 리사 토머스는 사회연금으로 생계를 이어가고 있었지만, 낙천적인 성격에 화려한 옷을 즐겨 입는 소녀였다. 리사의 화려한 옷차림에 시선이 끌린 하이드닉은 차를 세우고 하룻밤을 같이 보내겠느냐고 물었다. 리사는 분개하여 소리를 질렀지만, 고급 차는 계속 따라왔다. 차에 탄 남자는 무례한 행동에 대한 사과로 집까지 태워다주겠다고 했다. 리사는 남자의 차와 값비

싼 반지, 시계가 눈에 들어오자 결국 제안을 받아들이고 말았다. 여기서 놀라운 사실은 하이드닉이 리사와 진짜 데이트를 했다는 것이다. 그는 함께 저녁을 먹고 대화를 나누며 다음 주말에 애틀랜틱시티에 데려가겠다고 말했다. 리사가 정말 같이 가고 싶지만 입고 갈 옷이 없다고 하자 하이드닉은 그렇다면 옷을 사주겠다고 했다. 리사는 다시 한 번 호의를 받아들였다. 하이드닉이 리사를 동네 시어스 로벅(미국 최대 백화점 체인업체―옮긴이)에 데려가 마음껏 옷을 사주자 리사는 결국 하이드닉의 집에 가기로 했다. 그것이 바로 리사 인생 최대 실수였다.

처음에는 모든 것이 완벽했다. 하이드닉은 와인까지 한 병 땄다. 그러나 그 와인은 약을 탄 것이었고, 리사는 곧바로 정신을 잃었다. 하이드닉은 리사가 깨어나자 옷을 벗겼는데, 리사는 별로 심하게 저항하지 않았고, 오히려 적극적으로 성관계를 갖고자 했다. 그러나 지하실로 끌려가 쇠사슬로 묶이고 마찬가지로 조세피나와 산드라 역시 매달려 있는 것을 보고 나자 리사는 자신이 얼마나 끔찍한 상황에 처했는가를 깨달았다.

이제 '아내'를 세 명 얻은 하이드닉은 이들을 길들여야 했다. 청결은 문제가 아니었다. 하이드닉 역시 씻지 않았기에 여자들이 더러운 것도 문제되지 않았다. 그러나 최소한 예의를 갖춰 휴대용 간이 변기를 가져다놓았다. 그는 또 여자들에게 새로운 형태의 고문을 가하기 시작했다. 계속해서 여자들을 강간하고 구타하고 구덩이에 가둬놓는 것으로도 모자라 이제는 전기 고문까지 추가한 것이다. 하이드닉은 여자들이 말을 잘 듣지 않으면 끝을 벗긴 전선을 쇠사슬에 연결하고 콘센트에 꽂았다. 여자들은 하이드닉이 정한 법칙을 조금이라도 어기면 전기 고문을 받았다. 예를 들어 하이드닉이 가까이 오는 것에 저항하거나, 하이드닉이 지켜보는 가운데 여자들끼리 성

행위를 하는 것을 거부하면 전기 고문을 당했다. 또 다른 여자가 하이드닉의 말에 어긋나는 행위를 하는 것을 보고도 이르지 않으면 여자들 모두가 전기 충격을 당해야 했다. 고문받는 동안 너무 크게 울부짖어도 전기 고문을 받았다. 전기 충격과 구타가 지겨워지면 여자들을 한 팔로만 매달아 팔이 거의 빠질 때까지 매달려 있게 하기도 했다. 여자들이 할 수 있는 것이라고는 한데 웅크려 벌벌 떨면서, 누군가 한 사람이 탈출해 나머지를 구해주기만을 기도하는 것뿐이었다.

하이드닉은 리사가 합류한 지 열흘 뒤 또 다른 희생자를 소개했다. 데보라 더들리는 새해 첫날 잡혀왔다. 23세의 데보라는 예쁜 얼굴에 주관이 뚜렷하고 성미가 불같은 여자였다. 그래서 다루기가 힘들었지만 하이드닉은 그런 것을 오히려 좋아했다. 하이드닉은 데보라를 지하로 끌고 가 쇠사슬에 묶을 때 미친 듯이 저항하는 그녀를 실신할 정도로 두들겨 팼다.

필라델피아 주민들은 여자가 또 실종되었다는 소식에 등골이 오싹해졌지만, 하이드닉은 노예를 더 잘 다스릴 새로운 방법을 고안해내느라 바빴다. 그는 여자들이 서로 '규칙'을 아주 조금만 어겨도 그에게 보고하게끔 했는데, 밀고자에게는 보상으로 여자들을 때리는 일을 맡을 권한을 주었다. 처벌이 생각만큼 심하지 않으면 때리는 여자도 맞았다. 곧 조세피나는 다른 여자들의 일거수일투족을 하이드닉에게 보고하고 자신이 '그의 편'이라고 말하며 하이드닉의 눈에 들기 시작했다.

1월 18일, 또 다른 희생자가 마셜가 북쪽 3520번지에 나타났다. 18세의 재클린 애스킨스는 아주 작고 연약한 정신지체 소녀였다. 하이드닉은 필라델피아 메인스트리트에서 '남자를 구하던' 재클린을 데려왔다. 그는 재클린을 지하실로 끌고 와 옷을 벗겨 강간하고 야만스럽게 구타한 뒤, 이렇게 하

는 것은 단지 자신이 그녀의 '주인'이라는 것을 보여주기 위해서라고 말했다. "넌 내가 시키는 대로 해야 해, 안 그러면 또 이렇게 당하게 될 거야."

재클린은 이 악몽을 꾸는 것은 자기뿐이라고 생각했지만, 곧 자기 옆에 쇠사슬에 묶인 여자 넷이 더 있음을 알게 되었다. 이제 이들은 자기를 가둔 사람을 능가할 정도로 힘을 모을 수 있게 된 것이다. 그러나 유감스럽게도 여자들이 무슨 계획을 짜든 하이드닉에게 일러바치는 조세피나가 있었다. 그러면 하이드닉은 격분하여 언제나처럼 극한 처벌을 골고루 나눠주었다. 그는 또한 여자들이 자기 발소리를 못 듣게 되면 탈출을 도모할 수 없으리라고 생각하고 드라이버로 여자들의 고막을 뚫어버렸다. 여자들의 계획을 낱낱이 보고했던 조세피나만이 이 끔찍한 처벌을 피할 수 있었다.

탈출 계획이 실패하고 며칠 뒤, 산드라는 하이드닉에게 노여움을 살 만한 작은 규칙위반을 저지른다. 하이드닉이 산드라를 처벌 구덩이에 집어넣었는데, 산드라가 판자와 판자를 누르고 있던 무거운 물체를 밀쳐내버린 것이다. 하이드닉은 격노하여 산드라의 한쪽 손에만 수갑을 채워 천장에 매달고 발은 바닥에 닿지 않도록 해 매달아놓았다. 체중은 한쪽 손목과 어깨에만 집중되어 산드라는 팔이 빠질 지경이 되었다. 그러나 하이드닉은 본체만체했다.

며칠 동안 그렇게 매달려 있던 산드라는 몸이 점점 쇠약해지더니 결국 고열에 시달리기 시작했다. 산드라는 아무것도 먹지 못했고 하이드닉이 억지로 입에 음식을 넣어도 토해버렸다. 결국 산드라는 의식을 잃었다. 하이드닉은 아무리 사납게 후려쳐도 산드라가 깨어나지 않자 산드라의 수갑을 풀어주었다. 산드라는 마룻바닥으로 쿵 떨어졌다. 하이드닉은 바닥으로 떨어진 산드라를 발로 차 구덩이에 밀어넣었다. 그리고 공포에 떠는 나머지

여자들에게는 아이스크림을 돌렸다. 하이드닉은 그러고 나서 무릎을 꿇고 구덩이 안에 있는 산드라의 맥박을 확인해보았다. 산드라는 이미 죽은 뒤였다. 그는 감정의 동요 없이 조용히 산드라를 끌어내더니 어깨에 메고 나갔다. 조금 뒤 여자들은 위층에서 들려오는 날카로운 전기톱 소리에 몸서리를 쳐야 했다. 그리 오래 지나지 않아 하이드닉의 개가 커다란 고깃덩어리를 입에 물고 지하실로 내려왔다. 개는 구석에 자리를 잡더니 만족스러운 듯 살점을 뜯어먹기 시작했다. 그 광경을 지켜보던 여자들은 구역질을 참을 수 없었다.

위층에서 하이드닉은 산드라의 잔해를 태연히 손질하고 있었다. 구워 먹기 위해 도려낸 것과 잘게 썰어놓은 것을 한쪽에 쌓아놓고, 나머지 찌꺼기는 믹서에 갈아 개밥과 섞었다. 이는 자신이 기르는 개와 지하실에 있는 여자들에게 주려는 것이었다. 아직 조리하지 않은 나머지 찌꺼기는 봉지에 넣어 '개밥'이라고 써서 냉장고에 넣어두었다. 마지막으로 머리와 흉곽이 남자 그는 이웃에게 의심을 사지 않도록 푹 끓여서 버렸다. 그러나 하이드닉의 이웃들은 사람 살을 고는 악취 때문에 경찰에 신고를 했다.

빈민가에서 비명소리와 고함소리가 들려오는 것은 그렇게 주의를 끌 만한 일은 아니지만 이와 같은 악취는 여간 참기 힘든 것이 아니었다. 하이드닉은 경찰이 문을 두드리자 고기를 너무 태웠다며 사과하고 걱정할 만한 일은 전혀 없다고 둘러댔다. 경찰은 이번에도 집안을 수색하지 않고 그냥 가버렸다.

성미가 불같은 데보라는 산드라가 죽은 뒤부터 하이드닉이 다가올 때마다 미친 듯이 저항하기 시작했다. 그러자 하이드닉은 조용히 데보라의 쇠사슬을 풀어주더니 위층으로 데려갔다. 지하실로 돌아왔을 때 데보라는 창백

한 얼굴로 덜덜 떨고 있었다. 데보라는 한참이 지나서야 마음을 진정시키고 위층에서 무슨 일이 일어났는지를 이야기했다. 끓고 있는 커다란 냄비 안에서 거의 녹아내려 두개골만 남은 산드라의 머리를 보았던 것이다. 오븐에서는 갈비뼈가 구워지고 있었다. 하이드닉은 또 냉장고 안에 있는 봉지의 내용물도 보여주며 계속 저항하면 데보라가 다음 차례가 될 거라고 말했다.

3월 18일, 하이드닉은 여느 때처럼 여자들이 자기 눈에 거슬리는 짓을 했다는 이유로 여자들을 강간하고 고문하고 있었다. 이러한 처벌은 이제 일상이 되어 효과를 잃어가고 있었기에, 여자들을 통제하려면 새로운 고문 방법이 필요했다. 그는 조세피나에게 지하실 구덩이를 물로 가득 채우라고 한 뒤 더러운 물이 넘실거리는 구덩이로 데보라, 리사, 재클린을 차례로 집어넣었다. 그는 여자들의 아래턱까지 차도록 물을 채웠다. 그러고 나서 구덩이 입구를 판자로 덮고 위에 무거운 것을 올려놓았다. 이것은 새로운 방법이었지만 그것만으로는 충분치 않았다. 그리하여 그는 쇠사슬에 연결해 전기 충격을 주는 데 썼던 전선을 가져와 끝을 벗겨낸 뒤 물속에 집어넣었다. 그러고는 조세피나에게 전선을 플러그에 꽂으라고 명령했다. 채 1초도 되지 않아 물속은 전기로 번쩍였고 안에 갇힌 여자들은 전류가 몸을 통과할 때마다 몸을 뒤틀고 비명을 지르며 경련을 일으켰다. 하이드닉은 이 방법도 만족스럽긴 하지만, 자기 뜻을 잘 전달하려면 더 좋은 방법이 필요하다고 생각했다. 이번에는 전선 끝을 데보라의 목에 감긴 쇠사슬에 바로 연결했다. 데보라는 격렬하게 경련을 일으키다가 물속으로 고꾸라져 죽고 말았다. 재클린과 리사는 전보다 더 크게 비명을 질렀다. 하이드닉은 구덩이에서 데보라의 차디찬 시신을 끌어내며 다른 여자들을 보고 웃으며 물었다. "너희가 이런 신세가 아니어서 다행스럽지 않아?"

하이드닉은 데보라의 시체를 지하실에 그대로 둔 채 조세피나에게 데보라의 감전사에 협력했다는 진술서를 쓰게 했다. 그는 조세피나가 만에 하나라도 경찰에 연락할 마음을 품고 있다면 이 진술서로 그녀 역시 공범임을 증명하겠다고 협박했다. 그다음 날 하이드닉은 순종적인 조세피나의 도움을 받으며 데보라의 시신을 봉지로 싸서 지하실 냉장고에 넣어둔 뒤 집을 비웠다.

조세피나는 데보라가 죽고 며칠 동안 하이드닉과 가까이 지내면서 그에게 '아내'를 모으는 작업을 완수하려면 자신의 도움이 반드시 필요하다는 것을 납득시키려고 처절하게 노력했다. 결국 조세피나는 점점 하이드닉의 신망을 얻었고, 그가 외출할 때 가끔 동행하는 특권을 누리기도 했다. 조세피나는 이제 하이드닉의 충실한 공범이 되어, 1987년 3월 22일에는 하이드닉과 함께 냉동시킨 데보라의 시신을 차에 싣고 뉴저지 외곽 파인배런스로 갔다. 그들은 시신을 길가 수풀에 버렸다. 하이드닉이 여자를 더 납치해야겠다고 말하자 조세피나는 충성심을 증명하기 위해 자신도 돕겠다고 나섰다. 그다음 날 그들은 성매매 여성 애그니스 애덤스를 납치해 지하실로 데려왔다.

그다음 날인 3월 24일, 조세피나는 하이드닉에게 자신을 집에 데려다주고 가족을 만나게 해주면 더 많은 여자를 구하도록 도와주겠다고 설득했다. 여자를 더 모을 수 있게 해준다는 말에 흥분한 하이드닉은 조세피나를 집 근처까지 태워다줄 테니 자정에 근처 주유소에서 만나자는 조건을 내세워 이를 승낙했다. 물론 조세피나는 그러겠다고 했다.

조세피나는 일단 하이드닉에게서 풀려나자 전 남자친구인 빈센트 넬슨의 집으로 달려갔다. 그리고는 거의 광란상태가 되어 지금까지 있었던 믿기

힘든 이야기를 쏟아냈다. 빈센트는 하이드닉의 집으로 가서 그를 직접 만나보려 했지만 조세피나는 경찰을 불러야 한다고 주장했다. 존 캐논 경관과 데이비드 새비지 경관이 도착하자 조세피나는 그들에게도 자초지종을 털어놓고, 자신의 말을 반신반의하는 그들에게 몇 시에 어디서 하이드닉이 기다리고 있을 거라고 말해주었다. 결국 경찰은 조세피나의 말을 믿기로 하고 경찰서에 보고해 수색영장을 즉시 발부하게 했으며, 하이드닉을 무사히 체포할 경우 그의 집을 수색하는 데 필요한 지원을 요청했다.

캐논과 새비지 경관을 앞에, 조세피나를 뒤에 태운 차가 약속한 시간, 주유소 거리 맞은편에 조심스럽게 섰다. 자정에서 몇 분이 지나 하이드닉이 탄 캐딜락이 나타났다. 캐논과 새비지 경관은 총을 장전한 뒤 하이드닉의 차로 접근해 손을 들고 나오라고 소리쳤다. 그는 순순히 따르며 아동부양수당을 연체해서 그러느냐고 물었다. 경찰은 그것보다는 훨씬 더 심각한 것이라고 일러주었다.

새벽 5시경, 중무장한 경찰 부대는 마셜가 북쪽 3520번지, 하이드닉의 집 현관문을 발로 차 열었다. 조세피나는 경찰을 지하실로 안내하며 서두르라고 소리쳤다. 컴컴하고 축축한 지하실로 내려간 경찰은 싸구려 공포영화에서나 나올 법한 충격적인 장면을 목격했다. 바닥에는 더러운 매트리스 위에 여자 두 명이 웅크리고 있었는데, 그들의 발에는 천장에 연결된 쇠사슬이 묶여 있었다. 제정신을 잃고 비명을 지르던 여자들이 가까스로 진정하자 새비지 경관은 또 다른 사람이 있느냐고 물었다. 그들은 말을 하지 못하고 판자로 덮인 처벌 구덩이를 가리켰다. 경찰은 거기서 애그니스 애덤스를 찾아냈다. 그녀는 온통 진흙투성이가 되어 태아처럼 웅크리고 있었다. 경찰은 굶주림과 구타에 시달린 여자들을 병원 구급차에 실어 보낸 뒤 집안을 수색

하기 시작했다.

주방을 제외하면 더러운 가구와 쓰레기 정도밖에 딱히 수색할 것이 없었다. 그러나 주방을 수색하자 하이드닉이 그동안 얼마나 잔인한 짓을 저질러왔는지가 여실히 드러났다. 검게 그을음이 앉은 더러운 냄비에는 사람 두개골과 지방으로 젤리처럼 응고된 노란 잔해가 남아 있었다. 뿐만 아니라 까맣게 탄 갈비뼈가 수북이 쌓였는가 하면, 익히거나 익히지 않은 살점들도 여기저기서 발견되었다. 모두 산드라 린지의 시신에서 나온 것이었다. 조리대에는 믹서가 있었는데, 고기를 가는 데 쓴 것이 틀림없었다. 어떤 고기였을지는 이미 쉽게 짐작이 가는 상황이었지만, 냉장고를 열자 설마 했던 마지막 기대는 모두 사라져버렸다. 냉장고 안에는 사람의 팔뚝을 비롯한 여러 부위가 있었고, '개밥'이라는 표시가 붙은, 입구를 꽁꽁 묶은 비닐봉지가 있었는데, 봉지 안에는 산드라 린지의 살코기 10킬로그램이 들어 있었다. 부엌 한켠에는 아직 살점이 꽤 붙은 팔다리뼈가 수북이 쌓여 있었다.

이후 며칠간 경찰과 법의학자들이 하이드닉의 집과 마당을 수색하는 동안 『필라델피아 인콰이어러』 같은 유명 일간지를 비롯한 신문들은 '공포의 집', '고문 지하 감옥', '미치광이의 섹스파티' 같은 선정적인 문구로 사건을 대서특필했다. 언론 보도는 자극성의 극치였다. 그러나 하이드닉은 악의적인 언론 보도에도 전혀 신경 쓰지 않았다. 그에게 필요한 것은 유능한 변호사뿐이었다. 지금까지 모아놓은 돈이라면 충분히 내기에 승산이 있으리라고 생각했다.

척 페루토는 필라델피아에서 가장 유능하고 대담한 변호사였으며, 그만큼 비싼 변호사이기도 했다. 중죄 사건일 경우 1만 달러가 넘는 변호사 선임료를 받았다. 아무리 가망이 없어 보이는 사건이라도, 돈이 있는 사람이라

면 돈에 걸맞은 변호를 받을 자격이 있다는 것이 그의 신념이었다. 그러나 하이드닉의 사건만은 예외로 하고 싶었다. 페루토는 하이드닉의 변호를 맡아 나쁜 평판을 얻고 싶지는 않았기에, 일부러 선임료를 10만 달러 이상으로 높여 불렀다. 그러나 하이드닉이 주저없이 승낙하자 페루토는 당황스러웠지만 어쩔 수 없었다.

1987년 4월 23일, 44세의 게리 마이클 하이드닉은 예심을 받으러 법정에 모습을 드러냈다. 원고 측 변호는 지방검사 찰스 갤러거가 맡았다. 그는 마셜가의 미치광이 게리 하이드닉에게 살인, 강간, 납치, 가중폭행, 강제적인 변태 성행위, 공연 음란죄, 불법 감금, 부당 억류, 단순폭행, 강제추행 등 총 18건의 범죄에 대해 하나도 누락하지 않고 혐의를 적용하겠다는 굳은 의지를 보였다. 하이드닉이 예심을 거쳐 공판을 받게 되리라는 것은 예정된 결론이었지만, 페루토는 그동안 언론이 여론에 준 자극적인 영향 때문에 필라델피아에서는 공정한 재판이 이루어질 수 없다고 주장했다. 판사는 이를 받아들여 재판 장소를 필라델피아에서 300마일 떨어진 피츠버그로 바꾸었다.

1988년 6월 20일, 린 에이브러햄 재판장의 주재하에 공판이 열렸다. 페루토는 이미 하이드닉을 변호할 준비를 끝마친 뒤였다. 그는 예상할 수 있듯 하이드닉의 정신이상을 이유로 무죄를 호소했다. 갤러거 검사는 하이드닉이 저지른 범죄를 보거나 자신의 극악한 범행을 숨기기 위해 썼던 방법들이 너무나 조직적이었음을 감안할 때, 그가 자신이 하는 일이 어떤 것인지 의식하지 못했다는 것은 말이 안 된다고 반박했다. 페루토는 조세피나 리베라 역시 게리 하이드닉 못지않은 혐의가 있다며 재판장에게 호소했다. 재판장은 이를 받아들였지만, 만일 하이드닉이 조세피나에게 도움을 구할 만큼 판단력이 있었다면 그를 정신이상이라고 볼 수 없다고 못을 박았다. 결국

페루토는 자신의 주장을 철회했다.

가장 결정적인 증거는 지하실에 갇혔던 여성들의 증언이었지만, 그 못지않게 끔찍한 증언이 하나 더 있었다. 지역 검시관 폴 호이어 박사는 하이드닉의 부엌에서 소름끼치는 사실을 발견했다고 증언했다. 부엌에 인체 잔해가 남아 있었는데 그것은 당시 지하에 있던 여자들이 짐작했듯 전기톱으로 쓸려나갔음이 명백하다는 것이었다. 갤러거 검사가 세운 마지막 증인은 이 사건 자체와는 연관이 없었다. 그러나 메릴 린치에서 하이드닉의 중개인이었던 로버트 커크패트릭은 하이드닉을 두고 "자신이 하는 일이 무엇인지를 정확히 알고 있는 예리한 투자자였다."고 증언했다. 페루토의 변론은 피고인 측 증인을 세우기도 전에 설득력을 잃고 말았다.

페루토는 여자들을 납치하고 고문할 당시 하이드닉 정신상태를 문제 삼는 것으로 변론의 범위를 줄였다. 피고인 측 첫 증인은 클랜시 맥켄지 박사였는데, 이유는 모르겠지만 그는 하이드닉 개인에 대한 페루토의 질문에는 직접적 대답을 피했다. 대신 정신분열증의 전반적인 특징에 대해서만 장황하게 늘어놓았다. 페루토가 할 수 있는 것은 맥켄지 박사로 하여금 하이드닉이 옳고 그름에 대한 분별력이 없을 수도 있다는 사실을 인정하게 하는 것이 전부였다. 그다음 날은 필라델피아의 저명한 심리학자 잭 아파치가 증인으로 참석했지만, 재판장은 아파치의 증언 대부분을 증거로 인정하지 않기로 결정했다. 페루토는 엄청난 타격을 입었지만, 마지막으로 심리학자 케네스 쿨 박사에게 기대를 걸었다. 쿨 박사는 페루토가 기대한 대로 증언했지만, 나중에 비공개 재판에서 자기가 하이드닉을 만나본 시간은 20분이 전부고, 하이드닉은 그동안에도 단 한마디도 하지 않았다고 털어놓았다. 재판장이 그렇다면 무엇을 근거로 증언을 했느냐고 묻자 쿨 박사는 하이드닉의

과거 진료 기록에서 정보들을 짜맞추어 이야기했노라고 털어놓았다. 먼저 증언한 아파치와 마찬가지로 쿨 박사의 진술 역시 대부분 증거로 채택되지 않았다. 6월 30일, 증언과 반론이 오간 지 열흘 뒤, 배심원단은 16시간의 숙고 끝에 평결을 내렸다. 게리 하이드닉의 18건의 범행은 모두 유죄였다. 3일 뒤, 재판장은 하이드닉에게 사형을 선고했다.

게리 하이드닉은 이후 펜실베이니아 록뷰에 있는 그레이터포드 교도소 사형수 감방에 수감된 채로 연달아 항소를 제기하며 11년을 보낸 끝에, 1999년 7월 9일 오후 10시 29분에 독극물 주사로 사망했다. 아무도 시신을 수습해가지 않았다.

앞에서 살펴본 에드 게인이 토머스 해리스의 1988년 사이코 범죄소설 『양들의 침묵』의 모델이 되었던 것처럼, 게리 하이드닉 역시 이 소설에 모티브를 제공했다. 영화의 주인공 버팔로 빌이 지하실 구덩이에 사람을 가둬놓는 부분은 하이드닉 사건에서 따왔다고 한다.

17장

파리의 흡혈귀:
니콜라 클라우스(1990~1994년)

1970년대 후반에서 1980년대 초반에, 영국 음악계에서는 젊은 층을 중심으로 새로운 하위문화가 생겨났다. 1960년대 하드록에서 히피 문화가 생겨났듯 펑크 음악과 뉴로맨틱 음악 분야에서 '고딕'이라는 새로운 움직임이 생겨난 것이다. '고딕'이라는 이름은 19세기 말 문학과 건축에서 유행한 네오고딕 양식에서 온 것으로, 이는 당시 젊은이들의 외양과 생활방식에 큰 영향을 주며 '고스족'을 만들어냈다. 고스족은 빅토리아 시대의 낭만주의 풍을 과장한 극대화한 옷을 입고 머리를 새카맣게 물들이고 마릴린 맨슨이나 시스터스 오브 머시, 더 댐드(모두 영국과 미국의 펑크·인더스트리얼 음악 밴드이다.—옮긴이) 같은 밴드의 음악을 주로 들었다. 이들은 끼리끼리 모여 파티를 하고 모임을 가졌다. 대다수에게 이는 그저 현대 도시 생활의 무료함을 잠시나마 벗어나는 주말의 탈출구에 지나지 않았지만, 개중에는 고딕 양식을 인생의 가치관으로 받아들이는 사람들도 있었다. 더 진지하고 열렬한 고스족 사이에서는 브람 스토커의 소설 『드라큘라』나 앤 라이스의 소설 『뱀

『파이어와의 인터뷰』에서 막 걸어나온 듯한 흡혈귀 같은 치장을 하는 것이 큰 인기를 끌었다. 99.9퍼센트의 고스족에게 이것은 단순한 재미일 뿐이었지만 0.1퍼센트의 극소수는 이를 훨씬 심각하게 받아들였다. 니콜라 클라우스는 후자에 속했다.

니콜라 클라우스는 아버지가 프랑스 금융사의 국제금융부에서 일했기 때문에 외국 생활을 자주 했다. 1972년 클라우스가 태어났을 때 가족은 아프리카 카메룬에 살고 있었고, 클라우스가 다섯 살이 되었을 때는 런던으로 이사를 왔다. 그로부터 2년 뒤, 가족은 고향 파리로 돌아갔다. 클라우스에 따르면 부모님은 사달라는 것은 무엇이든 사주었지만 냉정하고 감정이 없어서 자식에게 애정을 표현할 줄 모르는 사람 같았다고 한다. 그 역시 부모님의 성향을 물려받아 보통 아이들처럼 자유롭게 감정을 표현하지 못했다. 어머니는 아들이 너무나 내향적이어서 자폐증이 아닐까 걱정하기도 했다. 그는 자폐증은 아니었지만, 부모님에게는 전적인 무관심 이외에 그 어떤 감정도 들지 않았다고 한다.

열 살 되던 해, 클라우스는 할아버지와 격하게 말다툼을 벌였는데, 도중에 뇌출혈을 일으킨 할아버지가 죽고 말았다. 이러한 충격적인 사건은 가장 평범한 아이에게조차 커다란 불안감을 줄 만한 것이었으니, 하물며 클라우스에게야 두말 할 필요도 없으리라. 이는 클라우스의 삶의 방향을 바꾸는 결정적 순간이 되었다. 클라우스는 그때부터 죽음에 관련된 모든 것에 집착하기 시작했다. 장례의식이라든가, 장례식 전날의 밤샘절차, 묘지와 영안실 등 모든 것에 병적인 관심을 보이기 시작했다. 또한 죽음과 사후세계에 대한 책을 닥치는 대로 읽었고, 특히 흡혈귀, 늑대인간, 흑마술, 오컬트를 다룬 공상소설과 만화에 엄청난 관심을 보였다.

이처럼 병적인 집착이 더 심해지는 동안 가족은 계속 이사를 다녔다. 클라우스는 열두 살 때 포르투갈에서 지내다가 16세가 되었을 때는 다시 파리로 돌아왔다. 이처럼 자주 이사를 다니다 보니 클라우스는 가족과 또래 친구들에게서 더욱 고립되었다. 클라우스는 외로움을 잊으려고 파리의 유명한 무덤과 공동묘지를 돌아다니기 시작했다. 급기야 1993년 즈음에는 또래 십대들이 자기 동네 지리를 잘 아는 식으로 여러 공동묘지의 지리를 훤히 꿰뚫게 되었다. 곧 관심사는 더욱 구체적으로 발전했다. "녹슨 자물쇠를 자세히 살펴보고 납골당 돌문의 무게를 가늠해보았어요. 가족묘가 제일 마음에 들더군요. 페르 라셰즈, 몽마르트 공동묘지, 파시 공동묘지 같은 곳의 가족묘들이 제일 인상적이었어요. 안쪽을 볼 수 있을까 하고 창문 틈으로 들여다보기도 했죠. 가구나 그림, 조각들로 장식된 무덤도 있었어요." 하지만 보는 것만으로는 아무래도 만족스럽지 않았다. 안으로 들어가야 했다. 죽은 자를 직접 체험해보려면 말이다.

클라우스는 자물쇠를 따는 도구와 쇠막대기를 들고 다니며 가장 마음에 드는 묘지에 들어가기 시작했다. 때로 녹슨 문돌쩌귀가 꼼짝도 하지 않을 때면 그냥 창문을 부숴버렸다. 일단 안으로 들어가면 축축하고 어두운 느낌을, 그의 말을 빌자면 "지옥을 다스리는 황제가 된 양" 한껏 즐겼다. 그는 이 섬뜩한 만족감을 더 오래 느끼고 싶어서 낮에 묘지에 잠입해 해가 질 때까지 기다렸다가 밤이 되면 몰래 밖으로 나와 날이 샐 때까지 묘지 사이를 혼자 돌아다녔다고 했다. 그러나 녹슨 창살 사이로 무덤 속을 엿보는 것이 만족스럽지 못했듯, 죽은 자가 외롭게 쉬고 있는 관을 단순히 바라보기만 하는 것은 그의 섬뜩한 호기심을 만족시켜줄 수 없었다.

어느 날 아침에 일어났는데 무덤을 파 시체를 난도질하고 싶은 음습한 충동이 들었다. 작은 쇠막대기와 펜치 한 쌍, 드라이버, 검은 촛불과 수술용 장갑을 가방에 넣었다. 그러고는 지하철을 타고 트로카데로 역으로 갔다. 정오에 가까웠다. 파시 묘지는 문이 활짝 열려 있었는데, 안에는 아무도 없었다. 경비원이 점심을 먹으러 자리를 비운 모양이었다.

파시 묘지는 19세기에 만들어진 고딕 풍의 작은 공동묘지로, 거대한 가족묘가 굉장히 많다. 묘지 양옆으로는 대로가 나 있어서 밤에 잠입해 들어간다는 것이 불가능하다. 하지만 설마 대낮에 무덤을 도굴하는 사람이 있으리라고는 그 누구도 상상하지 못할 것이다.

내가 항상 마음에 두고 있는 묘지가 하나 있었다. 작은 가족묘로, 1917년 러시아 혁명 때 미국으로 이민 온 러시아인 가족이 묻힌 곳이다. 문은 이미 며칠 전에 열어놓았고, 나오면서 문을 닫아두었기 때문에 곁에서 보기에는 누가 손을 댄 흔적이 전혀 남지 않았다. 따라서 발로 차기만 하면 문은 열릴 터였다. 이때 내 마음은 거대한 혼돈 그 자체였다. 머릿속에서는 죽은 자의 모습이 섬광처럼 스쳐갔다. 나는 숨을 깊이 들이마시고 지하 묘지로 들어가는 계단에 발을 내디뎠다.

규모는 다소 작았고, 벽은 축축했으며, 지하는 꽤 깊었다. 들고 간 촛불 이외에는 아무데서도 빛이 들어오지 않았다. 우선 관 위에 얹어놓은 돌 덮개를 치우는 데만 한 시간이 넘게 걸렸다. 돌 덮개가 땅에 떨어져서 큰 소리가 나지 않도록 특별히 신경을 써야 했는데, 어쨌든 큰 소리 내지 않고 천천히 덮개를 내려놓을 수 있었다.

잠시 동안 관을 살펴보았다. 관은 단단한 떡갈나무제였고, 커다란 나사못으로 잠겨 있었다. 관이 매우 새 것인 걸 보아 최근에 죽은 사람의 것 같았다.

우선 관의 나사를 풀었다. 10분도 채 걸리지 않았다. 그러고 나서 쇠막대로 관을 열었다. 뚜껑이 열리자 시체가 썩는 끔찍한 악취가 났다. 방부처리액 냄새가 뒤섞여 있었다…….

그러고 나서 관에 든 시체를 보았다. 반쯤 썩은 늙은 여자였다. 흰색 천으로 만든 수의를 입었는데, 수의에는 갈색 얼룩이 있었다. 얼굴은 기름을 칠한 것처럼 번들거렸는데, 피부에서 나온 체액 때문이었다. 악취가 너무 심해 기절할 지경이었다. 수의 한쪽을 들추려고 했지만, 마치 파리끈끈이처럼 피부에 들러붙어 있었다. 치아는 입에 붙어 있었지만, 눈은 이미 사라지고 없었다. 움푹 팬 눈구멍을 들여다보고 있노라니 퍼뜩 드는 생각이 있었다.

드라이버를 집어들었다. 관 속에 있던 시체는 마치 이제 무슨 일이 일어날지 알기라도 하는 양 움찔거리는 것 같았다. 시체의 배와 가슴, 어깨를 마구 찌르기 시작했다. 적어도 한 50번은 찌른 것 같다. 자세히 기억은 안 난다. 내가 기억하는 것은 자리에서 일어나니 팔뚝이 시체에서 나온 점액으로 범벅이 되어 있었다는 것뿐이다. 시체의 목을 따고 싶었지만 마땅한 연장이 없었다. 폴라로이드 사진기로 시체를 찍었다.

클라우스는 그 후에도 새로 도굴할 무덤을 찾아 돌아다녔지만, 무덤을 도굴하는 것조차 점점 커져가는 그의 병적인 욕망을 만족시키기에는 부족했다. 그는 죽은 자에 더 가까워지고 싶었기에, 급기야 도굴한 무덤에서 '기념품'을 가져와 모으기 시작했다. "저희 집에는 사람의 뼛조각과 치아가 동전처럼 아무렇게나 널렸습니다. 등뼈나 다리뼈는 모빌처럼 천정에 매달아 놓았죠."

클라우스가 죽음과 고통, 신체훼손이라는 주제에 열광했다는 증거는 이

밖에도 더 있다. 그의 방에서는 무덤에서 가져온 죽은 자의 잔해뿐 아니라 "수백 개가 넘는 비디오테이프가 발견되었는데 대부분이 슬래셔 영화나 하드코어(사도마조히즘) 영화였다. 한구석에는 가학적 성행위를 다룬 성인잡지가 수북이 쌓였다." 텔레비전 위에는 사람을 화장하고 남은 뼛가루가 가득 담긴 항아리들이 있었다.

1992년, 20세가 된 클라우스는 프랑스 육군에서 총포수리병으로 1년간 복무했는데, 죽음의 도구를 가지고 일하는 것만으로는 전혀 만족을 느끼지 못했다. 그가 열광하는 것은 죽음 그 자체였던 것이다. 1993년에는 파리 장의사 학교에 지원했는데, 이유는 모르겠지만 신청서는 받아들여지지 않았다. 그다음으로는 생 뱅상드폴 어린이병원에 지원해 결국 시체보관소 보조로 일하게 되었다. "그것이야말로 시체를 만질 수 있는 가장 좋은 방법이라는 걸 알게 됐죠. 시체를 처음 접해본 건 열 살 된 여자아이의 부검을 도울 때였어요. 다른 조수가 부검 후 배를 꿰매는 것을 시범으로 보여주었어요. 썩지 않은 시체를 만져본 건 그때가 처음이었죠. 내장이 너무 붉고 깨끗해서 깜짝 놀랐어요."

1993년 12월, 클라우스는 생 뱅상드폴 병원을 떠나 생 조제프 병원에서 비슷한 자리를 얻었다. 클라우스는 여기서 시체보관에 관련된 일뿐 아니라 병원 혈액은행에서 수술실로 피를 운반하는 일도 맡았다. 그리고 몇 주 지나지 않아, 수술 뒤 쓰지 않은 피 주머니가 남으면 그 피를 쓴 것처럼 목록을 조작하는 방식으로 피 주머니를 몰래 챙기기 시작했다. 피 주머니는 사물함에 숨겨두었다가 집으로 가져왔다. 그러고는 흡혈귀와 가장 비슷한 느낌을 내려고 피를 냉장고에 넣어 차갑게 한 다음 가루 단백질이나 뼛가루와 섞어 마셨다.

클라우스는 병원 시체안치소와 시체를 다루는 자기 직업을 진정 사랑했다. 나중에 자백에서는 이렇게 말했다. "대부분의 부검은 우리 조수들이 했습니다. Y자로 시체를 절개하고 갈비뼈를 하나씩 절단한 다음 전기톱으로 두개골을 엽니다. 병리학자들만이 장기를 검사하죠……. 부검이 끝나고 시체를 다시 꿰맬 때는 저 혼자만 남습니다. 그건 제 전문이었죠." 그는 생요셉 병원에서 일하는 동안 죽은 자들이 마지막 안식을 취하도록 돕는 데 그치지 않고, 자신이 맡은 시신을 훼손하는 것으로까지 일의 영역을 넓혔다. 그는 일부 시체와 성관계를 했을 뿐 아니라 일부는 먹기도 했다고 주장했다.

"처음에는 시체에서 나온 살점을 먹는 것부터 시작했어요. 언제나 의료 기록을 제일 먼저 확인했죠. 한번은 정육점 주인이 그러는데 고기는 죽은 지 사나흘이 지나야 제일 맛있다고 하더군요. 전 언제나 사람고기를 먹어보는 게 소원이었는데, 이 직업 덕분에 매일 소원을 이룰 기회를 얻었죠. 가끔은 살코기를 집으로 가져와서 요리해 먹기도 했어요. 하지만 뭐니 뭐니 해도 날로 먹는 게 가장 맛있더군요. 스테이크 타르타르(날로 갈아놓은 쇠고기에 야채를 곁들여 먹는 요리—옮긴이)나 카르파초(얇게 썬 쇠고기 육회에 야채를 곁들여 먹는 요리—옮긴이)하고 맛이 비슷해요. 인육은 맛이 상당히 좋죠. 어떤 부위를 먹느냐에 따라 다르지만요. 허벅지나 등 부분의 커다란 살점은 맛이 좋지만, 가슴에는 맛좋은 고기가 없어요. 지방뿐이죠. 식인의 꿈을 처음으로 실천에 옮겼을 때 기분이 어땠냐는 질문을 종종 받는데요. 솔직히 전 이렇게 외쳤어요. '와! 난 이제 식인종이다. 멋진데!'라고요." 어조를 보면 과연 경찰에게 자백을 하고 있는 것인지 아니면 자랑을 하고 있는 것인지 분간하기 어렵다.

클라우스는 좀 더 차분한 상태가 되었을 때는 한층 영적인 차원의 느낌

을 털어놓았다. "시체를 만지고 있으면 신의 얼굴을 만지는 것 같아요. 그럴 때는 제가 더 이상 인간이 아닌 것 같은 기분이 들죠." 대다수 사람들은 적어도 둘째 문장에는 동의할 것이다. 그러나 클라우스는 인육을 먹는 자신의 기괴한 취향에 대해서 너무 진지해지지는 않으려 애썼다. 가볍고 수다스러운 어조로 자기 경험을 과시하는 쪽을 더 좋아했다. 심지어 저녁식사에 먹을 인육을 고르고 손질하는 비법을 글로 적기까지 했다. 다음은 그의 온라인 서적인 『니콜라 클라우스와 함께 하는 요리』에서 발췌한 것이다.

개인적으로는 적어도 48시간 이전에 죽은 사람을 고르기를 권한다. 사람은 죽은 지 다섯 시간 정도가 지나면 사후경직이 풀린다. 따라서 죽은 다음날 고기를 썰면 좋다.

나는 내장이나 뇌처럼 역겨운 부위를 먹는 것을 좋아하는 사람은 아니다. 오직 붉은 살점만 먹는다. 따라서 다음 부위를 추천한다. 대퇴 사두근, 다시 말해 다리 앞쪽의 두 큰 근육. 이 부위는 육즙이 매우 풍부하다. 그리고 종아리, 내가 제일 좋아하는 부위다. 종아리 살점은 자르기도 쉽다. 엉덩이는 인체에서 가장 살점이 많은 부위다. 하지만 엉덩이에는 (특히 여성의 경우) 지방조직도 상당히 많다. 그리고 나는 여자아이 고기만 먹기 때문에 엉덩이 부위는 그리 즐겨 먹지 않는다. 그러나 운동을 좋아했던 여자아이라면 엉덩이도 무척 맛있게 먹을 수 있다. 다른 부위는 팔이나 목처럼 너무 작지 않으면 가슴처럼 지방조직으로 둘러싸여 있으므로 굳이 언급하지 않겠다. 먹을 살점을 다 발라냈다면 냉장고에 3일간 보관하자. 단 냉장고에 넣기 전에 피부와 지방, 신경을 제거할 것.

고기를 익혀 먹는 것이 위생상 더 좋은 줄은 나도 안다. 하지만 가끔 참을 수

없을 때는 날고기를 먹기도 하는데, 한입 베어물면 육즙이 풍부한 단백질이 목을 타고 넘어가는 것이 느껴진다. 전 세계의 식인종들은 인육을 어떻게 익히고 양념하는지를 상세히 적어놓았는데, 나는 그렇게 세심한 사람은 못 된다. 다만 곁들여 먹는 음식으로 콩은 추천하지 않으며, 양념은 바비큐 양념이 가장 맛있다고 말하겠다. 맛이 강한 양념은 무엇이든 인육과 피의 자연스러운 단맛을 망친다는 것이 내 개인적인 생각이다. 인육은 신이 주신 선물이며, 그 훌륭한 맛을 망친다는 것은 죄악이다. 그럼 맛있게 드시길.

니콜라 클라우스, 1998년 12월.

　　클라우스는 처음 인육을 먹고 나서 10개월 동안은 말없는 시체들에게서 먹을거리를 구했다. 하지만 전과 마찬가지로 더 자극적인 것을 원하게 되었고, 시체안치소가 주는 기쁨은 이제 일상적인 것이 되고 말았다. 이미 죽은 사람도 좋았지만, 자신이 직접 시체를 만들 수 있다면 얼마나 좋을까 상상하기 시작했다. 맞는 것을 좋아하는 젊은 여성과의 사도마조히즘 관계도 폭력에 대한 그의 갈망을 채워주지는 못했다. 살인을 실행하는 것만이 해결책이었다.

　　1994년 10월 4일, 잠에서 깬 클라우스는 오늘이 사람을 죽이기에 아주 좋은 날이라고 생각한다. 그는 아침 내내 적절한 희생자를 찾아 파리 거리를 배회하다가, 비록 마음에 드는 먹잇감은 구하지 못했지만 좋은 생각을 하나 떠올렸다. 그해 여름과 가을에는 게이들이 연이어 살해당하는 사건이 발생해 경찰을 속수무책으로 만들고 있었다. 그러니 그렇게 많은 살인사건에다 하나쯤 더해진다고 해서 별다른 주목을 받을 것 같지는 않았다. 그는 파리의 동성애자 상당수가 당시 인터넷의 초기 버전인 '미니텔'을 통해 만난다는 것을 알고 있었다. 이는 익명으로 먹잇감을 찾아낼 수 있는 최고의 방법이었다. 클라우스가 볼 때 이 계획은 아주 훌륭했지만 단점이 하나 있었다. "동성애자들은 쉬운 먹잇감이죠⋯⋯. 물론 시체를 가지고 놀거나 고기를 먹을 수 없다는 게 흠이지만요. 저는 남자를 만지고 싶지 않을뿐더러 남자들은 병이 있을지도 모르잖아요."

그날 오전, 클라우스는 미니텔에 접속해 티에리 비소니에라는 사람과 대화를 주고받았다. 비소니에는 34세의 식당 지배인으로, 파트타임으로 클래식 음악을 연주하기도 했으며 오랫동안 만나온 애인도 있었다. 그러나 비소니에는 이름 모르는 낯선 이와의 성관계를 즐겼고, 특히 사도마조히즘 관계를 좋아했다. 그는 클라우스와 전자우편을 겨우 몇 번 주고받고 나서 자기 집 주소를 가르쳐주는 실수를 저질렀다. 그들의 만남에 대한 클라우스의 설명을 들어보자.

그래서 저는 정오쯤에 티에리를 만나기로 했어요. 22구경 단발식 권총을 외투속에 숨겼어요. 낡은 원룸건물에 도착해 티에리의 방문을 두드리며 미니텔에서 대화할 때 말했던 가짜 이름을 말했어요. 문을 열어주더군요. 안으로 들어갔지요. 그리고 그가 문을 닫는 동안 재빨리 주위를 둘러보고는 총을 꺼냈죠.
전 티에리가 제쪽으로 고개를 돌리는 바로 그 순간 그의 얼굴을 보며 눈에 총을 겨눴어요. 그렇게 어색하게 잠깐 서 있다가 제가 방아쇠를 당겼어요. 한마디 말도 없이 그 자리에 쓰러지더군요. 정말 섬뜩했어요. 모든 게 슬로모션 같았죠. 조금 지나니 카펫에 피가 번지더군요. 전 방안을 어슬렁거리며 둘러보았어요.

티에리가 쓰러진 곳으로 돌아와 보니 그는 아직도 움직이면서 바닥에 숨을 내뱉으며 듣기 싫은 소리를 내고 있더군요. 마치 빨대로 숨을 쉬는 것처럼 말이에요. 장전을 해서 총을 한 방 더 쐈어요. 이번에는 총알이 뒤통수에 꽂혔어요. 몇 방 더 쐈지만, 그래도 숨이 끊어지지 않았는지 계속 소리가 났어요. 그렇게 끈질기게 살아 있다는 것이 놀라웠죠. 첫 방에 죽일 수 있을 줄만 알았거든요.

몇 분 뒤에 부엌으로 가보니까 쿠키가 있었어요. 그래서 방 한구석에 앉아 쿠키를 먹으며 티에리를 바라봤어요. 쿠키를 다 먹고 나니 빨리 나가야겠다는 생각이 들더군요. 그래서 마지막으로 뒤에서 총을 한번 더 쐈죠. 커다란 화분을 들어서 머리에 내리치기도 했어요. 머리통 한쪽이 으깨졌죠. 제 지문을 문질러 지우고는 신용카드와 현금, 신분증이 든 지갑, 운전면허증, 자명종시계, 자동응답전화기를 챙겨가지고 그곳을 떠났어요.

클라우스는 여기에서는 지나치게 냉정하고 초연한 어조로 살인의 정황을 설명했지만, 나중에 한 인터뷰에서는 희생자에 대한 감정과 인간 전반에 대한 견해를 훨씬 더 많이 드러냈다. "전 아무도 죽이지 않았어요. 그저 벌레를 몇 마리 죽인 것뿐이에요. 사람이 아니라 벌레요." 위 발언에서 그가 왜 "몇"이라는 말을 썼는지는 설명할 길이 없다. 다만 공식적으로 연루되지는 않았지만 그가 다른 살인을 저질렀을 가능성이 있다고 짐작해볼 수 있을 뿐이다.

비소니에의 시신은 사흘간 방치되었다. 비소니에의 부모님은 아들이 전화를 계속 받지 않자 아파트로 찾아왔다가 참혹하게 죽은 아들의 시신을 발견했다. 그들은 즉시 경찰에 전화했다.

이 사건을 맡은 질베르 티엘 경감은 처음에는 이 역시 최근에 일어난 게 이 연쇄살인사건의 연장선상에 있다고 생각했다. 동성애 혐오로 인한 살인은 이미 파리에서 일어나는 전체 살인사건의 3분의 1에 달했고, 경찰과 언론은 네오나치 폭력단이 소수자에게 무분별하게 보복을 자행하고 있다고 추정했다. 이는 정확히 클라우스가 예상한 대로였다. 그러나 티엘 경감은 곧 이 사건이 다른 게이 살인사건들과 비슷하긴 해도 미묘한 차이가 있다는 사실을 알아챘다. 다른 사건에서와 같이 성적인 가해나 폭력의 흔적이 발견되지 않았으며, 아파트에서 없어진 물건들은 보통 도둑이 가져갈 만한 물건도 아니었던 것이다. 이 사건의 동기는 절도가 아닌 것이 분명했다. 그렇다면, 즉 증오 범죄나 절도를 목적으로 한 사건이 아니라면 이 사건의 진짜 동기는 무엇이란 말인가? 범인은 왜 티에리 비소니에를 죽였는가?

사실 클라우스는 비소니에의 수표로 새 비디오플레이어를 사지만 않았어도 경찰에게 덜미를 잡히지 않았을 것이다. 그러나 그는 수표를 쓸 때 신분을 증명하려고 비소니에의 운전면허증을 보여주었다. 그 운전면허증은 자기 사진을 넣어 이미 조잡하게 위조한 것이었다. 점원은 운전면허증도 의심스러운데다 클라우스가 한 비소니에의 사인이 너무 엉성했기 때문에 경찰에 연락했다. 클라우스는 당황한 나머지 자기 얼굴이 든 위조 운전면허증을 가게에 놔둔 채 도망가버렸다. 티엘 경감과 수색대는 이제 유력한 용의자의 사진을 확보했다. 용의자는 검은색 긴 머리에 턱수염이 약간 있는 얼굴이었다.

살인사건이 일어난 지 6주 뒤인 1994년 11월 15일, 경찰은 사진을 이미 확보한, 아직 신원이 확인되지 않은 남자에 대한 수색영장까지 발부받았다. 용의자를 잡는 즉시 용의자의 집을 샅샅이 수색해 비소니에 살인에 대한 증

거가 파손되는 일이 없도록 하기 위함이었다. 15일 저녁, 클라우스는 유명한 물랭루즈 나이트클럽 앞에서 어떤 여자와 격한 말다툼이 붙었고, 때마침 지나가던 경찰이 싸움을 말리려고 개입했다. 경찰은 클라우스가 파리 경찰청에서 배포한 위조 운전면허증의 사진 속 인물임을 즉시 알아보고 그를 체포했다. 클라우스가 경찰서에 도착하기도 전에 수색팀이 그의 집에 투입되었다. 그의 집은 사람 뼈와 치아, 폭력물 비디오테이프의 전시장 같았다. 경찰은 클라우스의 침대 밑에서 22구경 권총을 발견했다.

클라우스는 처음에는 비소니에의 죽음에 대해 전혀 아는 바가 없다고 발뺌했지만, 탄도학 검사 결과 비소니에의 머리에서 발견된 총알과 그의 침실에서 발견된 총의 총알이 일치한다는 사실이 밝혀지자 모든 사실을 자백했다. 그는 처음에는 단순 절도사건이었던 것이 이렇게까지 커졌다고 변명했으나, 곧 말을 바꾸었다. 다른 게이 남자와 말다툼을 했는데, 그에 대한 앙갚음으로 무차별적으로 게이를 골라 복수했다고 둘러댔다. 이처럼 터무니없는 이야기를 꾸며내면 일시적인 정신이상으로 판단되어 형량이 줄어들리라고 기대한 것이다. 또한 경찰들이 냉장고에서 찾아낸 피 주머니에 대해서는 자신이 흡혈귀라는 말도 안 되는 주장을 했다. 그러고는 자신은 인육을 먹고 무덤을 훼손하는 취미를 갖고 있다고 자백하기 시작했다. 그는 아파트에서 나온 수많은 증거들을 보고 경찰들이 자신을 미쳤다고 생각해주기를 바랐지만, 혐의만 더욱 확실해졌을 뿐이다.

한 사건이 사법처리되는 데는 보통 오랜 시간이 걸리는데, 프랑스 사법체계는 특히 더욱 더디다. 경찰이 이후 2년간 사건의 경위를 빈틈없이 조사하는 동안, 클라우스는 플뢰리 메로지 교도소에 구치되어 전반적인 정신감정을 받았다. 클라우스를 검사한 심리학자와 정신과 의사들은 그가 사디즘

과 시체애호증이 있는 정신병자라고 결론지었다. 로르샤흐 테스트(잉크의 얼룩무늬를 해석하게 하여 성격을 판단하는 방법—옮긴이) 결과 그가 정신분열증의 전형적인 증상인 '내면적 공허'에 시달리고 있음이 드러났다. 1996년 12월, 티엘 경감은 니콜라 클라우스의 티에리 비소니에 모살 혐의를 뒷받침하는 증거를 충분히 수집했다는 확신이 들자 사건을 대검찰청으로 넘겼다. 클라우스는 무덤을 도굴했고 병원에서 피를 훔친 혐의도 있다고 스스로 주장했으나, 이러한 혐의는 법원 기록에 전혀 남지 않았다.

니콜라 클라우스의 재판은 1997년 5월 9일에 열렸다. 당시 재판장을 맡은 배히터 판사가 이 사건에 대해 보도 금지령을 내렸기에, 재판 절차에 대한 세부사항을 재검토하거나 확인할 수는 없다. 알려진 것은 클라우스의 변호사 이렌 테렐이 피고인의 무죄를 주장했다는 것뿐이다. 검찰 측은 이러한 행보를 예상했기에 범죄현장에서 클라우스가 비소니에의 사체를 찍은 사진 및 자신의 아파트에서 찍은 시체 사진을 공개했다. 검사는 클라우스의 삶의 방식은 그의 병적이고 폭력적인 정신세계를 잘 보여준다고 주장하며, 그를 '죽음 중독자'이자 '실제 흡혈귀'라고 칭했다. 모든 것은 검찰 측의 예상대로 진행되는 것 같았다. 그런데 검찰 측에서 그동안 파리에서 일어난 미제 게이 살인사건들을 클라우스와 연관지으려고 하면서 문제가 생겼다. 사건 담당 형사 중 한 명인 카생 경관이 대질심문 중에 클라우스에게 공식적으로 기소된 사건을 제외하고는 다른 살인사건에 대한 혐의를 입증하는 물증이 없음을 시인한 것이다. 클라우스가 다른 게이 살인사건에 연루되었다는 주장에 대해 카생 경관이 갖고 있는 근거는 단 하나였다. 바로 클라우스가 연쇄살인범의 특징을 보이고 있으며 희생자가 빈번하게 발생한 것으로 알려진 게이 바에서 그를 본 목격자가 있다는 것이었다. 이번에도 절도, 시체 애

호증, 혈액 절도에 대한 혐의는 결코 언급되지 않았다. 명백한 고소감이었지만 물증이 충분치 않았던 것으로 보인다. 결국 배심원단 9명은 세 시간의 숙고 결과 니콜라 클라우스에게 모살, 무장강도, 수표 위조, 운전면허증 위조, 비디오 판매업자 사기미수 혐의로 유죄평결을 내렸다. 그는 이 모든 범죄에 대하여 12년 징역형을 선고받았다.

클라우스가 플뢰리 메로지 교도소에서 푸아시 중범죄 교도소로 이송되는 데도 2년이라는 시간이 걸렸다. 그는 시간을 알차게 보내려고 컴퓨터 프로그래밍을 공부하고 미술 수업을 들었는데, 미술에 숨겨진 재능을 보였다. 그는 교도소내 비디오 작업에 참가해 거기서 이루어지는 공연과 축구경기, 권투시합 등을 기록하는 일을 도왔고, 비디오테이프를 편집하는 기술도 배웠다. 그는 2002년 3월 12일, 7년 4개월의 복역을 마치고 지나치게 관대한 세상으로 다시 돌아왔다.

클라우스는 오랜 수감생활을 했으니 휴가를 가져야겠다고 생각하고 스웨덴과 영국을 여행했으며, 여행에서 돌아와 다시 파리에 자리를 잡았다. 클라우스는 워낙 자기 자랑을 즐기는 성격이었기에 자신의 웹사이트에 살인 전력을 떠벌리며 자칭 '파리의 흡혈귀'로 행세하기 시작했다. 한 사이트에서는 직접 그린 그림을 팔았는데, 충분히 예상할 수 있듯이 해부된 시체와 유명한 연쇄살인범과 식인마들의 초상화를 그렸다. 그의 그림은 지금 사탄 교회(Church of Satan) 공식 웹사이트와 살인과 식인 관련 책들을 장식하고 있다. 그는 자신이 운영하는 한 웹사이트에 어떻게 하면 무덤을 파헤치고 시체를 먹는 사람이 될 수 있는지를 유쾌한 어조로 해설해놓았으며, 여기서 더 나아가 이 장 앞에서 언급했듯 시체를 손질하고 조리하는 방법까지 공개해놓았다. 클라우스는 앞에서 살펴보았던 헨리 리 루카스나 잇세이 사

가와처럼 자신의 모든 경험을 상업적으로 기꺼이 이용하려 했고, 자신의 싸구려 명성을 직업으로 연결시켜, 텔레비전 대담 프로와 라디오 프로그램에 출연해 '개심한' 흡혈귀이자 식인마로서 과거 자신의 삶을 즐겁게 회상했다. 그는 한 웹사이트에서 "나는 내 경험을 상업적으로 이용하지 않는다."고 썼지만, 이 말은 전혀 설득력이 없어 보인다.

클라우스는 대중의 관심을 유지하고 돈벌이도 하려고 고스족과 여러 흡혈귀 행사에 참석해 과거 자신의 생활방식에 대해 강연하고 그에게 병적으로 몰두하는 팬들에게 그림을 팔기도 한다. 적어도 그는 컬트의 유명인사라는 새로 쌓은 지위를 통해 결국 삶에서 친구들을 만드는 방법을 터득한 듯하다. 그 친구들이 비록 대다수 사람들이 친구로 삼고 싶어하는 부류의 사람들은 아니지만, 만일 그들이 클라우스가 앞으로 살인과 식인을 하지 않도록 감시하는 역할을 한다면 이 세상에 조금이나마 보탬이 되고 있는 것이 아닌가 싶기도 하다.

클라우스는 정서적으로도 매우 안정된 것 같다. 오래 사귄 여자친구도 있으며 여가시간을 "그림 그리고, 공포영화를 보고, 다른 살인자들을 연구하고 그들에 대한 글을 쓰며, 기형이나 팔다리가 절단된 사람들에 관한 다큐멘터리를 보면서" 보낸다고 한다. 또한 자신은 여성 살인자에 대한 페티시즘이 있다고 주장하기도 한다. "저는 살인을 저지르는 여자들이 좋아요. 그런 여자들이 더 많았으면 좋겠는데." 그러나 정작 자기의 지금 여자친구가 살인자인지는 명확히 밝히지 않았다. 그는 악마를 숭배한다고 하지만, 이제 더는 인육을 먹지 않는다며 이렇게 말했다. "다른 사람들에게 제가 한 일을 하라고 권하고 싶지는 않아요. 정신적으로, 그리고 사회적으로 치러야 하는 대가가 너무 크거든요." 악마 숭배자 치고는 특이한 의견이다.

마지막으로 파리의 흡혈귀 니콜라스 클라우스는 사람들에게 다음과 같은 전언을 남겼다. "담배를 피우고, 마약을 하고, 인스턴트 식품을 먹고, 술을 마시는 사람들에게 하고 싶은 말이 있습니다……. 그 사람들은 자기 몸을 전혀 돌보지 않아요……. 운동을 하세요. 담배는 끊고요. 그리고 단백질 중심으로 식사를 하고, 피를 깨끗하게 하는 것도 잊지 마세요. 그러면 훨씬 섹시해질 겁니다."

18장

인터넷 식인마: 아민 마이베스(2001년)

안타깝지만 아민 마이베스의 어린 시절 역시 이 책에 등장한 다른 살인자들과 마찬가지로 상당히 불우했다. 마이베스의 아버지는 잔소리가 심한 아내 울라와는 전혀 성격이 맞지 않는 나약한 성품의 남자였다. 울라는 두 아들과 남편에게 거친 말을 쏟아부어 기분을 풀곤 하는 드센 여자였다. 그녀는 특히 둘째 아들인 아민을 괴롭히기를 좋아했다. 아들을 놀리듯 '민헨(Minchen)'이라고 불렀는데, 이는 독일에서 옛날에 하인을 낮추어 부르는 말이었다. 마이베스의 이웃들은 울라가 너무 사납고 거칠어서 때로는 악마같이 느껴지기까지 했다고 전했다.

무덤덤한 아버지와 가혹한 어머니 사이에서 혼란스러워하던 마이베스는 오래된 공포영화와 그림 형제의 옛이야기에 등장하는 악한을 뒤섞어 자기만의 공상의 세계를 만들어내 그속으로 침잠했다. 어머니는 마이베스가 친구를 사귀지 못하게 했기 때문에, 그는 친구를 스스로 만들어내야 했다. 가장 좋아하는 공상의 친구는 프랑키라는 이름의 소년으로, 프랑키는 마이베

스의 가장 어둡고 끔찍한 욕망을 함께 나누었다.

　마이베스가 8살이 되던 1969년, 그전까지만으로는 부족하다는 듯 마이베스에게 더 큰 불행이 닥쳤다. 아버지가 어머니와 이혼한 뒤 형만 데리고 떠난 것이다. 아버지는 마이베스도 데려가고 싶었지만, 이런 경우에 대개 그렇듯 우선 양육권은 어머니에게 있었다. 마이베스에게 이러한 상황은 재앙이나 마찬가지였다. 이제 마이베스에게는 아주 작은 동정이나마 보여줄 사람도 남지 않게 되었다. 이러한 상황에서 그는 공상의 세계에 더 깊이 몰두할 수밖에 없었다. 삶과 가족에 대해 일반적인 경험을 할 수 없었던 마이베스는 비극적인 삶을 토대로 자신만의 삶의 철학을 만들어나갔다. 친형도 떠나버리자 마이베스는 동생을 결코 버리지 않는 상상속의 형을 만들어냈다.

　마이베스는 상상 속의 형을 자기 곁에 영원히 두는 방법은 단 하나, 바로 형을 먹는 것이라고 생각했다. 이처럼 상상과 현실이 혼재된 세계에서 그림 형제의 옛이야기 속 장면들이 떠올랐다. 헨젤과 그레텔 이야기에서 부모는 아이들을 숲 속에 버리고 마녀가 아이들을 데려간다. 마녀는 아이의 살을 통통하게 찌워 잡아먹으려고 준비를 한다. 이러한 일련의 모티브들이 마이베스에게는 상당히 그럴듯해 보였다. 비록 극소수이긴 했지만, 마이베스가 좋아했던 학교 친구들은 접시에 올려놓으면 먹음직스러워 보일 것 같은 기준에 맞는 아이들이었다. 그러나 그의 공상은 결코 실현될 수 없었다. 적어도 그의 사랑하는 어머니가 아들이 진짜 친구를 만들지 못하도록 방해하는 동안은 그랬다.

　울라는 마이베스가 어디를 가든 따라다녔다. 그녀는 아들이 자기가 볼 수 없는 곳에 있거나 아주 작은 독립의 기미라도 보이는 것을 결코 허용하지 않았다. 마이베스가 데이트를 할 수 있는 나이가 되자 데이트에 따라다

니겠다고 고집을 부렸고, 나중에 마이베스가 군대에 갔을 때는 부대가 기동 훈련을 받는 데까지도 따라갔다. 군에서 왜 울라의 이러한 행동을 방치했는지는 아직 밝혀지지 않았지만, 이로 인해 마이베스가 동료들에게 미움을 샀으리라는 것은 충분히 예측할 수 있다. 결국 다른 군인들이 휴가를 받을 때 마이베스는 어머니와 함께 집으로 가라는 지시를 받았다. 울라와 집에 함께 있는 것은 정상적인 사람이라면 그 누구도 달가워하지 않을 일이었다.

울라는 마이베스가 16살 때 카셀에서 그리 멀지 않은 로텐부르크 교외에 커다란 집을 한 채 샀다. 다 쓰러져가다시피하는 이 낡고 오래된 농가는 음침한 마이베스 가족이 이사 오기 이미 오래전부터 귀신의 집이라는 소문이 있었다. 서른 개가 넘는 방에는 먼지가 수북했고 바닥이 한쪽으로 기울어져 있는가 하면 벽이 휘어, 실제로 고딕 공포소설에 나오는 집이 아니면 아이들의 유령 이야기에나 나오는 '귀신의 집'의 전형적인 모습이었다. 집 건물의 괴기스러움으로도 모자랐는지, 리놀륨 바닥이 깔린 방들은 거의 텅 비어 있다시피해 생기라고는 조금도 주지 못했다. 그러나 이러한 분위기는 분명 마이베스와 울라에게는 적합했다. 울라는 스무 살이 된 마이베스의 방문에 팻말을 하나 붙였다. '킨더치머', 즉 '아이들 방'이라는 뜻이었다. 아민은 독재자 같은 어머니가 너무 무서웠던 나머지 1999년에 어머니가 죽고 난 이후에도 그 수치스러운 팻말을 그대로 두었다.

마이베스는 군대를 제대한 뒤 그 폐가 같은 집에서 계속 살며 컴퓨터 엔지니어로 일했다. 주변의 이웃들과 지인들에게 그는 약간 수줍음을 탈 뿐 어느 모로 보나 평범한 사람이었다. 늘 공손했고 노인을 공경했으며 사람들을 잘 도와주었고 종종 이웃을 집으로 초대해 저녁을 함께 먹기도 했다. 어떤 이웃은 나중에 말하기를 그는 다소 '어린아이 같은' 면이 있었다고 했다. 마

이베스가 불우한 어린 시절에 어떠한 공상의 세계에서 살았는지 전혀 모르던 그들은 마이베스가 이중생활을 하고 있으리라고는 상상도 하지 못했다.

비록 고약한 어머니였다 해도, 마이베스가 삶에서 의지할 수 있었던 사람은 어머니 단 하나였다. 마이베스는 어머니가 죽고 나자 이제 혼자서 어떻게 살아야 할지 알 수 없었다. 그는 자기 자신의 방식대로 어머니를 살아 있게 하고 싶었다. 그래서 히치콕의 영화 〈사이코〉의 주인공 노먼 베이츠처럼 죽은 어머니의 옷을 입고 어머니 목소리로 중얼거리며 쓰러져가는 자기 집 주변을 어슬렁거리기 시작했다. 심지어 어머니 침대의 베개 위에 마네킹 머리를 올려놓기도 했다. 그런데 이것은 새롭게 만들어낸 공상의 세계였을 뿐, 그에게는 오래전부터 간직해온 환상의 세계가 훨씬 더 많이 있었다.

형이나 친구가 영원히 자기 곁을 떠나지 않게 하려면 그들의 몸을 먹어야 한다는, 마이베스의 왜곡된 환상에 완전히 새롭고 놀라운 요소가 더해졌다. 바로 인터넷상의 여러 비밀스러운 사이트를 통해 고문과 식인 행위 사진을 내려받기 시작한 것이다. 마이베스는 곧 사진 수천 장을 컴퓨터에 저장해 프린터로 뽑아냈고, 급기야는 그 이상을 원하게 되었다. 그는 자신의 공상을 함께 나눌 실제 사람을 찾기 시작했다. 그렇게 인터넷의 어두운 구석구석을 돌아다니던 마이베스는 마침내 식인 행위에 관련된 사이트들을 수도 없이 찾아냈다. '살과 뼈', '식인 카페' 같은 이름의 모임을 발견한 마이베스는 다른 사람을 먹고 싶어하는 욕구를 가진 것이 자신만이 아니라는 사실을 알게 되었다. 뿐만 아니라 기꺼이 다른 사람의 저녁식탁에 오르고 싶어하는 사람 역시 수도 없이 많다는 사실을 알게 되었다.

2000년 초, 마이베스는 이러한 사이트들을 정기적으로 들르게 되었고, 방명록과 채팅방에서는 자신의 어릴 적 상상의 친구 이름인 '프랑키'라는

별명으로 활동했다. 그러던 어느 날 마이베스는 오븐에 넣어 요리하기에 적합한 조건을 가진 남자를 애타게 찾는다는 광고를 냈다. 처음에는 18세에서 25세 사이의 신체 건강한 남자로, 잡아먹히기를 원하는 남자를 찾는다고 광고를 냈다. 나중에는 30세로 연령제한을 높였지만, 신체조건에는 변함없이 "호리호리하고 금발이어야 한다."라는 조항이 따라붙었다. 2001년 5월에서 8월 사이, 마이베스는 유럽과 미국 전역에서 무려 400통의 지원 메일을 받았다. 그중에는 마이베스의 광고를 보고 단지 이야기를 해보고 싶어서 지원한 사람도 있었지만, 그의 컴퓨터에 저장된 파일을 보면 그중 204명은 실제로 잡아먹히기를 원한다는 의사를 밝혔다.

시종일관 기괴하고 더러는 신경질적이었던 이들의 대화는 말 그대로 수천 건이었다. 대화를 조금만 엿보면 다음과 같다. "안녕! 날 산 채로 구울 거라니 정말 너무나 멋진 생각이다." 마이베스는 이런 답장도 썼다. "나에게 빨리 와줬으면 좋겠어. 난 배가 고픈 식인종이거든. 키와 몸무게를 말해봐. 네 고운 살결을 도려내 먹고 싶어." 이 이상한 대화 중에는 신체조건을 적시한 것도 있었다. "하지만 먹을 수 있는 살이 35킬로그램 정도는 있어야 한다는 걸 잊지 마." 식인을 주제로 한 이들 대화의 분위기는 전반적으로 축제 분위기처럼 흥겹기까지 했다. 2002년 1월, 마이베스와 채팅을 한 사람 중 요르그라는 사람이 물었다. "주말에 젊은 남자 죽였니?" 마이베스는 대답했다. "아니 그것 빼곤 다 했는데. 내가 젊은 남자를 죽여서 먹으려고 먼저 나간 줄 알았구나?" 요르그의 실망스럽다는 듯한 대답이 돌아왔다. "아니, 그런 건 아니지만, 돼지처럼 죽임 당하는 것보다 더 짜릿한 건 없거든."

돼지처럼 죽임을 당하는 것이 얼마나 '짜릿한' 일인지는 상상에 맡겨야겠지만, 그러한 일을 하려면 특수한 장비가 필요하다는 것쯤은 능히 짐작할

수 있다. 그래서 마이베스는 언제가 될지 모르지만 장차 짜릿한 일을 거행할 수 있도록 자기 집 3층에 도살장을 만들었다. 마이베스는 창문이 없는 3층 다락방을 공포영화에 나오는 집처럼 칠흑같은 검정색과 핏빛으로 칠했다. 천장에는 고기를 거는 갈고리를 매달고 사람을 올려놓을 탁자도 하나 가져다놓았으며 구석에는 나무와 쇠로 된 우리를 마련했다. 싸구려 공포영화에 나오는 그 어떤 세트장보다도 섬뜩한 풍경이 연출되었다.

웹상에서 마이베스와 비밀스러운 대화를 나눈 사람들 가운데 자신의 엽기적인 상상력을 표출하고 싶어서 그저 심심풀이로 대화를 나눈 사람들이 정확히 몇이나 되었을지는 알 수 없지만, 그중에는 분명 마이베스만큼 심각하고, 적어도 그만큼 병적인 사람들도 있었다. 자신을 마테오라고 밝힌 한 이탈리아 남자는 마이베스에게 자기 고환을 가스 발염기로 지진 뒤 죽을 때까지 고문하고 채찍질해줄 수 있느냐고 물었다. 마이베스는 자기는 고문에는 취미가 없으며, 그저 먹히고 싶어하는 친구를 구할 뿐이라고 대답했다. 까다로운 마이베스는 이밖에 적어도 한 사람을 더 거절한 것으로 보인다. 독일 에센 지방의 알렉스라는 사람은 '프랑키'가 자신의 목을 베어주었으면 좋겠다고 요구했지만, 마이베스는 그가 너무 뚱뚱하다는 이유로 거절했다. 그러나 한번은 이상형에 가장 가까운 먹잇감을 만나기도 했다.

나중에 마이베스는 독일 로젠버그에서 온 안드레스라는 남자에 대해 말했다. "그는 제가 소몰이 트럭으로 자기를 실어다가 돼지처럼 도축해주기를 원했어요. 그래서 저는 기차를 타고 우리 집으로 오라고 말했죠." 안드레스는 놀랍게도 마이베스가 말한 대로 했다. 마이베스는 안드레스를 처음 만났을 때를 기억했다. "역으로 나가서 안드레스를 차에 태웠어요. 그러고는 저희 집 3층에 있는 도살장으로 갔지요. 그가 저더러 고무장화를 신으라고 하

더군요. 그렇게 했지요. 전 도살할 준비를 하려고 그를 랩으로 감았어요. 그런데 그가 마음이 바뀌었다고 하더군요. 그래서 우리는 같이 뒹굴면서 맥주도 마시고 피자도 먹었어요."

　마이베스는 2001년 3월 초부터 베를린에 사는 베른트 유르겐 브란데스라는 남자와 지속적인 관계를 맺었다. 브란데스도 마이베스처럼 컴퓨터 엔지니어였고, 역시 다른 지원자들과 마찬가지로 마이베스에게 먹히기를 원했기에 둘은 깊은 관계로 발전했다. 브란데스가 애초에 마이베스에게 접촉을 했는지, 아니면 다른 방식으로 알게 되어 친해졌는지는 확실하지 않지만, 브란데스는 식인 카페 사이트에 다음과 같은 글을 올린 적이 있다. "저를 드리고 싶습니다. 제 생살을 저녁으로 함께 먹을 사람을 찾습니다. 정말 진지하게 관심 있는 분이라면 저 같은 진짜 희생자가 필요하겠지요."라는 글이다. 서로를 어떻게 알게 되었는지는 몰라도 두 사람은 급속도로 진지한 사이로 발전해, 브란데스는 마이베스에게 다음과 같은 메시지를 보내기도 했다. "이제 다시는 고기를 살 필요 없을 거야. 남는 게 아주 많을 테니까."

　마이베스가 브란데스에게 자신의 광고에 장난으로 응답한 사람들이 아주 많았다고 말하자 43세의 브란데스는 성적인 대답으로 받아쳤다. "난 정말 진지해. 난 정말로 원하거든. 내 젖꼭지가 네 위로 너무나도 들어가고 싶어해."

　둘은 점점 더 가까워져 급기야 만날 약속을 잡았다. 그들의 대화는 그만큼 더 이상해졌다.

　　브란데스: 너 담배 피우냐?
　　마이베스: 응. 그래도 내 이는 굉장히 흰 편이야.

브란데스: 그거 잘 됐네. 나도 담배 피우거든. 담배연기가 밴 고기를 네가 좋아했으면 좋겠다.

마이베스: 아침거리는 너만 있으면 되겠어.

이 대화는 그들의 욕망이 역겨운 공상의 영역에서 피비린내 나는 현실로 옮겨오고 있음을 잘 보여준다.

브란데스: 내 뇌는 어떻게 할 거야?

마이베스: 뇌는 남겨둘래. 네 두개골에는 손대기 싫어.

브란데스: 묻는 게 낫지 않을까. 공동묘지면 더 좋겠다. 거기라면 두개골이 있어도 아무도 이상하게 보지 않겠지. 아니면 가루로 빻는 건 어때?

마이베스: 우리 동네에 작고 예쁜 공동묘지가 하나 있어.

브란데스: 아니면 재떨이로 쓸 수도 있겠다.

이제 와서 말이지만, 브란데스가 마이데스에게 한 말은 모두 진담이었다. 그는 베를린에서 로텐부르크로 떠나기 전에 유서를 써두었기 때문이다. 분명 그는 집으로 돌아올 계획이 없었다.

2001년 3월 9일 저녁, 마이베스는 로텐부르크 기차역에서 브란데스를 만나 차에 태워 자신의 폐가로 데려왔다. 두 사람은 우선 집 주변을 한바퀴 돌며 구경했고, 집 꼭대기층에 있는 도살장도 함께 구경했다. 두 남자는 마이베스의 침대에서 섹스를 한 뒤 아래층 부엌으로 내려왔다. 브란데스는 수면제 스무 알을 먹고 취침용 감기약 한 병을 다 마신 뒤 독한 술 한 병을 비웠다. 마이베스는 1분이라도 지체하지 않으려고 캠코더를 가지고 내려와

앞으로 어떤 잔치를 벌일지 의논하는 둘의 모습을 찍었다. 두 사람은 브란데스를 어떻게 도축할지에 대해 상당히 진지하게 의논했다. 마지막으로는 브란데스가 죽기 전, 브란데스의 살점을 같이 나눠먹을 때 어떤 조리법이 적절할지에 대해 이야기했다. 이는 마치 그들의 치명적인 관계를 묶어주는 마지막 친근함의 표시인 듯했다.

브란데스가 인내심 있게 기다리는 동안, 마이베스는 도축용 칼을 들고 와 브란데스의 성기를 잘랐다. 그리고 피가 솟구치는 상처를 막은 뒤 버터를 팬에 둘러 가볍게 튀겨내고는 향을 내려고 마늘을 약간 집어넣었다. 식사가 준비되자 두 사람은 함께 먹었다. 나중에 마이베스는 성기 요리는 "질기고 맛이 없었다."고 회상했다. 하지만 그 정도의 불쾌함은 친구 사이이므로 충분히 웃어넘길 수 있었다고 했다. 식사를 마쳐갈 즈음 브란데스는 과다출혈과 좀 전에 먹은 약물들로 점점 정신을 잃어가고 있었다. 브란데스가 머지않아 죽을 것이 확실해지자 마이베스는 캠코더를 끄고 브란데스를 위층 욕실로 끌고 갔다. 거기서 마이베스는, 그의 용어를 빌리면, "핏물을 빼기" 위해 브란데스를 따뜻한 물이 담긴 욕조에 집어넣었다. 친구가 피를 흘리며 천천히 죽어가는 동안 마이베스는 소설『스타 트렉』을 읽으며 기다렸다. 브란데스가 죽어가는 과정을 마이베스가 얼마나 자주 확인했는지는 알 수 없지만, 10시간 뒤에도 브란데스가 숨지지 않자 마이베스는 그를 도와주기로 한다.

마이베스는 다시 부엌칼을 가져와 욕조 옆에 무릎을 꿇고 앉은 뒤 브란데스의 머리를 팔에 안고 부드럽게 입을 맞추었다. 그리고 칼을 목에 꽂았다. 마이베스는 브란데스의 시체를 욕조 밖으로 끌어냈다. 그리고 자신과 섹스를 하고 불과 몇 시간 전까지도 같이 식사를 했던 남자의 몸을 자르고

도려냈다. 도려낸 살점은 총 30킬로그램이었다. 그 대부분은 냉동가방에 넣어 완벽하게 밀봉한 뒤, 피자 등 더 일반적인 음식을 두는 냉동실 칸에 넣어두었다. 소량은 당장 먹기 위해 그대로 두었다. 처치가 곤란한 잔여물, 즉 뼈, 두개골, 내장 등은 마당으로 가지고 나가 바비큐 그릴 옆에 묻었다. 바비큐 그릴은 앞으로 '브란데스 스테이크'를 요리할 때 쓸 생각이었다.

마이베스는 드디어 소원을 이룬 것을 자축하고자 정성스레 저녁 식탁을 차렸다. 가장 좋은 식탁보와 가장 좋은 접시, 크리스털과 은으로 된 식기들을 꺼냈다. 따뜻한 분위기를 내기 위해 촛불도 켰다. 영화 〈양들의 침묵〉에 나오는 한니발 렉터 박사처럼 남아프리카공화국산 레드와인 한 병을 골랐다. 강한 향을 가진 고기에 잘 어울리는 선택이었다.

마이데스가 나중에 회상하기를, 브란데스는 다소 실망스러웠다고 했다. 나이도 속였고, 도축이 시작되기 전에 더 많은 시간을 함께 보내려고 하지도 않았기 때문이다. 하지만 전반적으로 그렇게 나쁜 사람은 아니었다고 했다. 마이베스는 원래 브란데스가 자기보다 영어를 더 잘했는데, 브란데스를 먹고 나니 자기 영어실력이 몰라보게 늘었다고 주장했다. 또한 사뭇 낭만적인 어조로 이렇게 이야기하기도 했다. "한입 한입, 씹을 때마다 그에 대한 기억이 되살아났어요." 마이베스는 아쉬움이 남는다는 듯 회상했다. 그는 사건 이후 10개월 동안 브란데스의 살점을 먹으며 그를 추억했다.

마이베스는 결국 브란데스의 인육을 상당 부분 먹어치운 뒤, 고기가 동나기 전에 다른 지원자를 찾으려고 다시 인터넷에 접속했다. 마이베스는 식인 카페 채팅방에서 만난 온라인 친구에게 투덜댔다. "얼른 또 다른 먹잇감을 찾고 싶어. 고기가 거의 바닥났어." 전과 마찬가지로 식인자의 먹이가 되겠다고 자발적으로 몰려드는 사람들이 넘쳤다. 마이베스는 이후 몇 달간 지

원자 네 사람을 직접 만났지만, 모두 마지막 순간에 일이 틀어지고 말았다. 한번은 카셀에 사는 스테판이라는 사람이 지원했는데, 그는 마이베스의 도살장까지 별 탈 없이 도착했다. 마이베스는 스테판을 고기 갈고리에 걸어서 랩으로 싼 뒤 몸 이곳저곳에 '스테이크', '잘게 썰기', '햄' 등 표시를 했는데, 그의 말에 따르면 "날씨가 미친 듯이 추워서 결국 취소하고 말았"다고 한다. 마이베스의 정체가 무엇이건 그는 정신이 나간 살인마는 아니었고, 자기 집에 찾아온 손님을 배려할 줄도 알았던 모양이다.

결국 마이베스를 붙잡은 것은 희생자가 되겠다고 지원했던 사람이었다. 한 오스트리아 학생은 순전히 장난으로 마이베스와 대화를 시작했다가 그가 실제 식인자라는 사실을 알게 된다. 그 학생은 2001년 7월, 독일 경찰에 연락해 마이베스에 대해 아는 것을 모두 말했다. 독일 경찰은 그 후 17개월 동안 마이베스의 인터넷상의 행적을 조사하다가 2002년 12월, 드디어 마이베스를 체포했다. 그때 마이베스의 냉장고에서는 브란데스의 인육이 7킬로그램 정도 발견되었다. 전 세계의 3류 언론들은 불과 며칠 만에 독일의 '인터넷 식인마' 마이베스의 사진과 그의 흉가 같은 집, 그리고 끔찍한 3층 도살장의 사진을 대서특필했다.

마이베스가 정신과 의사에게 검사를 받는 동안 마르쿠스 콜러가 지휘하는 지역 검찰은 사건의 경위를 조사했다. 1차 정신감정 보고서는 검사가 꿈꾸던 그대로였다. 게오르그 슈톨프만 박사는 42세의 마이베스가 "심리적 장애의 증거가 전혀 없다."고 설명했지만, '정신분열성 인격'을 가졌다고 인정했다. 언뜻 보기에 모순 같은 이러한 결과에 대해 슈톨프만 박사는 이렇게 설명했다. "지금 우리가 보고 있는 이 사람은 타인에 대해 따뜻하고 부드러운 감정을 가질 능력이 없는 사람입니다." 그러나 검찰은 이처럼 시시비

비가 명백한 사건을 맡고도 충분히 구형할 수 없다는 사실에 원통함을 금치 못했다. 독일 법에는 식인을 언급하는 조항이 아예 없었던 것이다. 앞에서 살펴보았던 카를 덴케와 게오르그 그로스만 사건에서는 당사자들이 자살함으로써 사건이 마무리되었지만, 그렇지 않은 경우 독일 법체계에서 식인은 어처구니없는 사각지대에 있는 모양이다. 또한 아직 수사가 본격적으로 진행되기 전이었지만, 콜러 검사는 마이베스가 피해자도 동의한 가운데 살인을 비디오로 촬영했기 때문에 1급살인 판결은 사실상 불가능하다는 것을 이미 알고 있었다. 따라서 그는 2급살인 판결을 받을 수 있는 '성적인 쾌락을 위한 살인'이라는 혐의를 내세우기로 했다. 1급살인이라면 적어도 15년 징역형을 선고받을 수 있는 반면 2급살인이라면 기껏해야 8년 6개월이었다. 콜러 검사는 이에 그치지 않고 "죽은 자의 안식을 침해한" 혐의도 내세웠다. 혐의야 무엇이든 아민 마이베스가 가능한 한 오래도록 철창 신세를 지도록 모든 수단을 동원할 셈이었다. 콜러의 말에 따르면 마이베스는 "희생자를 가축처럼 도살했고 장난감처럼 여겼다."

마이베스의 변호팀은 마이베스가 희생자를 잔인하게 죽이는 모습을 생생하게 녹화했고, 정신이상으로 인한 변호 가능성은 정신감정 보고서에 따라 이미 기각되었으므로, 마이베스가 무죄판결을 받을 가능성은 없다는 사실을 알았다. 그들은 결국 '요구에 의한 살인'이라는 점으로 유죄인정협상에 들어가기로 했다. 요구에 의한 살인이란 보통 자살을 도와주거나 안락사를 시킨 경우에 쓰이는 말이었다. 이에 대해서는 최대 형량이라야 징역 5년 형이었다.

재판은 2003년 12월에 시작되었고 그 후 14일간 증인 38명이 참석해 심문을 받았다. 검사 측은 브란데스를 죽이고 신체를 절단하는 것을 찍은 2시

간 분량의 비디오를 틀려고 했지만, 판사 세 명은 '관련 부분', 즉 '희생자가 어떤 말을 했는지, 그리고 죽기 전과 죽는 동안 무엇을 했는지'에 관련된 부분만 틀라고 요구했다.

마이베스는 변호사와 함께 법정으로 들어오면서 놀랍도록 침착한 모습을 보였으며 편안하게 이야기하고 때로 농담을 하기도 했다. 그러나 증인석에 올라서서는 사뭇 진지한 모습을 보였다. 마이베스는 재판에 참석한 사람들에게 설명하기를, 자신의 행위는 자신과 브란데스 둘 다에게 만족스러운 것이라고 했다. 그는 그저 "자기 자신의 일부가 될" 수 있는 누군가가 필요했고, 브란데스는 "죽는 순간과 죽음을 즐겼고, 자신의 삶을 끝내려고 자유의지로 내게 왔으며, 그에게는 행복한 죽음이었다."고 말했다. 후회스러운 점은 브란데스의 피를 빼는 데 시간을 너무 오래 끈 것이라고 했다. "브란데스가 죽기까지 기다리는 동안 너무 무서웠어요. 정말 끔찍하게도 오래 걸리더군요."

법정에서 최고의 관심사는 브란데스의 심리적 상태였다. 마이베스는 정상이라는 판정을 받았지만, 자신을 죽일 자에게 자발적으로 손을 내민 브란데스는 감정적으로 건강하거나 정신적으로 안정되었다고 말할 수 있을까? 제정신을 가진 사람이 죽임을 당하고 먹히는 것을 즐길 수 있을까? 여느 사건과 마찬가지로 여기서도 그것을 증명하고자 논박이 여러 차례 오갔다.

브란데스의 아버지는 아들이 우울증 같은 증세를 보인 적이 전혀 없다고 했으며, 브란데스와 가장 최근까지 사귀었던 27세의 남성 레네 야스닉도 이와 같은 의견을 보였다. 레네는 브란데스와 자신은 사귀는 동안 매우 행복했고, 브란데스는 병적이거나 자해적인 공상을 즐긴 적이 결코 없으며, 브란데스가 마이베스를 찾아갔을 때 그들은 여름휴가 계획을 세우던 중이었

다고 했다. 야스닉은 마이베스에게서 남자친구를 먹어버려서 미안하다는 편지를 받았다고 증언했다.

브란데스가 안정되고 행복해 보이는 삶을 살았다는 이러한 주장에 대한 반박으로, 브란데스와 수차례 성관계를 가졌던 남자는 이렇게 증언했다. 브란데스가 한번은 그에게 2000유로를 주고 그의 성기를 깨물었다는 것이다. 이날 검사와 변호사가 의견의 일치를 보인 점은 단 하나, 바로 비디오에서 보이는 브란데스의 상태였다. "피해자는 이 상황을 완벽하게 이해하고 있었던 것으로 보입니다. 비디오 판독 결과 피해자는 자신이 채 죽기도 전에 피고인과 함께 본인의 살을 함께 먹었음이 명백합니다."

볼프강 부흐 수사반장은 브란데스 사건을 직접 담당하고 있지는 않았지만, 마이베스가 적어도 실종사건 두 건에 대해 조사를 받고 있었다고 진술했다. 한 명은 프랑크푸르트 남성이고, 다른 한 명은 오스트리아에서 온 남성으로, 모두 식인 카페를 통해 알게 된 사람들이었다. 부흐 반장은 이렇게 결론지었다. "마이베스와 온라인상으로 접촉했던 204명 중 또 다른 피살자가 된 사람이 있는지 지금 이 시점에서는 판단할 수 없다."

마이베스는 최종 변론에서 이렇게 말했다. "제가 한 짓을 모두 후회합니다." 그리고 앞으로는 아무도 죽이거나 먹지 않겠다고 약속하며 이렇게 덧붙였다. "전 항상 공상을 품고 살았습니다. 결국에는 그 꿈을 현실에서 이루었죠. 하지만 그건 너무 괴로웠고 다시는 그런 짓을 하고 싶지 않습니다. 제가 한 모든 짓을 아주 많이 후회합니다. 하지만 되돌릴 수는 없겠죠."

2004년 1월 30일 금요일, 법원은 아민 마이베스가 베른트 유겐 브란데스를 죽일 때 흉악한 동기는 없었지만, 재고할 여지없이 유죄라는 판결을 내렸다. 그는 2급살인 판정을 받고 8년 6개월 징역형을 선고받았다. 마이베

스의 변호사는 이러한 판결에 만족했지만, 검찰은 즉시 항소를 제기했다. 2005년 4월, 독일 법원이 재심을 명해 이 사건은 향후 독일 대법원의 방향을 가늠하게 하는 중요한 사건으로 자리 잡게 되었다.

마이베스는 판결이 나기까지 감옥에서 휴식기를 가지며 자기 과거를 글로 적었다. 독일에는 범죄자들이 자신의 경험으로 돈을 버는 것을 금지하는 법이 없기 때문에, 마이베스가 지금 접촉하고 있는 여러 출판사와 영화사에서 책과 영화를 만들어내면 굉장한 돈을 벌어들일 것으로 보인다. 독일의 한 영화사는 이미 2만 5000달러를 들여 마이베스의 이야기를 영화화하고 있으며—가제는 '내 머릿속 너의 심장'이다—, 심지어 할리우드에서조차 로텐부르크 식인 사건이라는 주제로 영화를 기획하고 있다고 한다. 로스앤젤레스 필름의 마케팅 담당자 랜디 산체스는 마이베스를 '한니발 렉터의 실존인물'이라며 미국 영화시장에 광고했다. 마이베스는 자신의 이야기를 영화화하는 데 선인세로 약 100만 달러를 받을 예정이다. 독일의 헤비메탈 밴드 람슈타인은 이미 마이베스에게 영향을 받은 노래 〈마인 테일(Mein Teil)〉, 즉 '나의 일부'라는 노래로 인기를 얻고 있다. 독일어 테일은 속어로 성기를 가리키기도 한다.

마이베스 사건에 대한 재심 결과는 2006년 5월에 선고되었다. 마르쿠스 콜러 검사의 굴하지 않는 인내심 덕에 인터넷 식인자는 결국 종신형을 선고받았다.

19장
세계에서 가장 기상천외한 식인 사건: 마크 새핑턴(2001년)

전 세계의 대도시들은 사람이 살기에 최적의 조건과 최악의 조건을 동시에 갖추었다. 이 점에서, 미국 중서부의 대도시인 캔자스 시 역시 다른 거대 도시들과 마찬가지다. 도시 중심부와 교외 부유층 지역은 범죄율이 높은 북쪽 흑인 빈민가와 극심한 대조를 이룬다. 한쪽에서는 마약과 총, 조직폭력배가 거리를 지배하고, 다른 한쪽에서는 선량하고 정직하며 근면한 사람들이 가난과 절망을 이겨내려 애쓴다.

클래리스 새핑턴은 1980년, 아들 마크 새핑턴을 낳고 어떤 일이 있어도 아들에게 좋은 환경을 만들어주겠다고 굳게 다짐했다. 그녀는 마크 새핑턴이 태어났을 때부터 아이를 안전하게 키우는 것이 만만치 않은 일이 될 것임을 잘 알고 있었다. 새핑턴의 아버지는 아이가 태어나기도 전에 집을 나갔고, 클래리스는 성실하게 일하며 교회에 열심히 다니는 신자이기는 했지만 정신적 문제가 있었다. 클래리스는 새핑턴을 최대한 자주 교회에 데리고 다니며 능력이 닿는 범위에서 아들에게 해줄 수 있는 것은 모두 해주었다.

가끔 정신병원에 가야 할 때는 새핑턴을 자기 자식처럼 사랑하는 외할머니와 외할아버지에게 맡겼다.

새핑턴은 겉에서 보기에는 빈민가 최악의 환경에서 자라면서도 나쁜 영향을 받지 않은 이례적인 아이였다. 영리한 학생은 아니었지만 수업을 곧잘 따라갔고, 친구들과 사이도 좋은 편이었다. 새핑턴은 유쾌하고 자기표현이 분명하며, 재미있고 누구에게나 항상 웃음으로 대하는 아이였다. 같은 반 친구들은 새핑턴이 자기 반의 '괴짜'로, 농담을 잘 하지만 언제든 싸움이 터지려고 하면 성경 구절을 조용히 인용하며 상황을 해결하는 아이였다고 회상했다. 이웃 사람들은 한번은 새핑턴을 두고 "아무도 마크에게 경계심을 갖지 않는다."고 말하며 캔자스 시 북부의 십대 문화가 매우 폭력적인 것을 감안하면 그는 칭찬을 받아 마땅하다고 평하기도 했다. 그러나 어머니의 정신분열증, 그리고 사춘기 때 경험한 외할머니와 외할아버지의 죽음은 새핑턴에게 크나큰 충격을 주었다. 하지만 그는 어머니를 사랑했고, 주변의 좋은 친구들에게 위로와 지지를 받았다. 함께 어울려 다닌 또래 친구들로는 또래의 우두머리이자 새핑턴보다 4살 많은 테리 그린, 새핑턴과 같은 반 친구인 마이클 위버, 새핑턴보다 5살 아래로 새핑턴을 우상처럼 떠받드는 말라깽이 소년 앨턴 '프레디' 브라운이 있었다.

새핑턴은 1998년에 고등학교를 졸업했는데, 그때 그는 키 180센티미터에 몸무게 77킬로그램, 근육질 몸매에 귀염상을 한 멋진 흑인남성으로 자랐다. 그러나 빈민가의 가난은 점점 새핑턴의 목을 조여오기 시작했다. 새핑턴은 일자리를 찾지 못하고 무료함을 이기지 못하면서 마약에 손을 대기 시작했다. 대마초와 미라 담배(시체 방부 용액에 담갔다가 말린 담배로, 환각 효과를 준다.—옮긴이)를 피우기 시작했고, '천사의 가루'라고 알려진 치명적인

합성 헤로인(PCP)까지 손대게 되었다. PCP는 영구적이지는 않더라도 아주 장기적으로 정신과 감정에 부작용을 일으킬 수 있는 위험한 약물이었다. 새핑턴의 약물 중독이 심해지자 평소에 친하게 지내던 친구들조차 그가 '심각한 중독자'임을 인정할 수밖에 없었다. 그러나 새핑턴에게 다른 문제도 점점 심각해지고 있다는 사실은 그 누구도 눈치채지 못했다. 그것은 바로 새핑턴이 어머니의 정신분열증을 물려받았고 그로 인해 점점 분별력을 잃어 가고 있다는 사실이었다.

  2001년 어느 날 이른 아침, 당시 21세였던 새핑턴은 거리를 배회하다가 16세의 아르만도 가이탄이라는 아이와 말을 나누게 된다. 새핑턴의 어머니는 나쁜 아이들과 어울리는 일이 없도록 주의하라고 누누이 경고한 터였다. 가이탄은 폭력적이고 질이 나쁜 아이였으며 소위 말하는 '폭력배'의 인상에 들어맞는 흑인청년이었다. 가이탄은 새핑턴과 거리를 걸으며 대화를 나눠 보더니 급기야 자기에게 해결해야 할 작은 문제가 있는데 좀 도와줄 수 있겠느냐고 물었다. 가이탄은 데이비드 마샤크라는 아이에게 차를 샀는데, 며칠 뒤에 알고 보니 그 차가 경찰에 압류된 차였고, 가이탄은 이에 대해 아직 마샤크와 이야기를 끝맺지 못했던 것이다. 가이탄은 새핑턴이 도와주면 마샤크를 위협해서 돈을 다시 받아낼 수 있겠다고 확신하고 있었다. 새핑턴은 1, 2년 전이었다면 이러한 제안을 거절했겠지만, 지금은 어떤 이유에서인지 가이탄에게 자꾸 더 묻게 되었다. 그래서 내가 뭘 해야 되는데? 가이탄은 신이 나서 AK-47 자동소총을 숨겨둔 곳으로 새핑턴을 데려가 총을 보여주며 함께 마샤크를 혼내주자고 했다. 새핑턴은 그저 총을 들고 서 있기만 하면 되고, 그동안 가이탄이 말로 모든 걸 해결하겠다고 했다. 가이탄은 마샤크가 총을 보면 고분고분해질 거라고 철석같이 믿고 있었다. 새핑턴은 어리석게도 가이탄의 말을 곧이곧대로 믿었다.

2001년 3월 16일 오후, 새핑턴과 가이탄은 차고에서 점심을 먹고 있던 가이탄을 찾아갔다. 가이탄이 마샤크를 위협하자 마샤크도 되받아쳤다. 그런데 이렇게 이야기가 오가던 중에 무슨 이유였는지 새핑턴이 소총의 방아쇠를 당겨버렸다. 총알이 연속으로 쏟아져나와 차고 벽에 박혔고, 그중 한 발이 마샤크의 등에 맞았다. 가이탄은 이처럼 한바탕 총알 세례를 퍼붓고도 모자란 듯 회심의 미소를 짓고 있는 새핑턴을 보고 겁에 질려 그 자리에서 도망쳐버렸다. 가이탄은 얼마나 정신없이 달렸던지 정신을 차려보니 텍사스까지 가 있었다. 마샤크는 총을 맞은 지 두 시간 뒤 죽었다.

경찰은 마샤크가 차 문제로 가이탄과 오랫동안 다퉜다는 사실을 알고 곧 가이탄을 용의자로 의심했다. 가이탄은 불과 몇 주 뒤에 체포되어 캔자스 시로 이송되었다. 가이탄은 경찰 심문에서, 그리고 나중에 청소년 구치소에서 공범이 있다는 사실은 인정했지만 공범의 이름을 대기를 끝내 거부했다. 경찰은 가이탄이 극구 이름을 대지 않는 것은 공범이 폭력배 우두머리이기 때문이리라고 짐작했다. 하지만 사실은 그렇지 않았다. 가이탄은 자동소총을 휘두르던 새핑턴의 얼굴에서 보았던 미치광이 같은 섬뜩함을 잊을 수 없었고, 단지 그것이 무서워서 말하지 못했던 것이다. 새핑턴을 다시 보느니 그냥 감옥에서 지내는 편이 훨씬 더 안전할 것 같았다.

마샤크의 죽음은, 마샤크 본인과 가이탄에게는 엄청난 사건이었지만, 새핑턴에게는 비록 더 미묘한 영향을 미쳤을지언정 그처럼 심각한 사건은 아니었다. 총을 휘두르던 몇 초 동안 새핑턴의 마음속에서는 무슨 일인가가 일어났다. 이것이 정신분열증의 초기 증상인지, 아니면 합성헤로인이나 대마초, 혹은 둘 다로 인한 결과인지는 알 수 없지만, 살인을 저지른 며칠 뒤

무언가가 새핑턴에게 말을 걸어오기 시작했다. 목소리의 주인공은 바로 그의 머릿속에 있었다. 머릿속에서 들려오는 목소리는 아주 무시무시한 이야기를 하고 있었다.

심리학자와 정신과 의사들에 따르면 이와 같은 정신상태인 사람들은 대부분 그러한 목소리의 주체는 신이거나 악마, 아니면 귀신의 일종이라고 믿는다. 새핑턴처럼 종교적인 배경에서 자란 경우라면 그 목소리를 전지전능한 하느님의 지시이거나 사탄의 위협으로 여긴다는 것이다. 새핑턴은 그 목소리가 누구의 것인지 판단할 능력도 없었고 판단하고 싶은 마음도 없었지만, 중요한 것은 오직 하나, 그 목소리 때문에 무섭다는 것이었다. 그 목소리가 시키는 대로 하지 않으면 새핑턴은 죽임을 당할 것이었다. 따라서 답은 아주 간단했다. 새핑턴은 두려움에 떨며 목소리가 시키는 대로 하기로 했다. 목소리는 새핑턴에게 사람들을 죽이라고 말했다. 나중에는 다른 일도 시키겠지만 지금은 사람을 죽이는 것만 하라고 했다. 새핑턴은 그 목소리의 명령에 따라 집에서 자기 전용 공간인 지하실 한구석에 무기를 숨겨놓기 시작했다. 엽총과 칼, 도끼 등 각종 흉기를 모았다. 그 어떤 상황에도 쓸 수 있을 만큼 여러 가지 흉기가 모이자 목소리들은 이제 사냥을 나갈 시간이라고 말했다. 그러나 목소리들은 그 어떤 구체적인 지시도 내리지 않았다. 새핑턴은 희생양을 직접 골라야 했다.

그는 며칠 동안 도시 북부의 더러운 거리를 쏘다니며 지나가는 사람들을 유심히 살펴보았다. 희생양으로 적합한 사람이 누구일까 가늠하며 머릿속의 목소리들에게 의견을 물었다. 저 남자요? 저 여자는 어떤가요? 저 사람은요? 그러나 이렇게 탐색한 지 3주가 지났는데도 목소리들은 여전히 침묵을 지킬 뿐이었다. 새핑턴은 어찌할 바를 몰랐다. 목소리들은 조만간 희생

제물을 고르지 않는다면 새핑턴을 죽여버리겠다고 으름장을 놓았다. 결국 결정의 순간이 다가왔다.

4월 7일 오후, 새핑턴의 오래된 친구이며 이제 25세가 된 테리 그린이 새핑턴의 집에 놀러왔다. 새핑턴이 현관문을 열어주었을 때 머릿속의 목소리들이 바로 이 사람이라고 말했다. 새핑턴은 초조해하며 테리 그린을 집 안으로 들인 뒤 자기만의 장소인 지하실로 데려갔다. 몇 분 뒤 테리 그린은 지하실 바닥에 숨진 채 누워 있었다. 칼에 연거푸 찔린 그는 과다출혈로 사망했다. 새핑턴은 친구의 몸 위에 엎드려 바닥을 피바다로 만들며 솟구쳐오르는 피를 미친 듯이 빨아먹었다. 새핑턴은 손과 얼굴이 피범벅이 된 채로 위를 올려다보았다. 무슨 소리인가가 분명히 들린 것 같았다. 어머니가 일찍 퇴근한 것일까? 혼란스러워하는 새핑턴에게 목소리들은 진정하고 될 수 있는 한 빨리 시체를 치우라고 명령했다.

새핑턴은 테리 그린의 시체를 낡은 방수천으로 둘둘 말아서 집 밖으로 끌고 나와 어머니 차에 싣고 미주리 강을 가로질러 미주리 주로 건너갔다. 테리 그린과 자주 가던 나이트클럽으로 향했다. 아직 이른 시간인데도 나이트클럽 주차장에는 차들이 꽤 있었다. 새핑턴은 잠기지 않은 차가 있는지 하나하나 문을 열어보았다. 마침내 열린 차를 찾아낸 그는 테리 그린의 시체를 차 뒷좌석에 밀어넣었다. 그리고 시체 위에 방수천을 던져둔 채 다시 집으로 차를 몰았다.

얼마 뒤 시체가 발견되자, 미주리 경찰은 그것이 미주리 거주자의 소행이라고 생각했다. 하지만 미주리 강 건너편 캔자스 시 경찰에도 이를 알렸다. 캔자스 경찰은 그렇잖아도 처리해야 할 사건이 많았기 때문에 이 사건이 미주리 주 관할인 것을 매우 다행스럽게 생각했다. 그러나 3일 뒤 테리

그린이 캔자스 시민임이 밝혀지자 수사관들은 새핑턴과 그린의 친분에 초점을 맞추기 시작했다. 그 3일 동안 테리는 머릿속에서 들려오는 목소리의 명령에 따르느라 눈코 뜰 새 없이 바빴다.

4월 10일, 테리 그린을 죽인 지 사흘밖에 지나지 않은 시점이었지만 새핑턴은 목소리들이 요구하는 다음번 희생자를 찾으려고 거리를 쏘다니고 있었다. 하지만 목소리들은 이번에는 저번보다도 더 인색하게 굴었다. 아무도 눈에 차지 않았다. 결국 동네를 돌아다니던 새핑턴은 고등학교 때 같은 반이었던 옛 친구 마이클 위버가 자기 집 앞 계단에 앉아 있는 것을 발견한다. 그는 잠시 동안 마이클 위버와 이야기를 나누었다. 두 사람은 함께 웃고 떠들었고 피차 할 일이 없어서 심심하다며 맞장구를 쳤다. 결국 새핑턴은 적어도 길거리에 서 있는 것보다는 재미있지 않겠냐며 위버의 차로 같이 드라이브나 하자고 제안했다. 위버도 그러자고 했다. 그러나 새핑턴은 위버가 집 근처 좁은 골목길을 채 빠져나가기도 전에 사냥칼을 꺼내 친구를 죽이고 그 피를 마시기 시작했다. 그렇게 해야만 했다. 목소리들이 그렇게 하라고 지시했고, 자신에게는 선택의 여지가 없었던 것이다. 그러나 새핑턴은 조금 뒤 자신이 얼마나 끔찍한 짓을 저질렀는지 깨닫고 겁에 질려 차에서 뛰쳐나왔다. 그리고는 미친 듯이 도망쳤다. 달리면서 최대한 몸을 닦아냈다. 그리고는 발걸음을 늦추어 집으로 향했다.

집으로 가는 길에 새핑턴은 자기를 우상처럼 떠받드는 십대 프레디 브라운의 집을 지나치게 되었다. 목소리들이 다시 한번 나타나더니 시키는 대로 하라며 윽박질렀다. 새핑턴은 브라운에게 찾아가서 자기 집에서 같이 놀자고 제안했다. 16살의 순진한 브라운은 신이 나서 새핑턴을 쫓아갔다. 둘은 새핑턴의 지하실로 직행했고, 새핑턴은 브라운이 등을 돌리자마자 구석에 숨겨두었던 총을 꺼내 쏘았다. 총소리는 귀청을 찢을 듯이 크게 울렸고, 붉은 핏덩어리가 벽과 천장에 사방으로 튀었다. 새핑턴은 귀가 얼얼했지만 그래도 머릿속의 목소리는 들을 수 있었다. "어서 해!" 목소리들은 말했다. "지금 하란 말이야!" 새핑턴은 광기에 휩싸여 도끼를 들고 브라운의 비쩍 마른 몸을 여섯 조각으로 토막냈다. 친구의 몸을 다 자르고 나자 스테이크 칼을 들고 넓적다리에서 커다란 살점을 도려냈다. 살점을 더 작게 썰어서 하나씩 입에 쑤셔넣고 허겁지겁 씹어 삼키기 시작했다. 그리고 나서 나머지 살점들을 주워 위층 부엌으로 올라가서 프라이팬에 익혀 먹었다. 나머지 고기는 나중에 먹으려고 냉장고에 넣어놓았다.

새핑턴은 다시 지하실로 돌아와 브라운의 나머지 부분을 쓰레기 봉지에 쑤셔넣었다. 그러나 봉지를 묶지는 않은 채로 내버려두었고, 사방에 떨어진 살점과 핏자국도 그대로 두었다. 그 뒤 침착하게 집밖으로 나가 동네를 걸으며 산책을 했다.

몇 시간 뒤인 오후 여섯 시, 평소처럼 퇴근한 새핑턴의 어머니 클래리스는 부엌 바닥에 핏방울이 떨어져 있고 핏자국이 진 것을 보고 기겁을 했다. 클래리스는 아들에게 끔찍한 일이 일어난 것은 아닌지 걱정이 되어, 지하실이 아들의 사적인 공간인 줄 알면서도 핏자국을 따라 지하실로 내려갔다. 지하실로 내려간 클래리스는 질겁해 다시 1층으로 올라와 911에 전화를 걸었다. 전화기에 대고 히스테리에 가까운 증세를 보이며 지하실 쓰레기 봉지에 담겨 있던 것을 설명했다. 경찰과 구급차가 도착했을 때 클래리스는 이미 전에도 자주 보인 적 있는 정신이상 증세를 보였다. 이번에는 병원 신세를 아주 오랫동안 져야 할 것 같았다.

경찰은 클래리스의 협조를 받지는 못했지만, 그래도 제일 먼저 마크 새

핑턴을 찾아야 한다는 사실을 알았다. 가이탄이 마샤크의 차고로 들어가는 것을 보았다고 한 목격자들이 가이탄과 함께 있었던 사람의 얼굴을 묘사했는데, 그 묘사는 마크 새핑턴과 상당히 일치했다. 경찰은 지금까지는 새핑턴을 마샤크 살인사건에 연결시킬 충분한 증거가 없었다. 그러나 이제 지하실에서 이처럼 끔찍한 현장이 발견된 이상, 새핑턴이 매우 위험한 일에 관련되어 있다는 것은 분명했다. 21세의 마크 새핑턴을 수배한다는 전단이 전국에 뿌려졌다.

얼마 지나지 않아 순찰을 돌던 경찰차는 거리 북부의 번잡한 상가를 걷고 있는 용의자를 발견했다. 경찰은 차에서 뛰어내려 새핑턴에게 서라고 소리질렀지만, 새핑턴은 겁을 먹고 달아났다. 근처에 차 한 대가 신호를 기다리느라 서 있는 것을 본 새핑턴은 운전석 문을 열고 운전하던 여자를 옆자리로 밀치고 운전대를 잡았다. 그는 꽉 막혀 있는 차들 사이로 황급히 달아나기 시작했다. 그러나 몇 분 뒤 새핑턴은 사방에서 경찰차에 포위당했다. 그는 살인혐의로 체포되어 경찰본부로 연행되었다. 인질은 무사히 풀려났다.

빈스 대븐포트 형사와 사복경찰 두 명이 마크의 심문을 맡았다. 두 사람은 그날 저녁 두 시간 넘게 새핑턴을 문초하며 그가 지하실에서 무슨 일을 했는지 알아내려고 애썼다. 새핑턴은 이제까지 마샤크 살인사건에 연루되었을 가능성으로 의심을 받고 있었을뿐더러 미주리 주 캔자스 시 차 뒷좌석에서 발견된 테리 그린 살인사건과도 관계를 조사받고 있었다. 대븐포트 형사는 용의자에게 자백을 받아내는 데 전문가였다. 어떤 때는 회유와 강압을 번갈아 써야 하는지, 또 어떤 때는 부드럽게 설득해야 하는지를 잘 알고 있었다. 그는 어떤 식으로든 항상 만족스러운 결과를 얻었다. 적어도 오늘밤까지는 그랬다. 그러나 새핑턴은 대븐포트 형사가 어떻게 나오든 입도 뻥긋

하지 않았다. 지칠 대로 지친 대븐포트 형사는 결국 집으로 가서 잠을 좀 자고 오기로 했다. 한 잠 자고 나면 새로운 전략이 떠오를지도 몰랐다. 의자에서 일어나 외투를 입고 있는데 새핑턴이 중얼거리는 소리가 들렸다. "뭐라고? 이봐, 뭐라고 한 거야?"

새핑턴은 대븐포트 형사의 귀에 들릴락말락 한 목소리로 '흡혈귀'라고 말했다. "흡혈귀, 식인." 대븐포트 형사는 외투를 벗고 다시 의자에 앉았다. 아무래도 오늘 밤은 뜬눈으로 지새워야 할 것 같았다.

새핑턴은 한번 입을 열자 속사포처럼 말을 쏟아내기 시작했다. 네 건의 살인을 실토했다. 마약 이야기도 했고 시키는 대로 하지 않으면 죽여버리겠다고 하는 머릿속의 목소리 이야기도 했다. 한번은 대븐포트 형사의 눈을 똑바로 쳐다보며 형사의 다리를 몇 점 뜯어먹어도 괜찮겠느냐고 물었다. 대븐포트는 새핑턴이 농담을 하는 거라고 생각했지만, 나중에 연방수사국 범죄심리분석관 캔디스 딜롱은 새핑턴의 이 말이 진심이었으리라는 견해를 밝혔다.

새핑턴의 진술과 공식적 자백이 문서화되고 있는 동안, 형사들은 가이탄이 있는 청소년 구치소로 가서 다시 한번 물었다. 새핑턴의 자백을 전부 들려주자 가이탄도 결국 AK-47 자동소총을 난사해 데이비드 마샤크를 죽인 것은 마크 새핑턴이라고 실토했다. 이제 세 건의 살인혐의가 추가된 마크 새핑턴은 공식적으로 연쇄살인범 목록에 올랐으며, 일단 이 소식이 신문과 방송에 보도되자 그는 삽시간에 '캔자스 시의 식인마'라는 이름을 얻었다.

경찰, 법정, 검찰 측은 새핑턴이 저지른 범죄의 특징과 머릿속에서 목소리가 들린다는 그의 주장으로 미루어볼 때 그가 심각한 정신장애를 앓고 있으리라고 판단했다. 따라서 새핑턴은 와이언도트 카운티 교도소에 수감되

어 있는 동안 정신감정을 받았다. 정신과 의사들이 정신과 약을 처방해주었지만 그는 병원에서 24시간 감시를 받을 때를 빼고는 약을 먹으면 피곤하다며 복용을 거부했다. 이처럼 틈만 나면 치료를 거부했기에, 새핑턴은 거의 정상에 가까운 상태와 심각한 착란증세를 오가는 극도로 불안정한 정신상태를 보였다. 이러한 조건에서 정상적인 정신감정이 이루어지기는 어려웠다. 2002년 1월, 마크 새핑턴의 예심이 열릴 즈음 정신과 의사들과 검찰 측이 동의할 수 있었던 한 가지는, 새핑턴에게 자신의 행동에 대해 사형을 선고할 만큼 책임을 물릴 수 없다는 것이었다. 새핑턴의 법적 책임능력 여부를 묻는 심리는 9월 13일로 정해졌다. 그러나 예정일이 왔을 때도 판사와 의사가 내릴 수 있었던 결론은 조사와 검사를 더 실시한 다음 다시 심리를 열어야겠다는 것뿐이었다.

문제는 마크 새핑턴의 심리적 특징이 연쇄살인범과 식인자들에 대해 알려진 사실과 번번이 대치된다는 점이었다. 마크 새핑턴처럼 흑인이었던 웨인 윌리엄스를 제외하면 미국 역사상 유명한 연쇄살인범들은 모두 백인이었다. 그리고 대다수 경우 연쇄살인범이 첫 살인을 저지르는 것은 30대 이후이고, 대규모 살인을 저지르기 전에 폭력 전과, 대개는 성폭력 전과가 있다. 그러나 새핑턴은 이제 나이 21세였고, 성폭력 전과도 없으며, 마약과 관련된 경미한 전과 한두 건을 제외하면 그 어떤 범법행위도 저지르지 않았다. 또한 인육을 먹고 피를 마신 연쇄살인범들은 다양한 방법으로 성적인 만족도 취했다. 그러나 아무리 심층 정신감정을 반복해도 새핑턴이 희생자들을 먹은 행위에서 성적인 만족을 얻었다고 생각할 수 있는 근거는 나오지 않았다. 그는 그저 목소리에 불복종하면 대가를 받게 될 것이 두려워 범죄를 저질렀다고 주장했다. 마크 새핑턴은 범죄심리학 역사상 극히 특이한 경우였다.

이러한 난관에 부딪힌 검찰은 새핑턴의 행위가 정신병으로 인한 것이 아니라 약물 남용으로 인한 것이라고 주장했다. 그리고 약물 남용 부분은 그가 원했다면 전문적인 도움을 받든가 해서 극복할 수 있는 문제였다는 점을 지적했다. 그들은 이점을 강조하면서, 사형은 구형할 수 없는 상황이었으므로 가석방 없는 종신형을 구형했다.

새핑턴의 법적 책임능력 여부를 묻기 위해 열린 2차 심리에서, 정신과 의사 윌리엄 로건은 마크 새핑턴이 약물 치료를 거부하는 한 자기 자신이나 타인에게 위험을 끼칠 가능성이 있다고 증언했다. 새핑턴의 변호사 퍼트리샤 칼프조차도 새핑턴이 거듭 약물 치료를 거부한다는 점을 인정했다. 덱스터 버데트 판사는 로건의 의견과 여러 의사, 변호사의 주장을 받아들였다. 그리하여 근래에 바뀐 미국 대법원의 판결에 근거해 마크 새핑턴에게 강제로 약물 치료를 실시하도록 와이언도트 카운티 지방경찰청에 지시했다. 재판을 받는 동안 강제로 약물 치료를 받게 한 것은 미국 재판 역사상 이때가 처음이었다.

공판 자체는 싱겁게 끝났다. 물증과 피고인의 자백이 모든 것을 말해주었기 때문이다. 마크 새핑턴이 해당 범죄를 저질렀다는 데는 의심할 여지가 없었다. 2004년 7월 26일, 마크 새핑턴은 네 건의 살인죄로 유죄판결을 받았고, 이에 더해 경찰을 피해 도주하던 중 차를 강탈한 것에 대해 가중강도 및 납치로 유죄판결을 받았다. 6주 뒤인 9월 2일, 새핑턴은 가석방 없는 종신형을 선고받았다. 마크 새핑턴은 지금 안전하게 수감되어 있기는 하지만 우리에게 풀리지 않는 의문을 남겼다. 도대체 왜 그런 짓을 했을까? 이 순하고 상냥한 청년을 사악한 식인 살인마로 돌변하게 만든 것은 대체 무엇이란

말인가? 정신병을 앓는 사람들은 많지만 정신병이 있다고 해서 모두 이러한 범죄를 저지르는 것은 아니다. 자기 파괴적인 약물에 빠져 범죄를 저지르는 사람들도 수없이 많지만 그렇다고 그들이 사람을 먹지는 않는다. 그렇다면 마크 새핑턴에게는 대체 무슨 일이 일어났던 것일까? 그것은 앞으로도 영원히 알 수 없을지 모른다.

20장
새로운 식인 현상이 나타나는가?:
미래의 식인

지금까지 먼 과거에 일어난 식인 사건과 지난 60년간 일어난 특정 식인 사건 15건을 살펴보았다. 따라서 이제 인류 최후의 금기인 식인을 앞으로 어떻게 받아들여야 할지를 내다볼 차례일 듯싶다.

독자들은 이 책에서 다룬 사건들이 현대로 올수록 그 간격이 짧아진다는 사실을 알아차렸을지도 모르겠다. 여기에는 몇 가지 이유가 있다. 우선 초기의 사건들은 기록이 남지 않은 경우가 많고, 20세기 이전까지도 일부 식인 사건은 너무 끔찍하다는 이유로 세상에 공개되지 않았다. 또한 우리는 이 책에 가능한 한 최근의 정보를 싣고자 했으며, 우리가 찾아낸 역사적 식인 사건을 이 한 권에서 모두 다루는 것도 불가능했다. 사실 우리가 모은 식인의 역사에 대한 자료는 이 책의 후속편을 내도 될 만큼 방대하다. 그런데 이에 더해 식인 현상이 다시 기승을 부리고 있음을 뜻하는 충격적인 증거가 많이 나타나고 있다. 이것은 사실일까, 아니면 단지 그렇게 보이는 것일 뿐일까?

구소련 국가들은 알려지거나 아직 알려지지 않은 다양한 이유로 식인의 전례 없는 만연을 경험하고 있는 것 같다. 우리는 안드레이 치카틸로 사건을 다룬 12장 마지막에서 치카틸로가 살인을 행한 도시 로스토프 온 돈이 세계 연쇄살인의 중심부가 되었다고 했지만, 사실 식인 현상은 로스토프 온 돈에만 국한된 것이 아니다. 러시아와 인근 나라들은 길고 지속적인 식인의 역사를 가졌다.

1장과 12장에서는 1930년대 우크라이나 기근 때 만연했던 광란적인 식인 현상에 대해 살펴보았는데, 이는 기근으로 일어난 세계 최초의 식인 사건이 아니다. 심지어 20세기에 일어난 기근 식인 사건으로도 처음이 아니다. 그로부터 15년 전, 러시아 혁명 때 레닌의 적군과 백군(White Army) 사이에 격돌이 계속되면서 볼가 강 지역은 식인을 야기할 정도로 극심한 재난에 시달리게 된다. 수많은 사람들이 굶어죽기 시작하자 이제 살아남은 이들에게 선택권은 죽은 자들을 먹든가 그렇지 않으면 가족이 굶어죽는 것을 보고만 있는 것뿐이었다. 후에 제2차 세계대전이 터지면서 독일 나치당이 레닌그라드(지금의 상트페테르부르크)와 스탈린그라드(지금의 볼고그라드)를 포위하여 잔인하게 맹공격하는 가운데 수백만 명이 죽었는데, 이러한 학살은 거의 3년간 계속되었다. 이번에도 생존자들은 죽은 자들의 시체를 먹지 않으면 자기 목숨을 부지하기 어려웠다. 이런 끔찍한 대안에 직면해서도, 레닌그라드에서만 족히 100만 명이 넘는 사람들이 굶어죽는 쪽을 택했다. 그러나 전쟁과 기근으로 말할 수 없는 고통을 받은 다른 국가들도 여럿 있지만, 그들은 식인을 하지 않았다. 그렇다면 왜 러시아에서만 유독 식인이 기승을 부렸는가? 그리고 왜 지금도 식인 사건이 계속해서 일어나고 있는가?

소련 붕괴 이후 구소련의 사회와 정치, 경제구조는 완전히 무너졌다. 그에 따른 경제위기로 고기를 비롯한 양호한 음식은 돈을 주고도 살 수 없을 만큼 귀한 사치품이 되었다. 그 결과 인구의 대다수는 싸구려 보드카로 슬픔과 배고픔을 달래야 했다. 술은 마시는 사람으로 하여금 금기에 대한 경계심을 누그러뜨리게 하고, 알코올 중독은 뇌의 정상적인 판단능력을 마비한다. 알코올로 인해 사람들의 이성적 기능이 지나치게 손상된데다 극심한 굶주림이 계속되는 상황이라면, 그 사회의 도덕적 구조는 무너질 수밖에 없다.

러시아 범죄학자들은 연이은 연쇄살인과 식인이 그 지역의 경제 및 사회적 트라우마와 직접적 관련이 있다는 점을 인정하며 문제의 심각성을 자각한다. "시장에서 인육이 판매된다는 정보가 있습니다. 그리고 노숙자들이 서로 죽여서 그 인육을 내다판다고도 합니다. 신체 일부가 없어진 시체가 매달 발견됩니다." 신원을 밝히기를 꺼린 한 러시아 범죄학자의 말이다. 그러나 구소련 지역에서 1996년 한해에만 자그마치 서른 건의 식인 사건 재판이 열렸다는 사실을 경제위기로 설명할 수 있을까? 구소련 국가에서 일어난 식인 사건을 연대별로 정리한 아래 자료는 문제의 심각성을 잘 보여준다.

1996년

일샤트 쿠지코프는 인육을 양파에 재워 먹다가 상트페테르부르크에서 체포되었다. 그는 인육을 비닐봉지에 담아 창문 밖에 걸어놓고 먹었다. 그는 경찰에게 포위되자 자기를 풀어주면 보드카와 고기를 대접하겠다고 협상을 시도하기도 했다. 37세의 쿠지코프는 매달 20달러씩 나오는 연금으로는 먹고 살 수가 없어서 식인을 하게 되었다고 말했다.

시베리아의 탄광촌 케메로보에 살던 한 남자는 친구를 죽여서 토막낸 후

러시아식 만두 요리인 펠메니 소로 썼다. 그는 자기가 만든 펠메니를 절대 먹지 않았으며, 인근 시장에서 팔기만 했다.

1996년 3월, 세바스토폴 경찰은 한 가족 중 식구 세 명이 도륙된 잔해를 발견했다. 이 집의 부엌에서는 사람 두 명분의 내장이 냄비에 담겨 있는 것이 발견되었고, 근처에 있던 접시에서는 갓 구워낸 인육 살점이 발견되었다.

1996년에서 1997년 겨울, 노보체보크사리에 살던 38세의 블라디미르 니콜라예프는 사람 두 명을 먹은 혐의로 체포되었다. 경찰은 이미 범죄자로 잘 알려진 니콜라예프의 집에서 구운 인육이 담긴 프라이팬과 오븐을 발견하고 그를 체포했다. 그의 집 발코니에서는 눈 속에 냉동된 인체 잔해가 대량으로 발견되었다.

1998년

사샤 스페시프체프는 러시아에서 퇴폐적인 민주주의를 몰아낸다는 명분으로, 거리의 부랑아를 적어도 19명은 죽여서 먹었다. 스페시프체프는 굶주린 아이들을 집으로 끌어들인 뒤 어머니의 도움을 받아 아이들을 도륙했다.

1999년

페름 오블라스트에 살던 남자는 지역 시장에서 구입한 고기 꾸러미를 경찰에 가져갔다. 그의 아내가 고기에 사람 피부가 붙은 것을 발견했기 때문이다. 경찰은 조사 끝에 결국 남자 두 명에게서 같이 술을 마시던 일행을 죽여 살점을 발라냈다는 자백을 받아냈다. 그들은 고기를 시장에 팔기 전에

제일 맛있는 부위를 따로 도려냈으며, 둘 중 한 사람의 어머니가 그것을 요리해 같이 나누어 먹었다. 남자들은 고기 값이 너무 비싸서 이런 짓을 저질렀다고 주장했다.

키르기스스탄에서는 니콜라이 주르몽갈리예프가 여성 100명을 살해해 손님들에게 식사로 대접한 혐의로 체포되었다. 체포 당시 그는 여성 두 명이면 족히 일주일은 먹을 수 있다고 밝혔다.

1999년 12월 31일, 우랄 산맥의 산업도시 첼랴빈스크에 사는 알렉산더 자피안트세프는 자기 아파트에 사는 사람들을 모두 초대해 식사를 대접했다. 저녁에 나온 고기는 바로 그의 술친구였던 발데마르 수지크였다.

2000년

볼가 강 만투로보 시에서는 36세의 발렌티나 돌빌리나라는 여성과, 26세의 비탈리 베즈로드노프라는 남성 공장노동자가 같이 술을 마시던 일행을 죽여서 먹은 혐의로 체포되었다. 이 둘은 다른 세 명과 함께 술을 마시고 거의 혼수상태가 되었는데, 베즈로드노프가 먼저 먹을 것을 찾기 시작했다. 그는 돌빌리나와 함께 의식을 잃고 누워 있는 친구들 중 한 명을 골랐다. 그들은 가장 맛있어 보이는 부위를 도끼로 도려낸 뒤 7킬로그램 정도의 살점을 추려 익히기 시작했다. 냄새를 맡고 잠에서 깬 일행 중 한 명은 이들에 합류해 같이 먹었다. 그는 자신이 형의 살점을 먹고 있다는 사실을 알지 못했다.

우크라이나의 지토미르 시 경찰은 악마 숭배의식의 일부로 여섯 사람을

죽여서 먹은 혐의로 남자 둘과 여자 한 명을 체포했다. 그들은 희생자 가운데 한 명의 가족에게 몸값을 받아내려 하다가 붙잡혔다.

2003년
수감자들로 미어터지는 러시아의 감옥 두 군데에서 수감자가 동료 죄수를 죽여서 먹은 사건이 각각 발생했다. 24세의 안드레이 마슬리히는 바르누알의 지역 교도소에 수감되어 있었는데, 두 차례 식인을 저지른 것이 적발되었다. 나중에 자백한 바에 따르면, 그는 단순히 지루해서 식인을 저질렀으며, 사람을 먹으면 모스크바로 보내져 정신감정을 받을 수 있으리라고 생각했다고 진술했다.

카자흐스탄에 있는 세미팔라틴스크 감옥에서는 죄수 네 명이 새로 들어온 죄수를 잡아먹으려 한 사건이 일어났다. 그들은 감옥에서 식인이 일어났다는 신문기사를 보고 범행을 모의하게 되었다고 진술했다.

지금 러시아에 식인 풍조가 역병처럼 퍼지고 있는 것이 경제·사회구조의 붕괴에 따른 불안에 기인한 것이라면, 비슷한 위기를 겪은 다른 나라에서도 이와 같은 현상이 일어났을까? 아니면 러시아 사람들만 특이하게 식인 성향이 강한 것일까? 독일도 1990년대 초에 동서독이 통합되면서 극심한 경제·사회적 격변을 겪었다. 그렇다면 독일에서도 비슷한 식인 현상이 나타났는가? 아민 마이베스의 재판에서 증언했던 독일 범죄학자 루돌프 에그에 따르면 "독일에만 식인 성향을 가진 사람이 수백 명은 된다. 전 세계적으로는 수천이 넘는다고 할 수 있다."고 한다. 분명 이것이 에그 혼자만의

견해는 아닐 것이다. 그렇다면 상황은 우려할 만큼 심각한 것일까?

　전 세계적으로 식인 현상이 증가하고 있는 추세를 짚어보기 전에 먼저 우리가 범죄심리학이나 정신과 분야의 전문가가 아니라는 점을 말해두어야겠다. 따라서 우리는 각 분야 전문가들의 견해를 충분히 참고했다. 하지만 우리는 궁극적으로 장기간에 걸쳐 사회에 나타나는 전반적인 경향을 분석하는 역사학자이므로, 역시 역사학자의 관점에서 아래 결론을 이끌어 냈다는 점을 밝혀둔다.

　이 책에서 살펴본 역대 식인마들의 경우를 보면 식인이라는 행위에 영향을 준 공통 요소들이 있는 것 같다. 중간에 스스로 목숨을 끊어 정신감정을 실시할 수 없었던 범죄자들을 제외하고, 정신감정을 받았던 범죄자들은 거의 모두가 극심한 정신병을 앓는 것으로 드러났다. 또한 그들 중 상당수는 부모, 특히 어머니와 깊은 유대를 맺지 못한 것으로 드러났다. 잇세이 사가와는 안정적인 가정에서 자란 것처럼 보이지만, 그 역시 유년기 상당 기간을 병원에서 보내야 했다. 즉 타인과 건강한 관계를 맺을 수 있는 능력을 기르려면 반드시 필요한, 어린 시절의 친밀한 유대감을 경험하지 못한 것이다.

　심지어 이 책을 쓰는 동안에도 영국에서만 최소 두 건의 식인 사건이 있었다고 하니 상당히 충격적인 소식이 아닐 수 없다. 2005년 3월 16일 수요일, 일간지 『선(Sun)』지는 35세의 피터 브라이언 사건을 보도했다. 여성을 둔기로 살해한 혐의로 유죄판결을 받은 그는 정신분열증이라는 진단을 받고 런던 뉴엄 종합병원 정신병동에 수감되어 있었다. 하지만 그는 2005년 2월, 통원 치료를 받는다는 조건 아래 가석방되었다. 그는 가석방된 지 불과 몇 시간 만에 43세의 브라이언 체리를 망치와 드라이버로 때려죽이고 시체를 칼로 잘라 뇌를 요리해 먹었다. 브라이언은 경찰이 도착했을 때 아직 희

생자의 피로 뒤범벅인 채 2차로 먹을 뇌를 태연하게 요리하고 있었다. 그는 경찰에게 이런 말을 남겼다. "버터에 볶아 먹었어요. 정말 맛이 끝내줬어요. 당신들이 안 왔으면 다른 사람도 이렇게 해 먹었을 텐데. 난 그 사람들의 영혼을 원했어요." 그는 재수감된 상태에서도 다른 죄수를 죽였다. 날로 먹고 싶었다고 한다. 이후 브라이언의 진술로 미루어, 그의 살인에는 분명히 성적인 요소가 있는 것으로 드러났다.

브라이언 사건이 신문지면을 장식한 지 겨우 33일 뒤인 4월 19일, 『데일리 미러』의 제1면에는 역시 35세인 마크 홉슨이라는 연쇄살인범의 이야기가 실렸다. 홉슨은 마약남용자이자 알코올 중독자로 하루 평균 20리터나 되는 맥주를 끊임없이 마셔댔다. 그는 여자친구 클레어 샌더슨의 머리를 망치로 17차례 강타해 숨지게 했고, 그녀의 쌍둥이 동생인 다이앤 역시 비슷한 수법으로 살해했다. 홉슨은 다이앤을 잔인하게 성폭행한 뒤 사지를 찢고 가슴을 비롯해 여러 부위의 살점을 먹었다. 홉슨은 쌍둥이 자매를 살해하기 전에 이미 80대 노부부를 살해한 혐의가 있었다. 이 두 사건의 경우 범죄자들이 식인을 저지를 당시 극심한 알코올과 약물 중독에 시달렸으며 폭력적 정신이상 상태를 보였다는 것이 분명하다. 그들이 먹은 사람이 얼마나 더 있었든, 그들이 위험한 존재임은 틀림없다.

식인 행위가 다른 반사회적 행위들과 함께 전 세계적으로 증가하는 것이 사실이라면, 지구 인구가 폭발적으로 증가하는 상황도 그 원인이라고 할 수 있을까? 연구자들의 쥐 실험결과에 따르면 한정된 공간에 갇힌 쥐의 수가 임계치에 달할 경우 쥐들이 서로에게 폭력적으로 변할 뿐 아니라 서로 잡아먹는 현상을 보인다는 사실이 증명되었다. 뿐만 아니라 인간성이 서서히 무너지면서, 반사회적인 행동을 서로 감시할 수 있었던 전통적인 개념

의 사회·종교·가족구조가 해체되었다는 점도 짚고 넘어가야 한다. 지금 우리 사회에서 개인의 삶에 가족과 친구, 이웃과 성직자들이 개입하는 모습은 거의 사라지다시피 했다. 직장과 관련한 이동이 잦아지고, 정치적 올바름이 지나치게 중시되며, 경제적 빈곤층이 대대적으로 이주하면서 대부분의 도시와 마을의 사회구조는 크게 바뀌었다.

식인이 증가하는 이유가 무엇이든, 식인 행위 자체의 성질도 변하고 있다는 것은 부정할 수 없는 사실이다. 아민 마이베스의 경우에서도 보았듯이 이제 범죄자들은 인터넷의 혜택으로 길에서 무고한 행인을 납치하다 적발되는 위험을 무릅쓰지 않고도 충분히 범행 대상을 구할 수 있게 되었다. 미래의 인터넷 식인마들은 가짜 이름과 가짜 신원을 가지고 마우스를 한번 클릭하는 것만으로도 비슷한 생각을 가진 전 세계의 사람들과 자유롭게 이야기를 주고받는다. 식인 성향을 가진 사람들은 인터넷이라는 공간에 모여 식인과 같은 주제에 대해 이야기를 나누고, 때로 실제로 식인을 제안하기까지 하면서 사회의 눈과 법의 감시망을 피해 자신들만의 세계를 만들 수 있다.

범죄학자 루돌프 에그는 식인에 대한 욕망과 충동, 환상을 현실로 옮길 방법을 찾고 있는 식인마와 예비 식인마들이 수천은 된다고 밝혔다. 그에 따르면 "식인은 오래전부터 벌어진 사건이지만, 인터넷의 보급이 식인 현상에 박차를 가하고 있다. 우리는 인터넷으로 세계와, 그것도 익명으로 접촉할 수 있다."

식인 범죄자를 비롯해 불건전한 성향을 지닌 사람들은 인터넷이라는 새로운 도구를 통해 이제 음성적인 방식으로 '동지'들을 만나고 범행 대상까지 찾을 수 있게 되었다. 이런 점 때문에 식인의 물리적·심리적 특성 양측에 변화가 생겼다. 역사상 유명한 여성 식인종으로는(반은 전설인 소니 빈 집

안의 여성들을 제외한다면) 이 책 6장에서 살펴본 마저리 로빗이 유일하다. 그러나 최근에는 식인을 하는 여성들이 늘고 있다. 앞서 짧게 언급했던 러시아의 경우에도 여성 식인자가 네 명이나 있었으며, 독일에서는 두 아이의 엄마였던 26세 여성 안나 짐머만이 식인을 저지르기도 했다. 안나는 1981년, 남자친구를 죽인 뒤 살을 얇게 저며 얼려두었다가 커틀릿처럼 튀겨 두고두고 아이들에게 먹인 것으로 드러났다. 여기서 또다시 의문이 생긴다. 이와 같은 사건은 그저 아주 드물게 일어나는 예외적인 경우일 뿐인가, 아니면 이제 여성도 남성 못지않은 식인종으로 입지를 굳혀가고 있음을 뜻하는가?

마크 새핑턴 사건 역시 식인의 국면에서 새롭고 혼란스러운 경향을 보여준다. 새핑턴의 심리적 특징은 전통적으로 정신과 의사, 범죄심리학자, 경찰 프로파일러들이 식인 범죄자의 심리적 특징으로 규정한 사항에 전혀 부합하지 않았다. 우리는 여기서 다시 한 번, 이것이 새로이 나타난 경향인가, 아니면 단지 예외적인 경우에 불과한가를 묻게 된다.

이러한 의문들에 대해 지금 이 시점에서 분명한 결론을 내릴 수 있다면 좋겠지만, 사실 식인에 관한 한 말끔하게 정의할 수 있는 부분이란 없다. 우리가 확실히 말할 수 있는 바는 이제 세상이 바뀌었다는 것뿐이다. 현재 전 세계의 언론 매체는 세계 곳곳에서 일어나는 혐오스러운 범죄와 추악한 행위를 거의 놓치지 않고 파악할 수 있을 뿐더러 또한 호들갑스럽게 전 세계에 퍼뜨리기 때문에, 한때 사회적으로 용인될 수 없는 것으로 은폐되었던 식인이라는 범죄는 이제 모든 호사가들, 기회주의적인 정치인, 파파라치들의 눈길을 피해갈 수 없게 되었다. 하지만 감시망이 엄격해졌다고 해서 식인자 수가 줄어들었느냐고 묻는다면 "아니다."라고 답할 수밖에 없다.

왜 이런 결론이 나오는가? 간단하다. 이 지구상에는 전보다 사람들이 많아졌기 때문이다. 1900년에 7500만이었던 미국 인구는 지금은 2억 7000만을 넘어선다. 1950년에 지구 인구는 40억이었지만, 지금은 60억이 넘는다. 여기서 볼 수 있듯이 사람을 먹는 식인자들이 더 늘어났다면, 그것은 우선 사람이 더 많아졌기 때문이요, 그다음으로는 전 세계에서 일어나는 일에 대해 전보다 더 잘 알게 되었기 때문이다. 그래도 우리는 우리 사회의 위험한 정신이상자들과 범죄자들의 출현에 관심을 기울여야 할 것이다. 이 책에서 지금까지 살펴본 바로부터 딱히 어떠한 교훈을 얻어야 한다고 말하기는 어렵다. 다만 우리가 말할 수 있는 것은 21세기 들어 나타난 달갑지 않은 여러 풍조들과 마찬가지로, 전반적인 인간성 상실, 그중에서도 특히 식인이 매우 끔찍하고 실제적인 현상이라는 사실뿐이다.

사진과 그림 자료

유럽인들이 본 남미 투피과라니족의 식인 풍습. 어머니들이 아이들에게 살점을 먹이는 모습이 인상적이다. 아마도 먼저 씹어서 먹이는 것 같다.

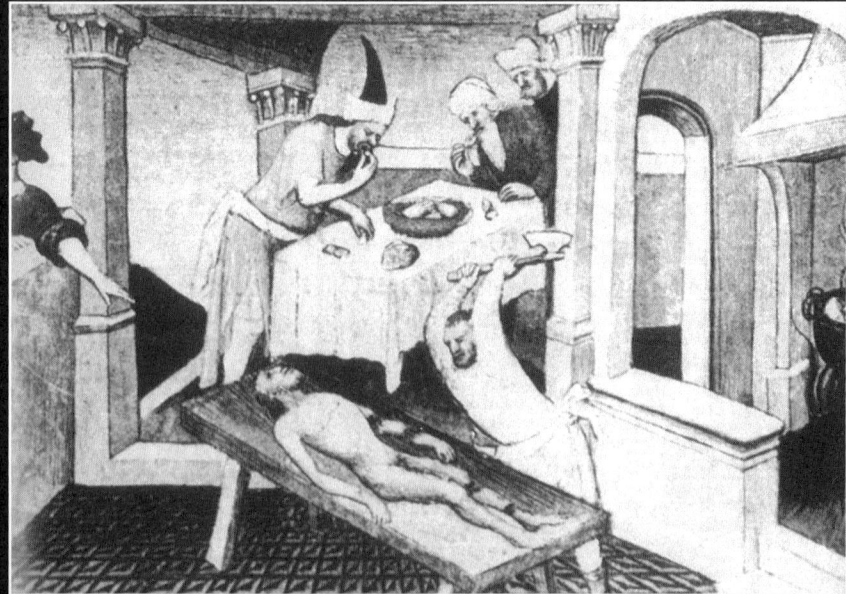

중세 탐험가들이 상상한 안다만 제도(Andaman Islands, 말레이 반도 서쪽의 인도령 섬들—옮긴이)의 식인 풍습.

16세기 중반 브라질에서 일어난 '인육 잔치'를 그린 목판화.

남미 투피과라니족의 인육 잔치.

앙투안 비에르츠가 그린 〈배고픔, 광기, 범죄〉. 화덕의 냄비를 보라.

솥단지 속의 아기들. 18세기 마녀집회를 묘사한 전형적인 그림.

인육 잔치를 준비하는 남미 식인종을 그린 16세기 그림. 테오도레 드 브리 작품.

〈난파된 메두사호〉의 스케치. 이것은 생존을 위한 식인의 전형적인 예를 보여준다.

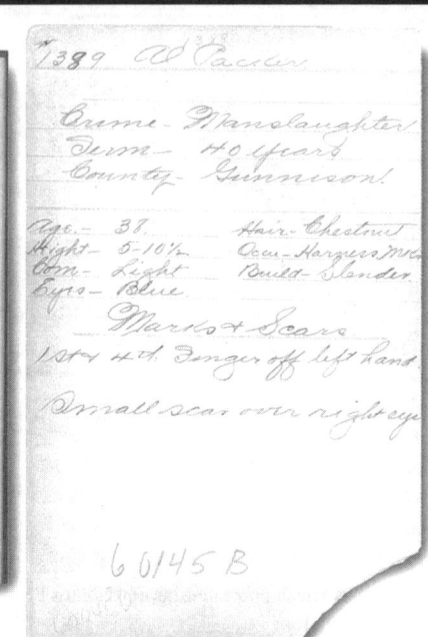

죄수복을 입은 앨프리드 패커

앨버트 피시가 형을 선고받기 전에 변호사와 함께 앉아 있다.

헨리 리 루카스와 윌리엄 F. 콘웨이 보안관. 1983년 6월 15일, 텍사스 몬테이그 카운티에 있는 유치장에서.

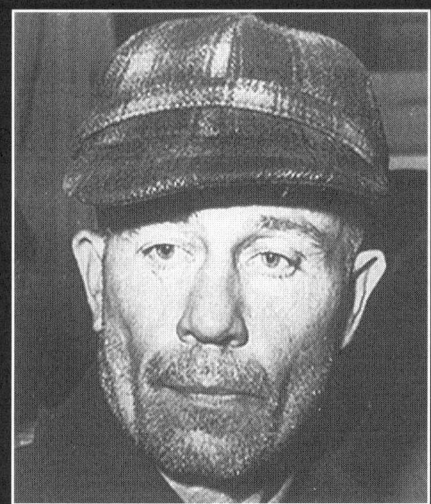

에드 게인

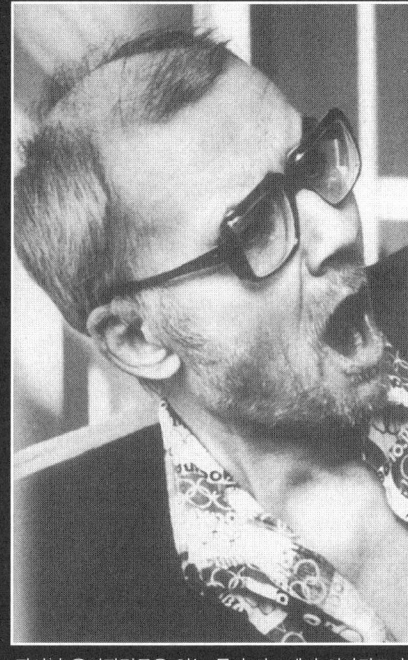

판사가 유죄판결문을 읽는 동안 안드레이 치카틸로가 크게 하품을 하고 있다.

제프리 다머

잇세이 사가와

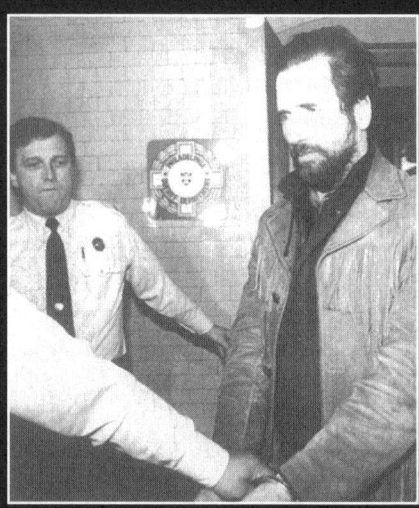

체포되는 게리 하이드닉

니콜라 클라우스

아민 마이베스

아민 마이베스의 자발적인 '희생자',
베른트 유겐 브란데스

마크 새핑턴

참고한 자료 설명

1장

헤로도토스, 호머, 조너선 스위프트, 대니얼 디포, E. A. 포, 더불어 가장 위대한 신화 연구가 토머스 불핀치를 비롯해 과거와 현재, 미래의 전설적인 식인자들에 대한 기록을 남긴 모든 작가들에게 깊은 감사를 표한다. 몬티 파이튼 그룹에도 고마움을 전한다.

2장

아나사지 부족 및 초기 사회의 문화를 연구한 크리스티 터너, 파올라 빌라, 더글러스 프레스턴, 브라이언 빌먼의 저작과 논문에서 많은 도움을 받았다.

3장

3장을 집필할 수 있었던 것은 여러 탐험가와 선교사들이 남긴 대담하고 간결한 기록과 일기 덕분이다. H. W. 워커, 옌스 베레, 앨프리드 세인트 존슨, A. H. 킨, 러셀 월리스, H. W. 베이츠, 알고트 랭, A. P. 엘킨 교수를 비롯한 여러 탐험가와 선교사들에게 감사를 전한다.

4장

해상 조난을 작품 주제로 다룬 메이너드 펠릭스와 알렉상드르 뒤마, 제2차 세계대전 당시 일본의 잔학행위를 연대별로 정리한 믹 앤젤로에게 고마움을 전한다.

5장

빈 일가의 이야기를 쓰며 세이빈 베어링 굴드의 책 『늑대인간(The Book of Werewolve)』과 로널드 홈스의 책 『소니 빈 전설(Legend of Sawney Bean)』에서 많은 자료를 참고했다. 또한 http://ayrshirehistory.org에 소개된 R. H. J 우어카트의 책 덕분에 소니 빈 사건에 관련된 의문점들을 풀 수 있었다.

6장

『스위니 토드 실화(Sweeney Todd: The Real Story)』의 저자 피터 헤이닝에게 감사한다. 이 책은 지금까지 나온 스위니 토드 관련서 가운데 가장 깊이 있는 연구서다.

7장

흥미진진한 연구서인 『식인마 앨프리드 패커 실화(Alfred Packer: The True Story of the Man-Eater)』의 저자 R. W. 펜윅에게 감사한다. 앨프리드 패커에 대한 역사적 기록과 사진 열람을 허가해준 콜로라도 주와 콜로라도 주 리틀턴 시에도 고마움을 전한다. 또한 www.concours.org의 제프 호스킨의 연구 역시 큰 도움이 되었다.

8장

카를 덴케에 관해서는 대니얼 콘, 마크 래디스, 찰리 호스가 쓴 책 『식인마: 식인마의 역사(Cannibal: The History of the People Eaters)』에서 큰 도움을 받았다. 게오르크 그로스만에 대해서는 브라이언 마리너의 책 『식인: 그 마지막 금기(Cannibalism: The Last Taboo)』를 참고했다. 또한 『바르샤바 신문(Warsaw Gazette)』 기사를 번역해준 알란 덴케에게도 고마움을 전한다.

9장

깊은 통찰력이 돋보이는 책 『정신이상자들(Deranged)』의 저자 해럴드 섹터와 www.crimelibrary.com에 앨버트 피시에 대한 심층 기사를 게재해준 마릴린 바즐리에게 고마움을 전한다.

10장

오티스 툴과 헨리 리 루카스에 대한 전반적인 이야기는 조엘 노리스의 『헨리 리 루카스』라는 책을 크게 참고했다. 추가 자료로는 www.crimelibrary.com에 실린 패트릭 벨라미의 기사를 활용했으며, 오티스 툴에 관해서는 www.mayhem.net의 기사를 참고했다.

11장

에드 게인에 관한 자료는 주로 해럴드 섹터의 책 『원조 사이코, 에드 게인의 충격적인 이야기(The Shocking Story of Ed Gein, The Original Psycho)』를 참고했다. 또한 www.geocities.com의 웹마스터 'bbqshackowner'에게도 감사한다. 덕분에 지금은 구하기 힘들어진 '에드 게인 농담'을 구할 수 있었다.

12장

안드레이 치카틸로에 관한 자료로는 리처드 루리의 『악마 사냥(Hunting the Devil)』과 브라이언 마리너의 『식인, 그 마지막 금기』를 주로 참고했다. 그 밖에 중요한 자료들은 www.crimelibrary.com에서 구할 수 있었다.

13장

제프리 다머에 대해서는 주로 에드워드 바우만의 책 『우리 집으로 오세요(Step into My

Parlor)』를 참고했다. 다머의 아버지 라이어넬 다머의 견해와 인용문은 그의 책 『아버지의 이야기(A Father's Story)』에서 발췌했다. 다머 사건에 대한 자세한 경찰기록은 www.nndb.com를 참고했고, 제프리 다머의 자백은 www.tornadohills.com에서 발췌했다.

14장

잇세이 사가와에 대한 기초 자료는 대니얼 콘, 마크 래디스, 찰리 호스의 책 『식인마: 식인마의 역사』와 www.crimelibrary.com을 참고했다. 사가와의 책 『안갯속에서』 발췌문의 영역본은 www.anwers.com 및 위키백과사전을 참고했으며, 니콜라스 클라우스의 웹사이트 nicoclaux.free.fr도 참고했다.

15장

해든 클락에 관한 책으로는 에이드리언 해빌의 『태생적인 악마(Born Evil)』를 참고했으며, 이밖에 『위싱턴 포스트』지 웹사이트에 실린 폴 듀건과 베로니카 제닝스의 여러 기사를 참고했다.

16장

게리 하이드닉에 관해서는 잭 아파치의 게리 하이드닉 전기인 『연쇄살인범의 내면 탐구(Probing the Mind of a Serial Killer)』를 참고했으며, 추가정보는 『피츠버그 신문』 온라인 자료실에 실린 하이드닉 기사 및 www.crimelibrary.com을 참고했다.

17장

이 장을 쓰는 데는 www.crimelibrary.com에 실린 데이비드 로어의 기사가 큰 도움이 되었다. 클라우스의 조리법은 www.mansonfamily.com에서, 클라우스의 인터뷰는 www.

francesfarmersrevenge.com을 참고했다. 또한 집필에 협조해준 니콜라 클라우스에게도 감사를 전한다.

18장

아민 마이베스 사건에 대한 정보는 www.gmax.com에 실린 여러 기사에서 주로 얻었으며, 그밖에 추가 정보는 www.wikipedia.org를 참고했다.

19장

마크 새핑턴에 대한 정보는 일간지 『캔자스 시티 스타(Kansas City Star)』 및 이 신문사 온라인 자료실을 참고했다. 추가 정보는 www.crimelibrary.com을 참고했다.

20장

식인 경향에 대한 정보는 www.crimelibrary.com과 텍사스 대학교 웹사이트를 참고했다. 영국에서 일어난 최신 식인 사건을 취재한 『선』지와 『데일리 미러』지에도 감사드린다.